親子で遊んで楽しい!
おりがみ大図鑑 136

成美堂出版

小林一夫 著

はじめに

　本書は子供たちに作ってあげたい、子供といっしょに作りたい折り紙作品を集めた傑作選集です。たくさんあるこれまでの折り紙作品の中から、人気の高いものを選りすぐって、さらに新作を加えました。

　気軽に楽しんでもらうために、本書では、折り図といわれる手順解説のわかりやすさにこだわりました。それでも、途中でわかりにくくなることがあるかも知れません。そのときは、「今、折っている1つ先の図を見る」というコツをいかしてください。折ればどうなるか、その形を次の図で確認すれば、手元の作業の意味が思いのほか簡単に理解できます。

　紙はどこにでもある折り紙でけっこうです。また、色や柄をいかして、チラシや包装紙、紙袋をひらいたものを使うのもいいでしょう。あなたのまわりは素材でいっぱいです。作品ごとに、「紙の形」を紹介していますが、そこに正方形と表示してあるものは、大きさに関わらず正方形であれば同じ形にできあがることを意味しています。かぶとを一例とすれば、小さく作って飾り物としたり、大きく作って子供の頭にかぶせてあげたり、作品の大きさがちがえば、印象や用途が変わります。

　どのページから始めてもかまいません。お気に入りの作品から、さあ折ってみましょう。

親子でいっしょに作る紙の動物園、水族館、お花畑。

季節ごとに折って楽しい、
使えて便利。

目次

- はじめに …………………… 2
- 親子でいっしょに作る紙の動物園、水族館、お花畑。…………………… 4
- 季節ごとに折って楽しい、使えて便利。…………………… 6
- 目次 …………………… 8
- 折り図の見方 …………………… 10
- 紙の折り方 …………………… 13
- 基本的な折り方 …………………… 14
- 作品を折りながら基本を学ぼう 1
  にそう舟〜帆舟 …………………… 15
- 作品を折りながら基本を学ぼう 2
  鶴 …………………… 16

第1章 動物のなかまたち

1. うさぎ …………………… 18
2. ねこ …………………… 20
3. いぬ …………………… 21
4. ラブラブいぬ …………………… 22
5. ラブラブさる …………………… 23
6. うま …………………… 24
7. ぶた …………………… 26
8. ぞう …………………… 28
9. パンダ …………………… 30
10. きつね …………………… 32
11. たぬき …………………… 33
12. トナカイ …………………… 34
13. にわとり …………………… 36
14. インコ …………………… 37
15. フラミンゴ …………………… 38
16. はくちょう …………………… 40
17. つばめ …………………… 41
18. はと …………………… 42
19. きじ …………………… 43
20. こうもり …………………… 44

第2章 水の生き物たち

21. ザリガニ …………………… 47
22. かぶと〜きんぎょ …………………… 48
23. でめきん …………………… 50
24. さかな1 …………………… 52
25. さかな2 …………………… 53
26. エンゼルフィッシュ …………………… 54
27. イルカ …………………… 55
28. ペンギン …………………… 56
29. オットセイ …………………… 58
30. ラッコ …………………… 59
31. くじら …………………… 60
32. ほたて貝 …………………… 62
33. かめ …………………… 64
34. えび …………………… 66
35. イカ〜ふくろう …………………… 68

第3章 虫と恐竜たち

36. バッタ …………………… 71
37. キリギリス …………………… 72
38. せみ …………………… 73
39. カブトムシ …………………… 74
40. クワガタムシ …………………… 75
41. トンボ …………………… 76
42. カタツムリ …………………… 77
43. ティラノサウルス …………………… 78
44. ディノニクス …………………… 80
45. スーパーサウルス …………………… 82

第4章 花を咲かそう

46. チューリップ …………………… 85
47. 花・あさがお・カーネーション …………………… 86
48. 桜と梅 …………………… 88
49. つばき …………………… 90
50. あさがおのかべ飾り …………………… 92
51. あやめのかべ飾り …………………… 93
52. あやめ …………………… 94
53. アジサイ …………………… 96
54. ひまわり …………………… 98
55. バラ …………………… 99
56. もみじ …………………… 100
57. ポインセチア …………………… 101
58. ポインセチアのかべ飾り …………………… 102

第5章 食べ物がいっぱい

59. リンゴ・ポット …………………… 105
60. プリン・スプーン …………………… 106
61. 串だんご …………………… 107
62. ソフトクリーム …………………… 108

63	クロワッサン	109
64	ショートケーキ	110
65	バナナ	111
66	スイカ	112
67	イチゴ・グレープフルーツ	113
68	おにぎり	114
69	ペットボトル	115
70	だいこん	116
71	にんじん	117
72	かぶ	118
73	たけのこ	120
74	かぼちゃ	121
75	しいたけ	122
76	まつたけ	123

第6章 おしゃれ大好き！

77	さいふ	125
78	くちびる	126
79	くちべに	127
80	ワンピース	128
81	指輪	129
82	ハートの指輪	130
83	リボン	131
84	かさ	132
85	ハンドバッグ	134
86	サングラス	135
87	手袋	136
88	くつした	137

89	シャツ	138
90	ネクタイ	139
91	かわいいくまちゃん	140

第7章 乗り物と風景

92	なぞの円ばん	143
93	スペースシャトル	144
94	ロケット	146
95	自動車	147
96	紙ひこうき1号	148
97	紙ひこうき2号	149
98	ヨット	150
99	汽船	151
100	2つ屋根の家・えんとつ屋根の家	152
101	富士山	152

第8章 行事を彩る折り紙

102	こま	155
103	鏡餅	156
104	鬼	158
105	ハートのカード	159
106	天使のハート	160
107	ひな人形	162
108	清正のかぶと	164
109	びょうぶ	166
110	こいのぼり	167
111	ちょうちん	168
112	星	169

113	えんぴつ	170
114	くんしょう	171
115	キャンドル	172
116	クリスマスツリー	174
117	サンタクロース	176

第9章 使える折り紙

118	ポケットティッシュ・ケース	179
119	カード入れ	180
120	はし午の封筒	182
121	鶴のポチ袋	184
122	うさぎのポチ袋	186
123	ぼうし型のはし置き	188
124	フォトスタンド	189
125	鶴のカードスタンド	190
126	桜の器	192
127	脚つきクッキーボックス	194
128	花の小箱	196

第10章 伝承の折り紙

129	やっこさん	199
130	風船	200
131	風船うさぎ	201
132	ぱくぱくカッパ	202
133	しゅりけん	203
134	紙コップ	204
135	たとう	205
136	バラ	207

折り図の見方

折り紙の作品を作る手順を示した図のことを「折り図」といいます。この図には折り方の方法を案内する線や記号が使われています。その意味をここで紹介しますので、おぼえて活用してください。

紙は基本的に15×15cm、または18×18cmの正方形の折り紙を使います。それ以外は作品ごとに紙の形や大きさを示しています。

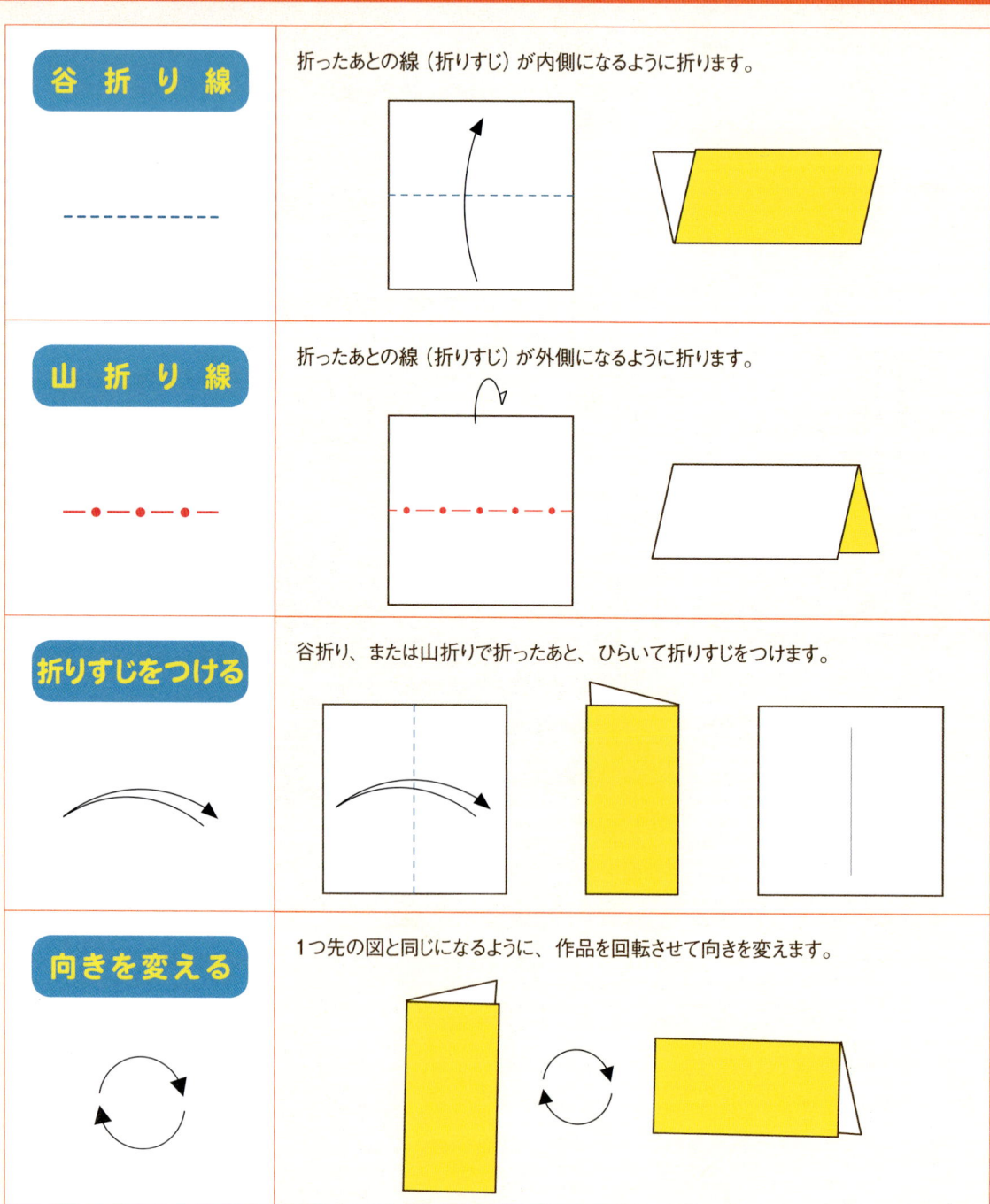

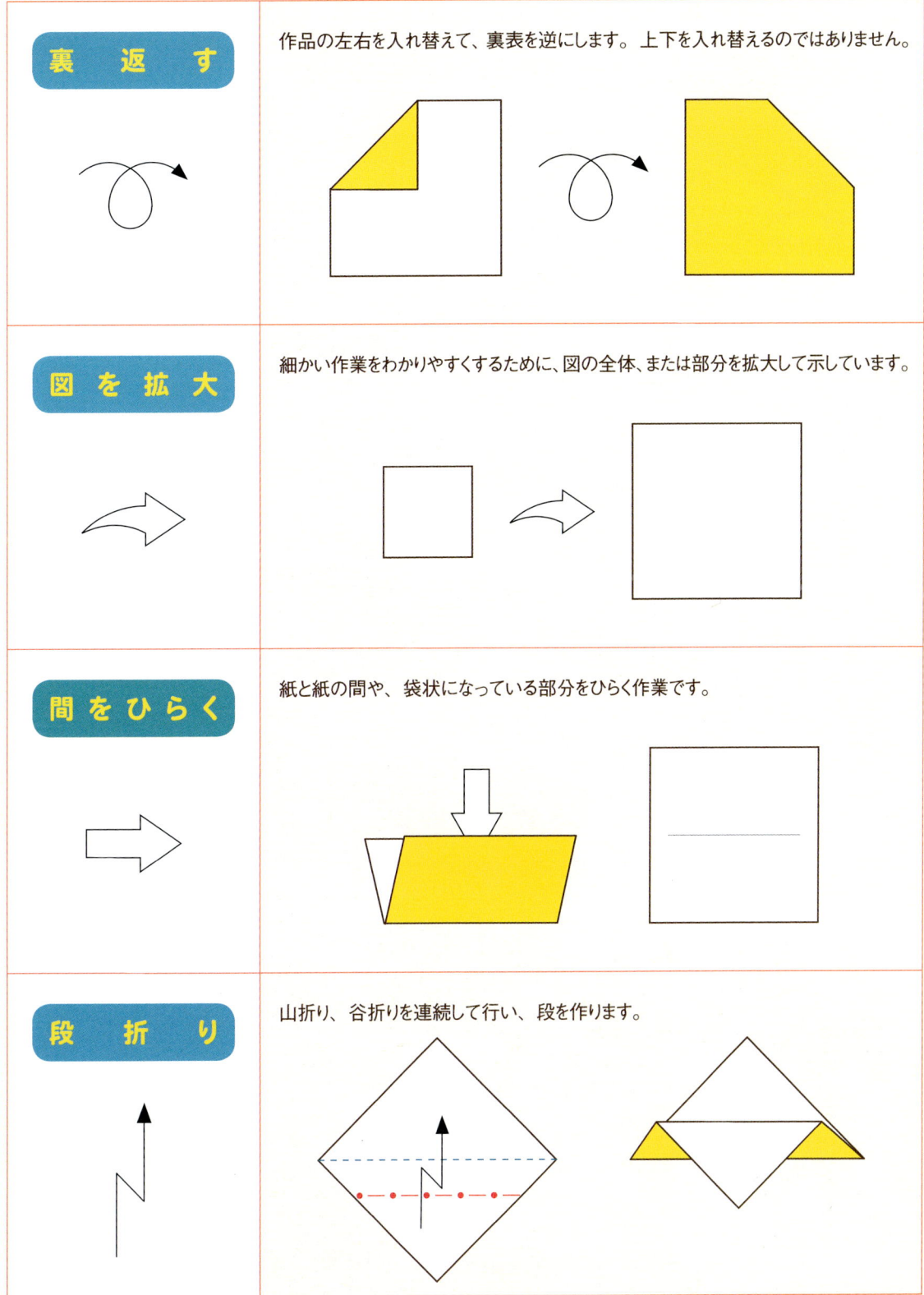

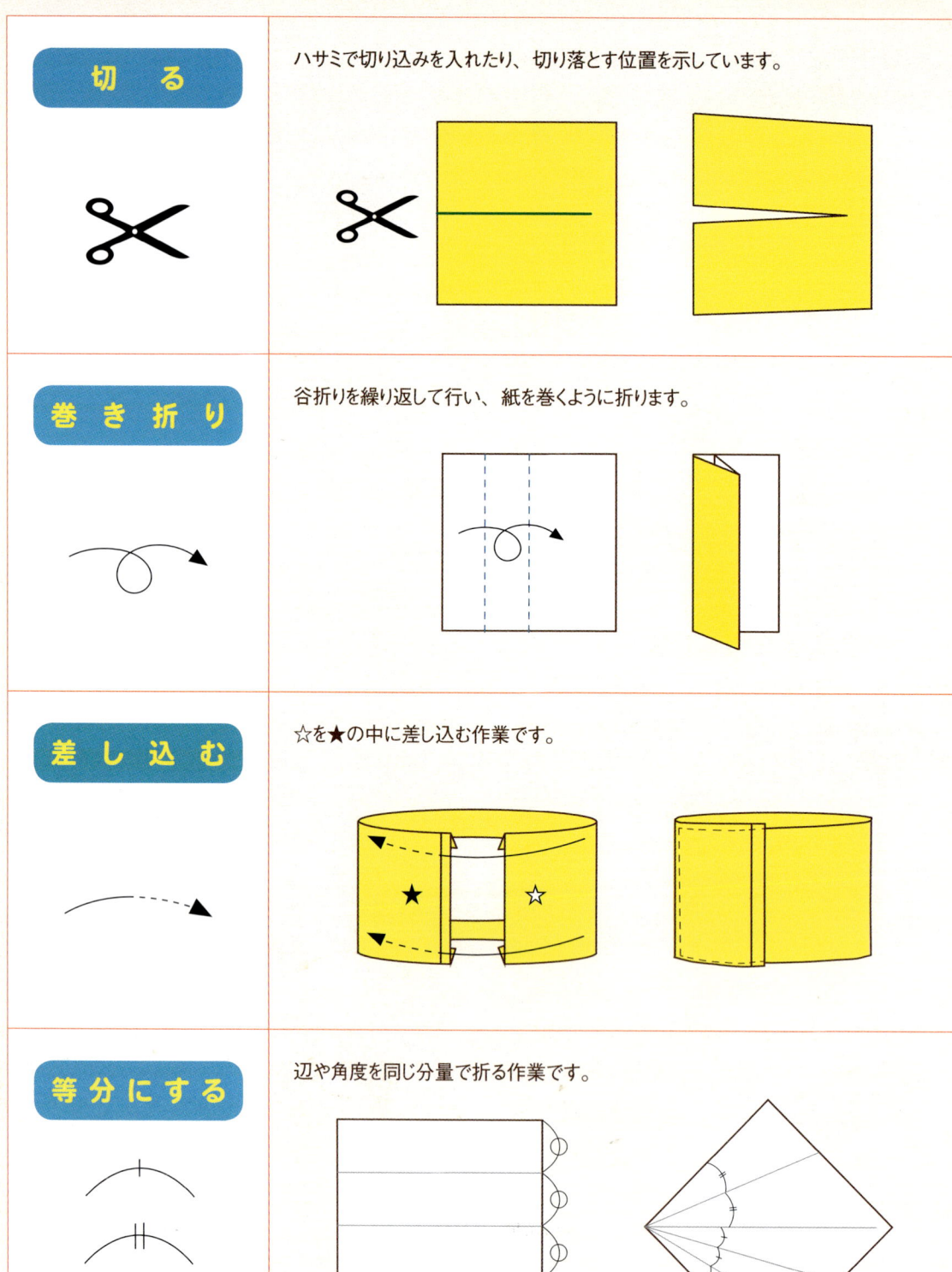

紙の折り方

きれいな仕上がりのために、紙の角や辺をきっちり合わせるのが基本ですが、折りたたむ途中で、紙が重なり厚みを増すと、作業がしにくくなります。ここではきれいに折る手順と、へらの使い方を学んでみましょう。

紙をきれいに折るコツ

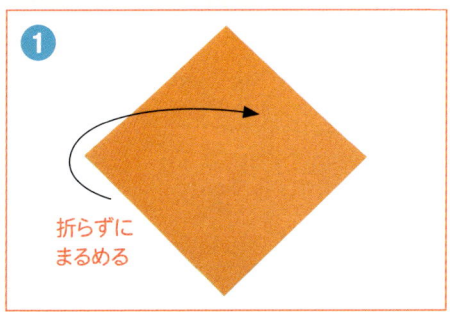

折らずにまるめる

いきなり折るのではなく、全体を半分にして、角と角を合わせて紙をまるめましょう。

まるめた紙の折りすじになるところの中央を指で押さえます。

中央から、片方のはしまで指をすべらせて折りましょう。

❸ができたら、いったん指を中央にもどして、今度は逆のはしまで指をすべらせていきます。

こうすることで、紙がずれずに、きっちりした折りすじで折り上がります。

へらを使う

❶〜❺の要領で紙を折ったあと、その折りすじをさらにへらなどで押さえてみましょう。しっかりした折りすじで、無駄に紙がかさむことも防げます。

基本的な折り方

たくさんの作品で、何度も出てくる基本的な折り方です。
本文で折り方のことばを見つけたら、このページを見てください。

四角折り

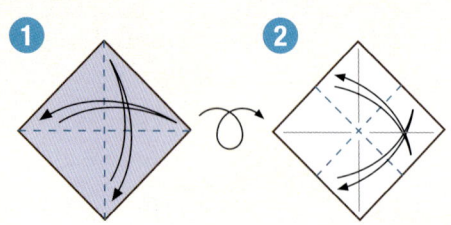
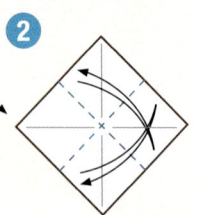
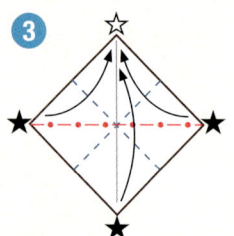

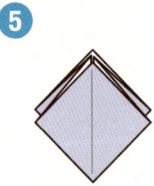

① それぞれの対角線を谷折りして、折りすじをつけてひらきます。できたら裏返します。

② それぞれの辺を2等分にして、谷折りで折りすじをつけてひらきます。

③ 3つの★を、上の☆に合わせて折り、紙をたたみます。

④ ③を折っている途中のようすです。

⑤ できあがり　元の紙の大きさの1/4の大きさの四角形にたためました。

三角折り

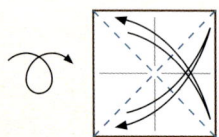
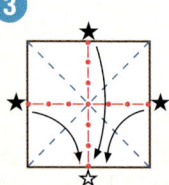

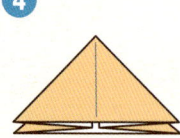

① それぞれの辺を2等分にして、谷折りで折りすじをつけてひらきます。できたら裏返します。

② 対角線に谷折りで折りすじをつけてひらきます。

③ 3つの★を、下の☆に合わせて折り、紙をたたみます。

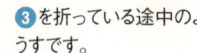

③を折っている途中のようすです。

④ できあがり　元の紙の大きさの1/4の大きさの三角形にたためました。

中わり折り

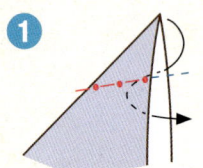
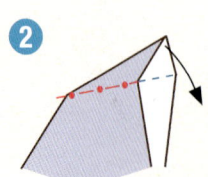

① 角を内側に入れ込みます。

② 外から見ると折りすじは山折りになります。

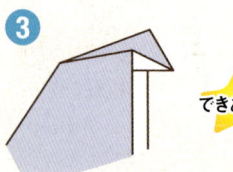

③ できあがり

かぶせ折り

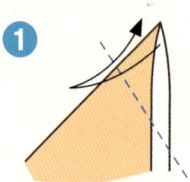
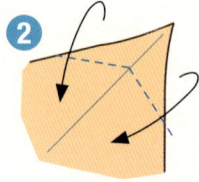

① 2枚いっしょに折って、折りすじをつけます。

② かぶせるように折ります。

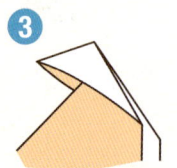

③ できあがり

作品を折りながら基本を学ぼう 1

にそう舟〜帆舟(ほぶね)

🟦 **紙**の形 ／ 正方形

🔍 **ポイント** ／ 図の見方、基本的な折り方を学びましょう。折りすじをつけて紙を等しく分けたり、紙をたたむことは、他の作品でも多く登場します。

---

1 裏を上にして、まずは上の辺が半分になるように折り、ひらきます。さらにその折りすじ（まん中の折りすじ）に合わせて左右の辺を折り、折りすじをつけて、ひらきます。

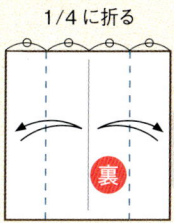

2 1と同じようにして、ヨコに折りすじをつけます。

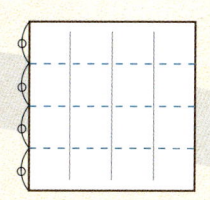

3 対角線で折り、ひらきます。できたら、裏返します。

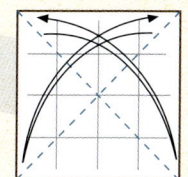

6 山折りで、全体を半分に折ります。

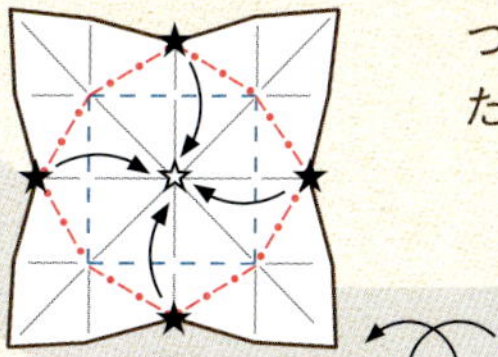

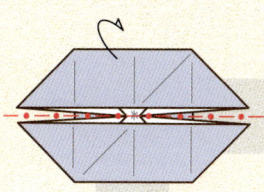

5を折っている途中のようすです。

5 折りすじを使って、4つの★を中心の☆に合わせて、紙を折りたたみます。

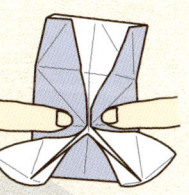

4 4つの角が中心に合うように折り、折りすじをつけてひらきます。できたら、裏返します。

7 にそう舟の**できあがり** ⭐

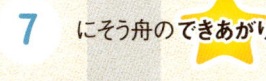

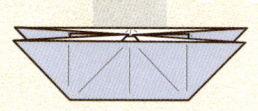

8 7から8の形にもどして、裏返します。

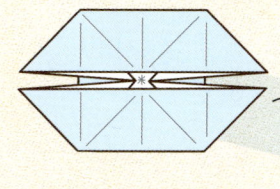

9 ななめに折り下げます。

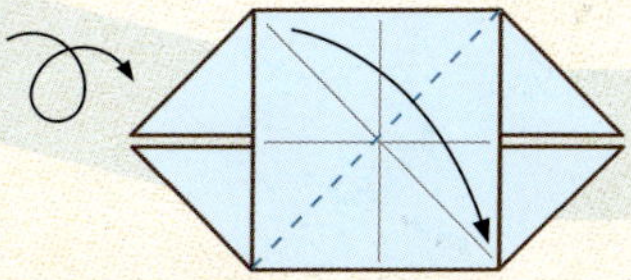

10 下の角を右の角に合わせて、折り上げます。

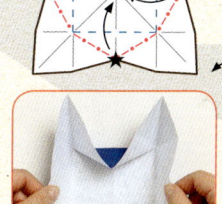

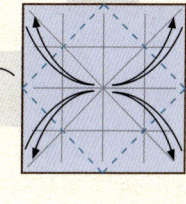

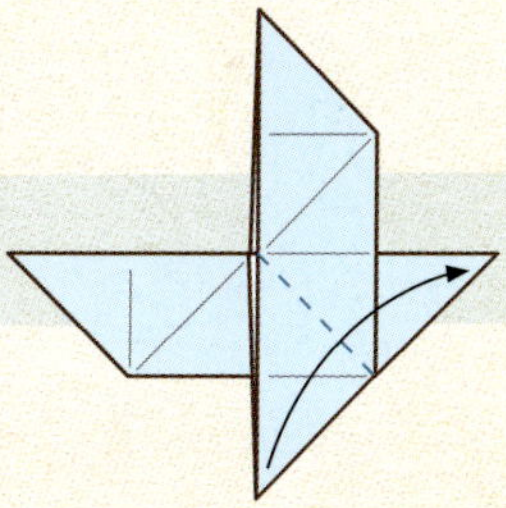

11 帆舟の**できあがり** ⭐

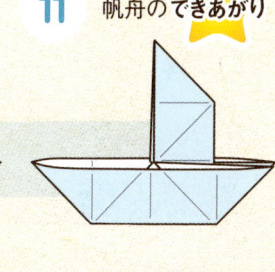

作品を折りながら基本を学ぼう **2**

鶴

紙の形／正方形

ポイント／ 図の見方、基本的な折り方を学びましょう。折りすじをしっかりつけることで、きれいなできあがりになります。

1 それぞれの折り線どおりに折りすじをつけたあとに、3つの☆を★に合わせて折ります。

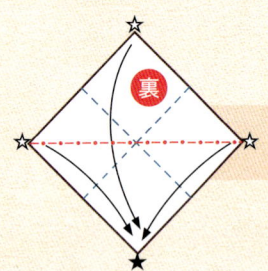

2 元の紙の1/4の大きさにたためました。左右の角をまん中で合わせて折ってから、上の角を折り下げます。裏では左右を折る作業のみ同じように折りましょう。

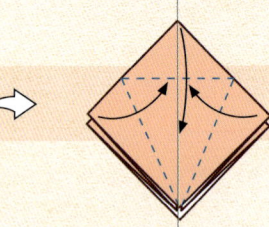

3 しっかり折りすじをつけて、**2**の形にひらきます。

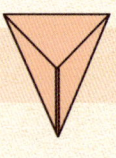

4 ⇨でひらいて、上の1枚を折り上げます。

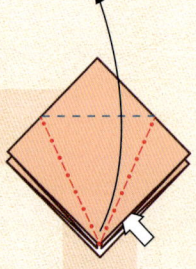

7を折っている途中のようすです。

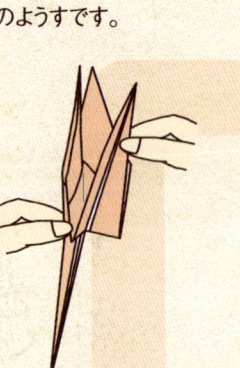

7 左右それぞれ、下の角を折り上げて、中わり折りをします。

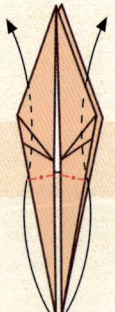

6 左右の辺をまん中で合わせて折ります。裏も同じように折りましょう。

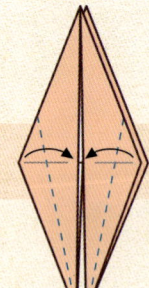

5 **4**を折ったようすです。裏も同じように折りましょう。

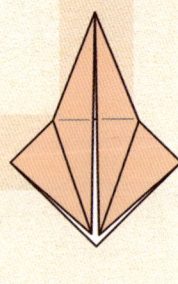

8 先を中わり折りをして、頭を作ります。

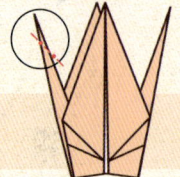

9 左右のつばさを広げて、下から息を吹きこんで体をふくらませます。頭と尾の角度を調整しながら全体の形をととのえます。

できあがり

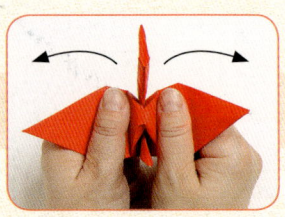
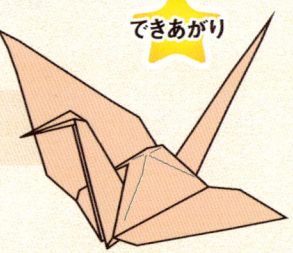

第1章 動物のなかまたち

1 うさぎ

紙の形 ／ 正方形

ポイント ／ 小さな紙で折って、箸置きとして利用するのもいいでしょう。耳はふっくらと広げましょう。

1 対角線で半分に折り、折りすじをつけてひらきます。

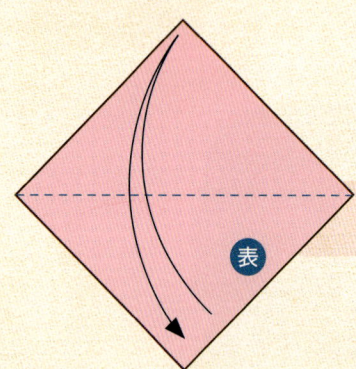

2 1の折りすじに合わせて折ります。

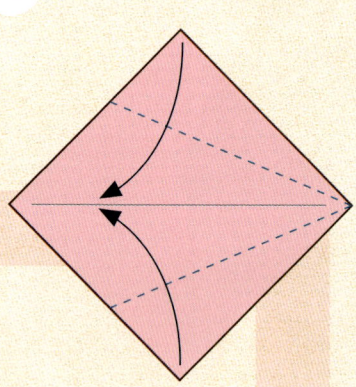

3 2で折った紙の角（★）に合わせて、左の角を折ります。

5 4を折りました。できたら、裏返します。

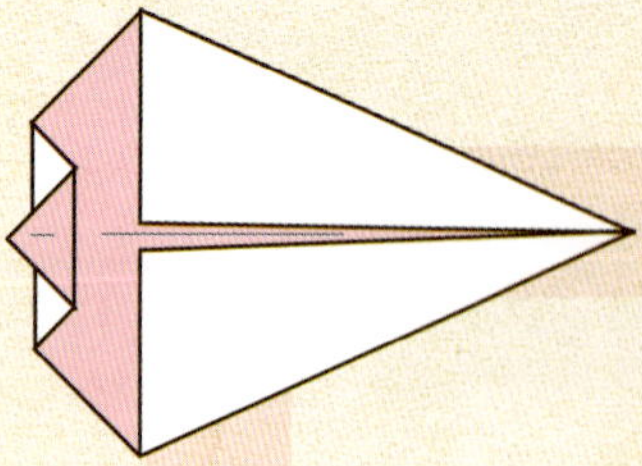

4 位置に注意して折ります。角が少し左の外へ出ます。

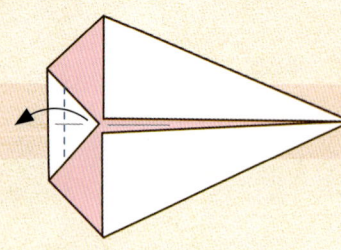

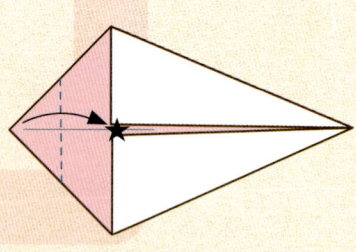

6 7の図で位置を確認して、左の角を折ります。

7 山折りで、全体を半分に折ります。

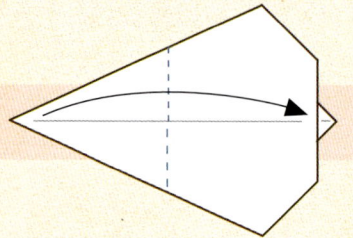

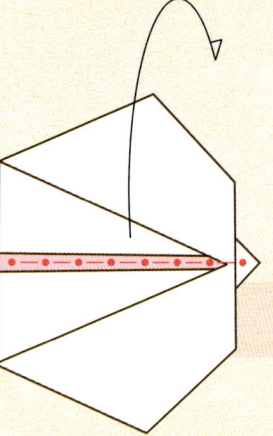

18

11 下の角を内側に入れるようにして、山折りをします。裏も同じように折りましょう。

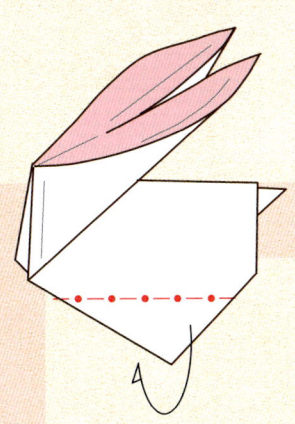

12 できあがり

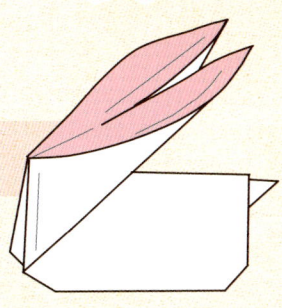

10 指を入れて左右の耳を広げます。

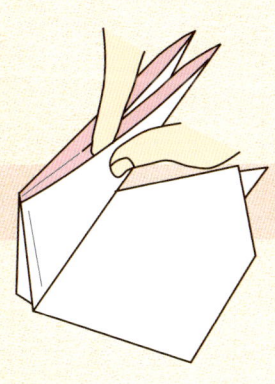

9 アの上から2/3くらいまでに、切り込みを入れます。

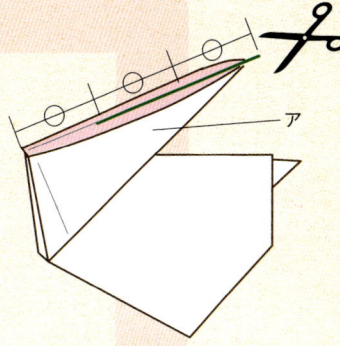

8 アの部分は耳になります。9の図を見てアを引き上げましょう。

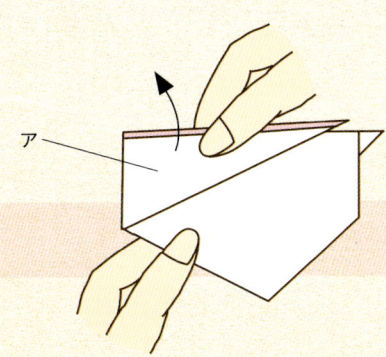

耳を上げたあと、浮いたこの部分を指で押さえます。

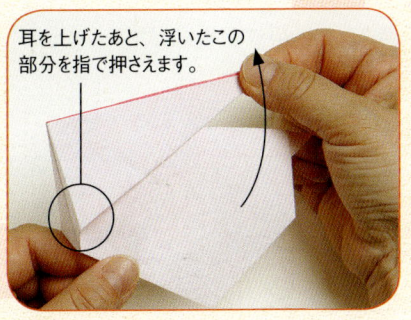

2 ねこ

紙の形／正方形・2枚

ポイント／かおと体を組み合わせるときに、角度を工夫してかわいく見えるようにしてみましょう。

1 かおを作ります。対角線で半分に折ります。

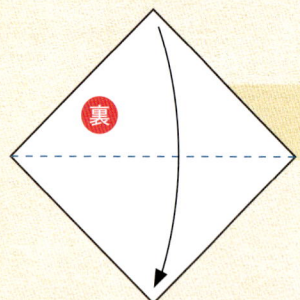

2 折りすじをつけてひらきます。

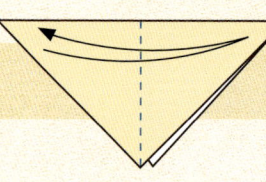

3 左右が同じようになるように、角を折り下げます。

4 2枚いっしょに折り上げます。

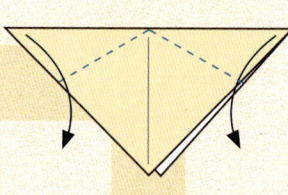

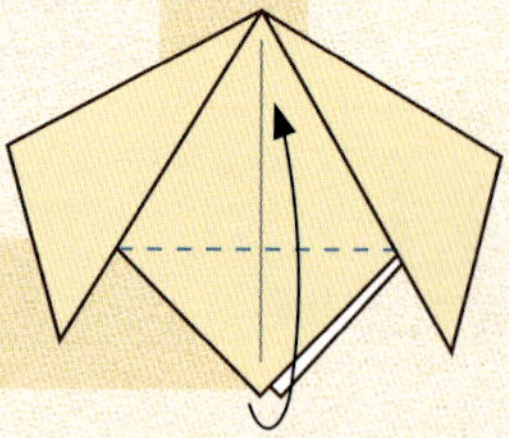

5 4を折りました。できたら、裏返して、上下を入れ替えて向きを変えます。

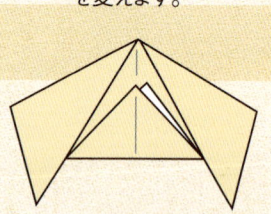

6 かおのできあがり。

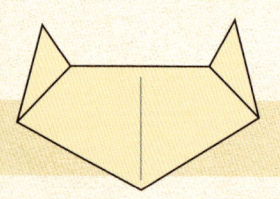

7 体を作ります。全体を半分に折ります。

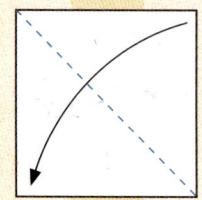

8 下の角をかぶせ折りで折り返します。

9 体のできあがり。

10 かおと体を組み合わせます。目や鼻を描き込んでみましょう。

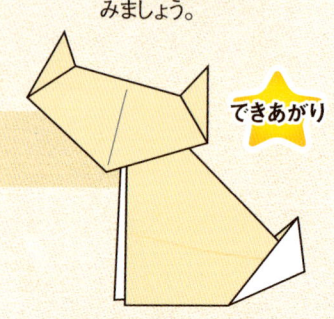

できあがり

3 いぬ

紙の形 ／ 正方形・2枚

ポイント ／ しっぽの部分は立体的な折り方で少しむずかしそうですが、折りすじをきっちりつけておけば自然と紙がたたみ込まれます。

1 かおを作ります。対角線で半分に折ります。

2 下の角を上の1枚だけ、上の辺に合わせて折り上げます。

3 左右の角を下の角に合わせて折ります。

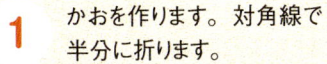
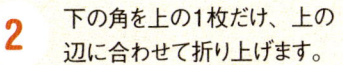
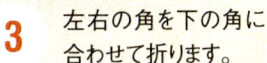

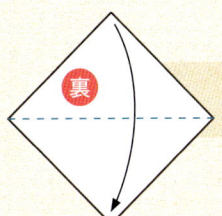

6 かおのできあがり。

5 それぞれの角を折ります。下の角のみ谷折りになっています。

4 左右の耳を折り広げます。

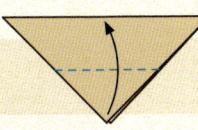
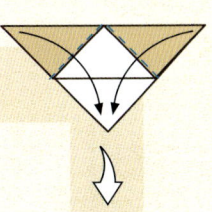
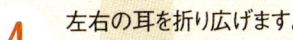

7 体を作ります。全体を半分に折って、折りすじをつけます。

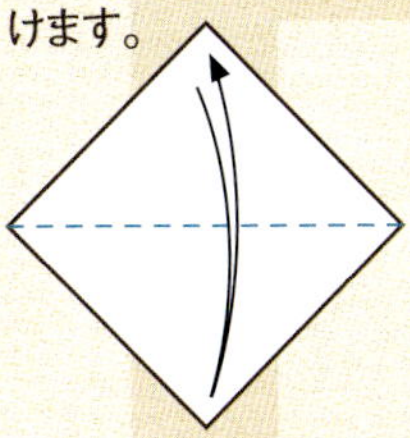

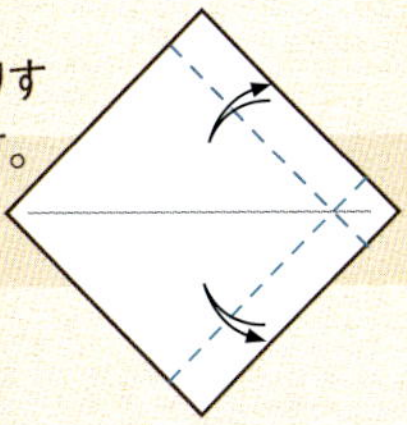

9 折りすじを使って右の角を立ち上げてたたみます。

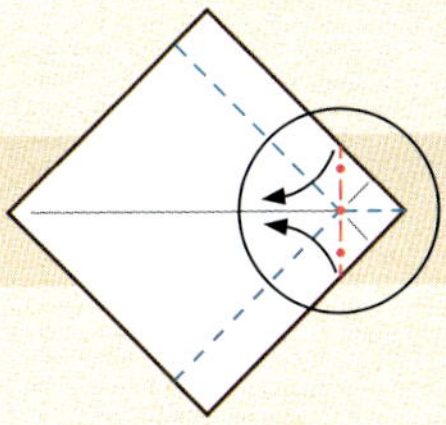

9を折っている途中のようすです。

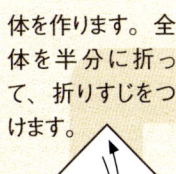

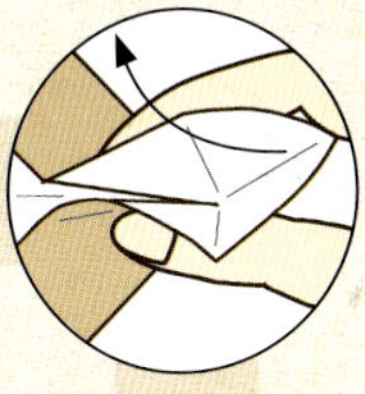

8 しっかり折りすじをつけます。

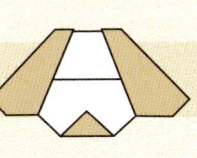
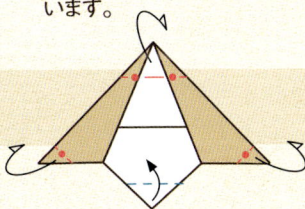
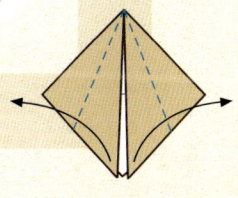

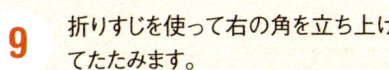

13 かおと体を組み合わせます。目や鼻を描き込んでみましょう。

12 しっぽの形をととのえたら、体のできあがり。

11 全体を半分に折って、向きを変えます。

10 しっぽの部分を山折りで裏に折ります。

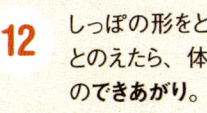

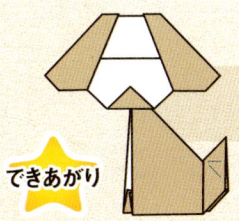
できあがり

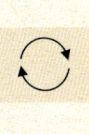
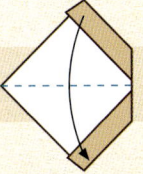
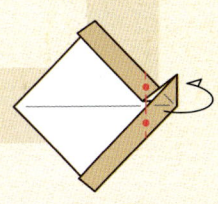

4 ラブラブいぬ

紙の形／ 正方形

ポイント／ 折る位置で体の大きさやかおの印象が変わります。何回か折って作り方をおぼえたら、折る位置を変えて、体やかおの形をアレンジしてみましょう。

1 全体を半分に折ります。

2 ななめの辺の1/3のところと、下の辺の1/4のところを結ぶ線で折り返し、かぶせ折りをします。

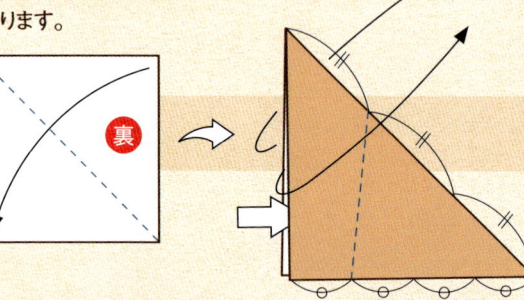

3 位置を確認して、かぶせ折りをします。

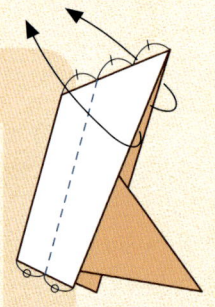

6 上の1枚だけに切り込みを入れます。裏も同じように切り込みを入れます。

5 4の部分拡大図です。位置を確認してください。

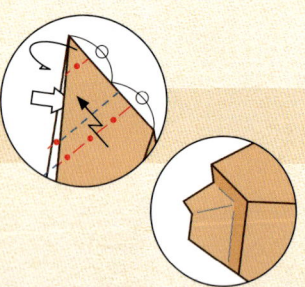

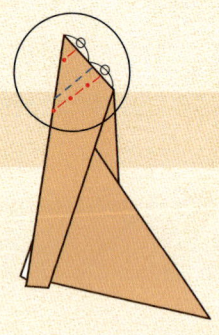

4 上の角をひらき、まずは段折りをして、つぎに角を山折りで折り返します。

7 耳を持ちながら、耳をうしろへすべらせます。

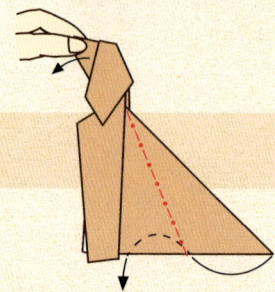

8 鼻先を持ち、段折りの幅をいかして、鼻の部分を下げます。体は大きく中わり折りをします。

9 さらに、8で折った角を中わり折りをします。

この部分は内側の紙だけを折ります。

10 できあがり

もう1ぴき作って、ペアにしてみましょう。

5 ラブラブさる

紙の形 / 三角形（正方形を対角線で切った二等辺三角形）

ポイント / 左右のさるで同じ作業を繰り返すので、手順はおぼえやすいでしょう。色ちがい、大きさちがいを作ってみましょう。

1 三角形に切った紙を半分に折り、折りすじをつけてひらきます。

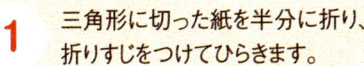

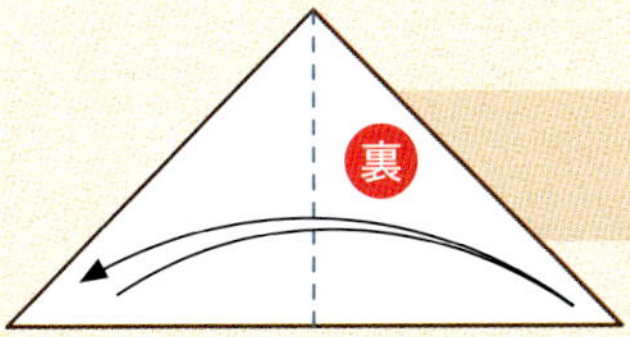

2 左右の辺をまん中の折りすじに合わせて折ります。

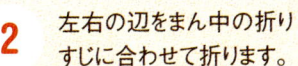

3 しっかり折りすじをつけて、2の形にひらきます。

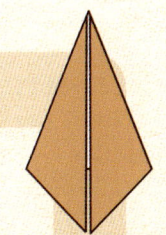

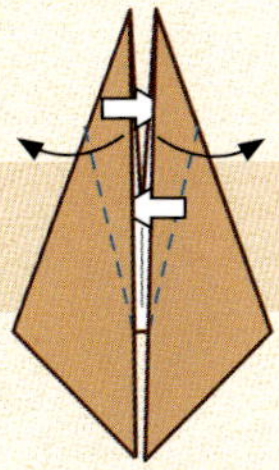

6 左右それぞれ、上の角を折り下げてたたみます。

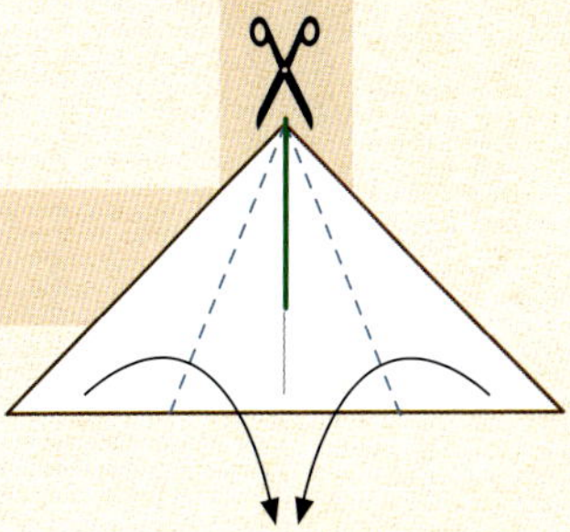

5 左右それぞれ、同じバランスで谷折りして、⇨でひらきます。

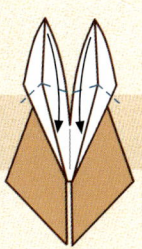

4 上の角から、まん中の線に沿って、半分より少し長めに切り込みを入れて、左右を折り3の形にもどします。

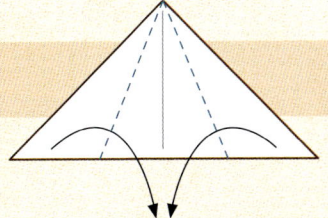

7 山折り、谷折りを連続して行う段折りと、先を内側に折る山折りをして、表情を作ります。

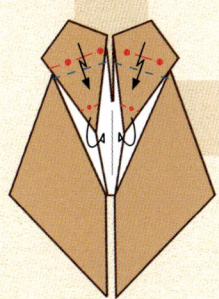

8 左右同じようになるように、下の角を山折りで裏に折ります。9のように、先が少し出るようにします。

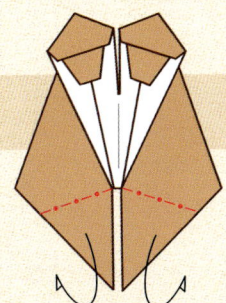

9

目を描き込んでもいいでしょう。

 うま

紙の形 ／ 正方形

ポイント／ 基本的な折り方の四角折り、中わり折りで作る作品です。頭、脚、しっぽの先を、ぴんととがらせましょう。

1 四角折り（14p参照）で紙をたたんだあと、まずは左右を折ってから、上を折り下げます。裏では左右を折る作業のみ同じように折りましょう。

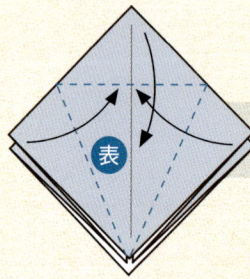

2 図のようになったら、1の形にもどします。

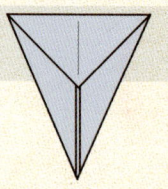

5 上の1枚だけを半分に折ります。裏も同じように折りましょう。4本の脚ができあがります。できたら向きを変えます。

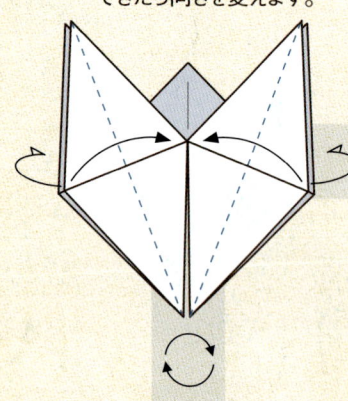

4 上の1枚だけを折り上げます。裏も同じように折りましょう。

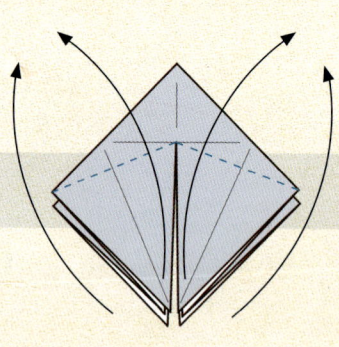

3 上の1枚だけに切り込みを入れます。裏も同じように切り込みを入れます。

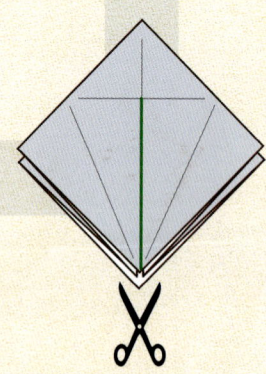

6 位置を確認して、頭としっぽを中わり折りで作ります。

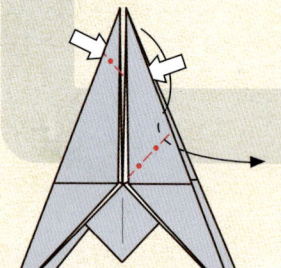

7

1 動物のなかまたち／うま

7 ぶた

■ 紙の形 ／ 正方形

■ ポイント ／ にそう舟と同じ要領で折りすじをつけてから折ります。へらなどを使ってしっかりした折りすじにしましょう。

1 にそう舟（15p参照）の❶〜❸を折ります。できたら、位置を確認して、部分的に折りすじをつけます。

2 左右の☆をまん中で合わせて、折りたたみます。

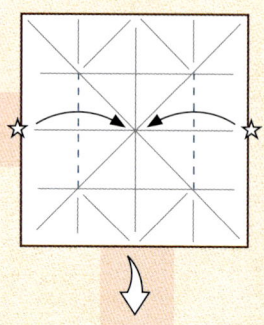

3 上の1枚の左右の角の☆をまん中の★に合わせて、折りたたみます。同じように下の☆も折りたたみましょう。4の図を見るとわかりやすいでしょう。

  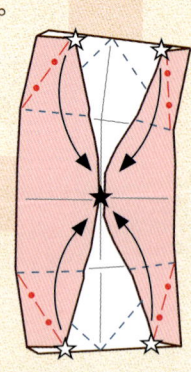

4 アでは⇨をひらいて、下に折ります。イで山折りをして、全体を半分に折ります。

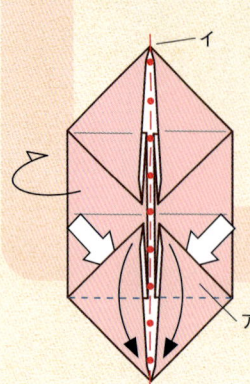

5 イの折り目が下になるように向きを変えました。脚を折ります。裏も同じように折りましょう。

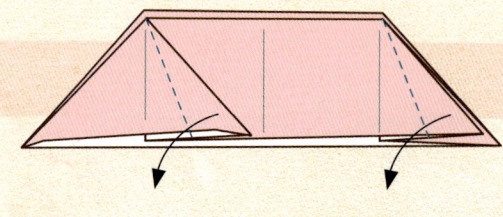

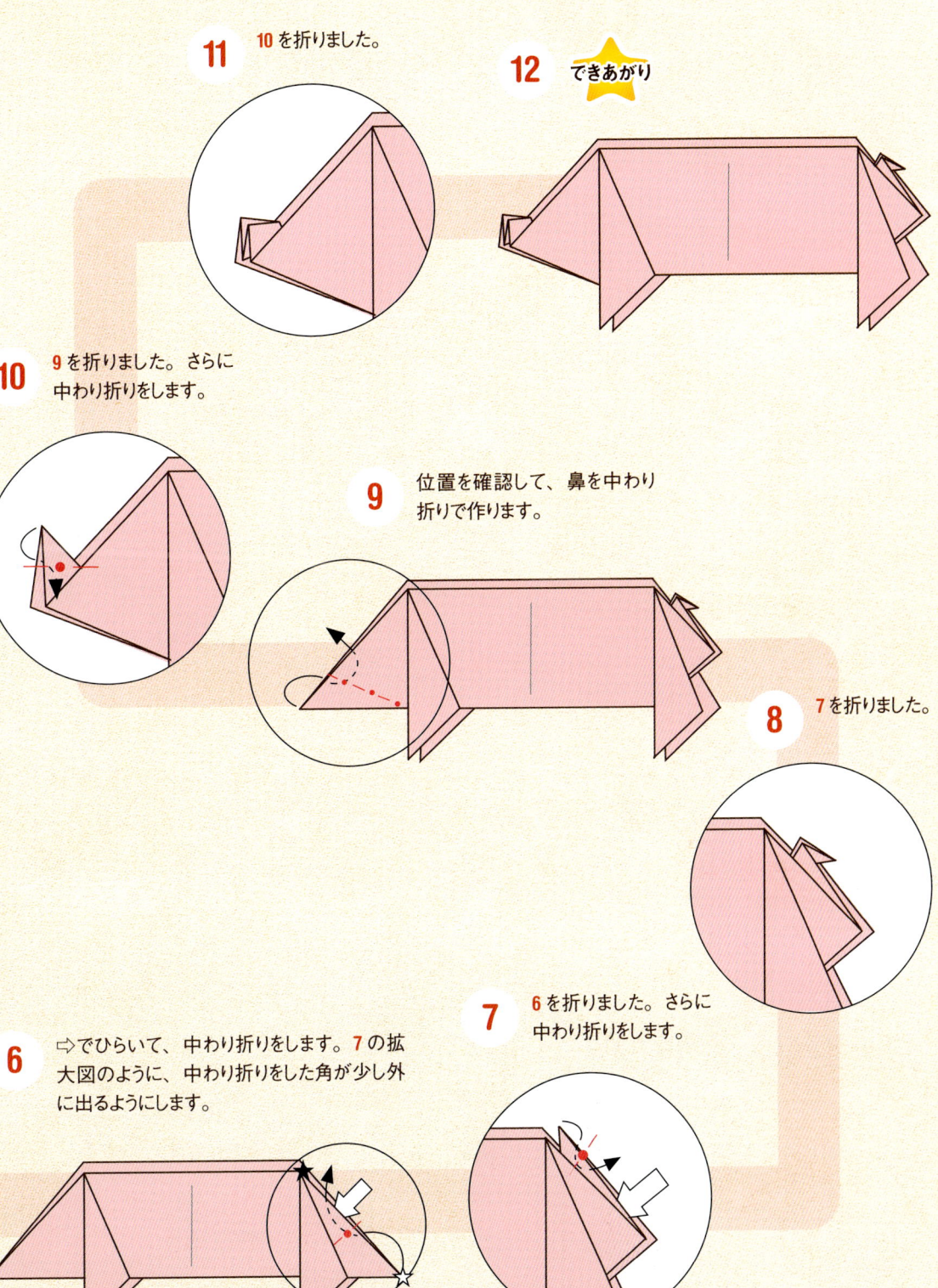

8 ぞう

🟩 紙の形 ／ **長方形**（30×30cmの正方形を半分に切って2等分したもの）

🔍 ポイント ／ 長方形のタテとヨコの辺の長さの比率は1：2。この比率を守り、包装紙など、大きな紙でも作ってみましょう。

1 正方形の紙を切って、タテとヨコの辺の長さの比率が1：2の長方形にします。

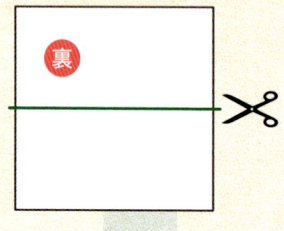

7 位置を確認して、上下を折ります。

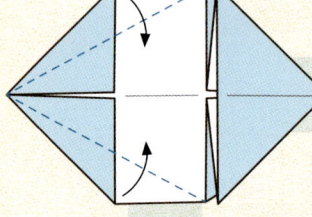

8 9の図の形を見ながら、⇨でひらいて紙をたたみます。

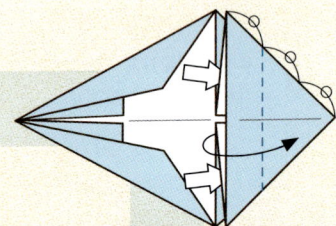

2 折りすじをつけてひらきます。

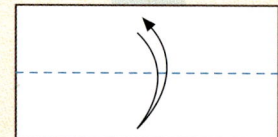

6 左側の上下の角を折ります。

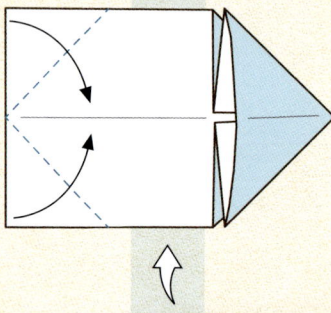

3 右側の上下の角を折って、折りすじをつけてひらきます。

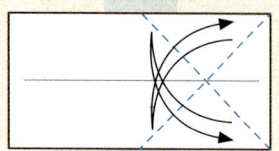

9 8を折っている途中のようすです。

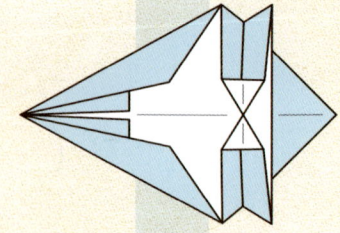

5 上下の★をまん中の折りすじで山折りで合わせるようにして、3の折りすじを使いながら紙をたたみます。

4 3の折りすじの交点を目安にして、折りすじをつけてひらきます。

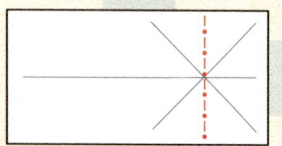

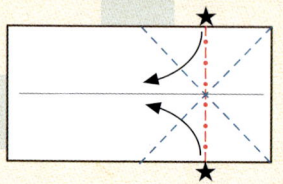

10 上下の角で中わり折りをします。

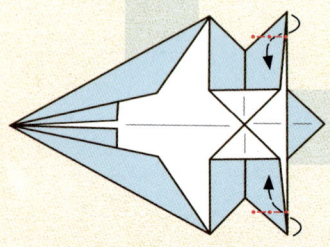

14 角を内側に入れ込むようにして折ります。

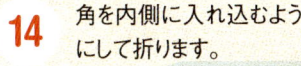

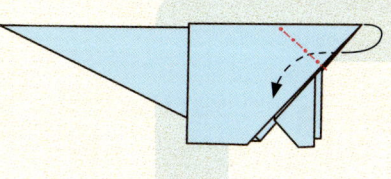

15 14 で入れ込んだ角が外に出るように折り出します。

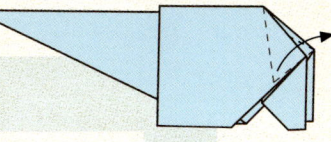

22 できあがり

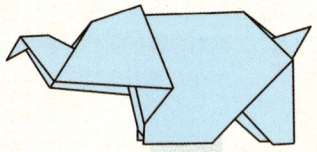

13 全体を半分に折ります。

16 折りすじをつけます。

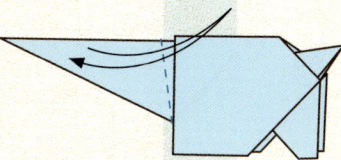

21 さらに、中わり折りをします。

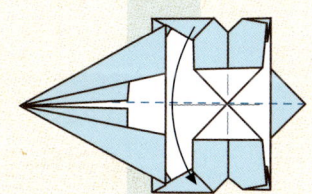

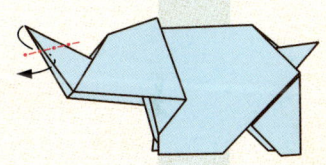

12 段折りをします。

17 16 の折りすじを使って、かぶせ折りをします。

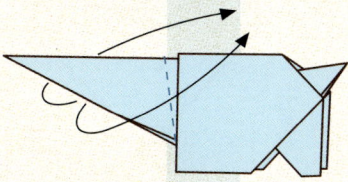

20 さらに、内側で中わり折りをします。

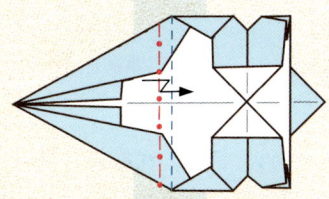

18 さらに、かぶせ折りをします。

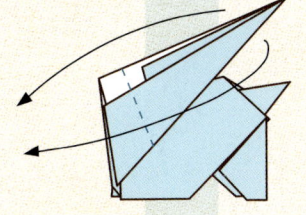

11 ☆の線に合わせて、上下の角を谷折りします。

19 中わり折りをします。

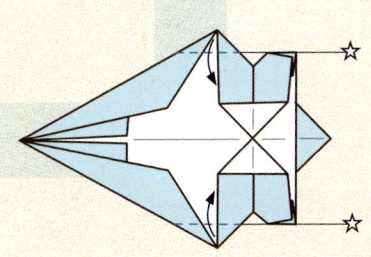

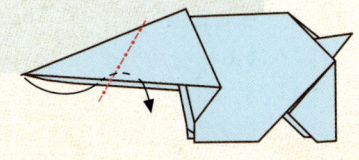

1 動物のなかまたち／ぞう

9 パンダ

原案・中島進

紙の形 / 正方形・2枚

ポイント / 紙の両面の白・黒をいかして作る作品です。細かい折り返しが多いですが、左右で同じバランスになるように折りましょう。

1 かおを作ります。全体を半分に折ります。

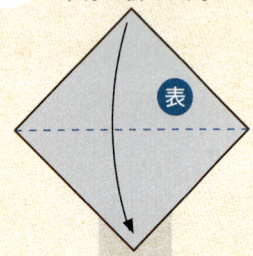

2 左右の★を下の☆に合わせて折ります。

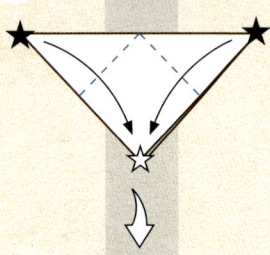

3 下にある2つの角を持ち上げて、折り上げます。

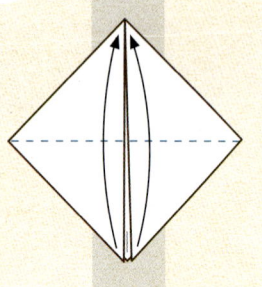

4 折り上げてできた三角形を、それぞれ半分の大きさに折ります。

7 6を折りました。できたら、裏返します。

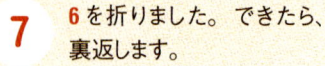

6 左右それぞれ、角を3か所ずつ谷折りします。

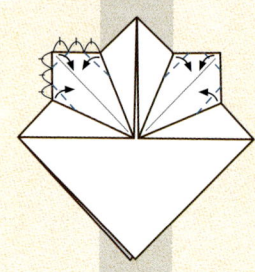

5 左右それぞれ、⇨でひらいて、6の図の形にたたみます。

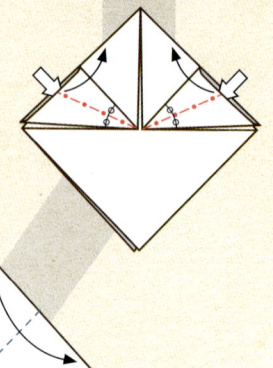

8 下から1/3のところで、2枚いっしょに折ります。

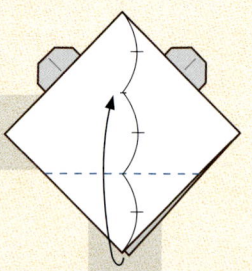

9 上の1枚だけを、上から1/3のところで折り返します。

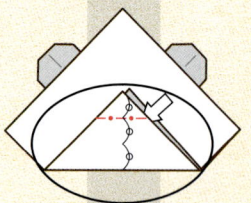

10 9の○で囲んだ部分の拡大図です。左右の縁を、それぞれ谷折りします。

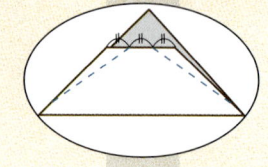

11 上の角を折ります。

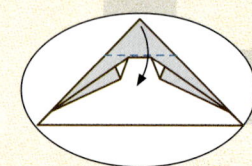

16 体を作ります。折りすじをつけてひらきます。

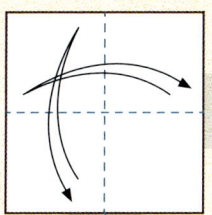

17 16の折りすじに合わせて折り、折りすじをつけてひらきます。

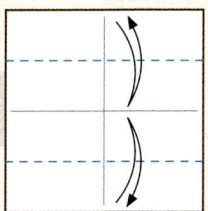

24 かおと体を組み合わせます。

できあがり

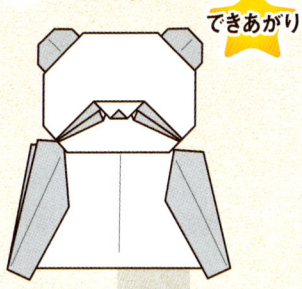

15 かおのできあがり。

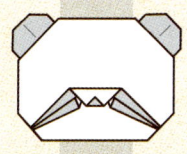

18 17の折りすじに合わせて折り、折りすじをつけてひらきます。

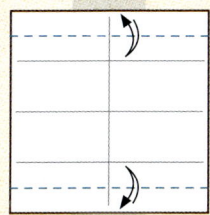

23 はしの部分を少し山折りで内側に折り込みます。裏も同じように折ります。できたら、向きを変えます。

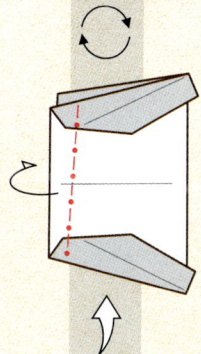

14 下の左右の角を、それぞれ山折りで裏に折ります。

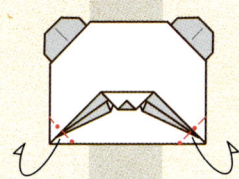

19 位置を確認して、部分的に折りすじをつけます。

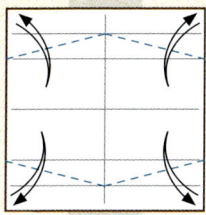

22 まん中で紙がふくれている部分はそのままで、全体を山折りで半分に折ります。

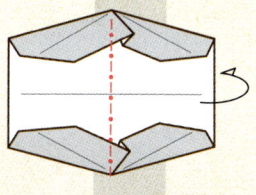

13 3つの角を折って、かおを形作ります。

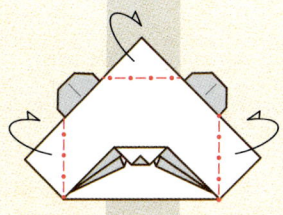

20 4つの角を谷折りします。

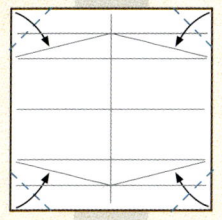

21 19の折りすじを使って、上の部分を折り返し、たたみます。

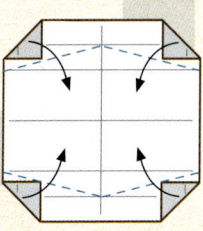

12 11で折り下げた角を、少し折り上げます。

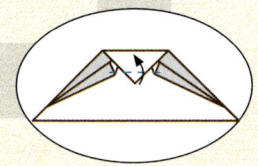

1 動物のなかまたち／パンダ

10 きつね

紙の形 / 正方形

ポイント / ハサミで切り込みを入れるときに、位置や長さに注意しましょう。左側の切り込みは頭に、右側は手やしっぽになります。

1 四角折り（14p参照）の❶〜❷で折りすじをつけてひらいたあと、3つの☆を下の★に合わせて折り、紙をたたみます。

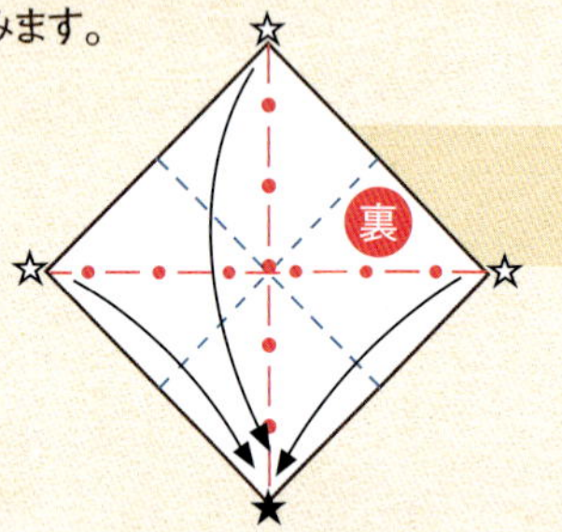

2 まず左右を折ってから、上を折り下げます。しっかり折りすじをつけてひらきます。

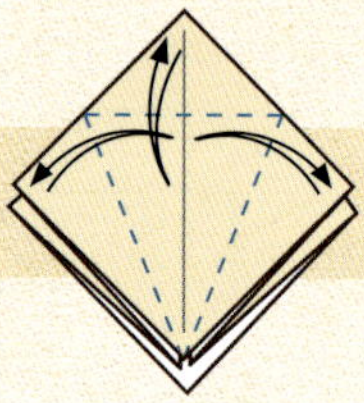

3 ⇨でひらいて、2の折りすじを使って、紙をたたみます。

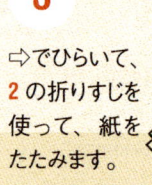
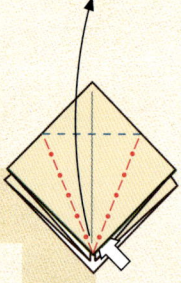

4 図のようになったら、裏も、2〜3の手順で同じように折ります。できたら、回転させて向きを変えます。

6 上の1組だけを、左側へ折ります。裏も同じように折りましょう。

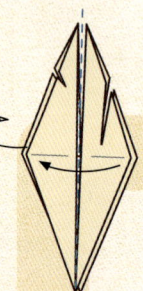

5 位置や長さを確認して、左右に切り込みを入れます。

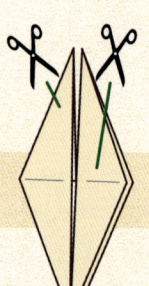
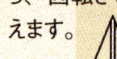
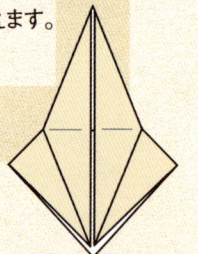

7 ア、イをそれぞれ、ななめ下方向へ折り下げます。

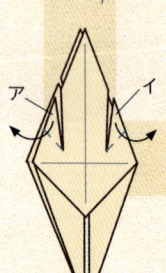

8 9の図で形を確認して、ウを折り下げます。

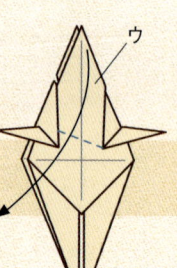

9 8を折りました。できたら、裏返します。

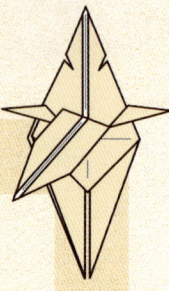

11 できあがり

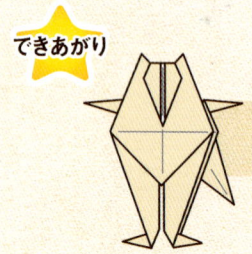

10 上では頭を折り下げます。下では、中わり折りで左右の脚先を作ります。

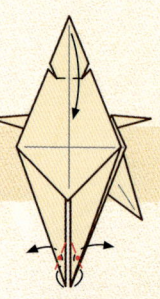

11 たぬき

🟩 紙の形 ／ 正方形

🔍 ポイント ／ きつねとよく似た折り方ですが、手、脚やしっぽ、そしてかおを折る位置を変えて、たぬきらしさを表現します。

1 四角折り（14p参照）の❶〜❷で折りすじをつけてひらいたあと、3つの☆を下の★に合わせて折り、紙をたたみます。

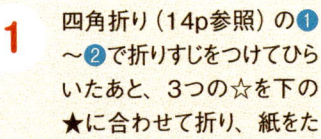

2 まず左右を折ってから、上を折り下げます。しっかり折りすじをつけてひらきます。

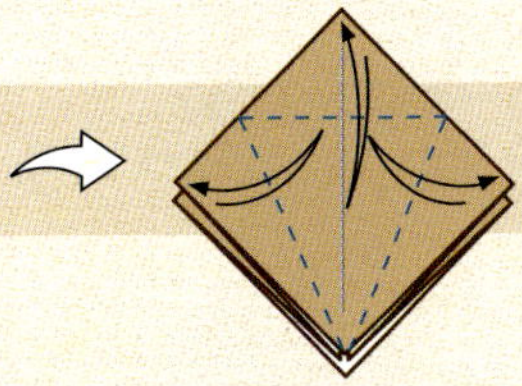

3 ⇨でひらいて、2の折りすじを使って、紙をたたみます。

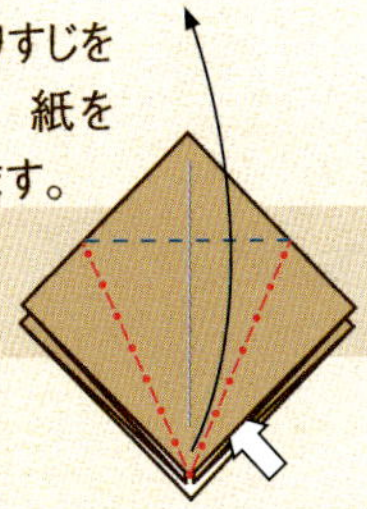

4 図のようになったら、裏も、2〜3の手順で同じように折ります。できたら、回転させて向きを変えます。

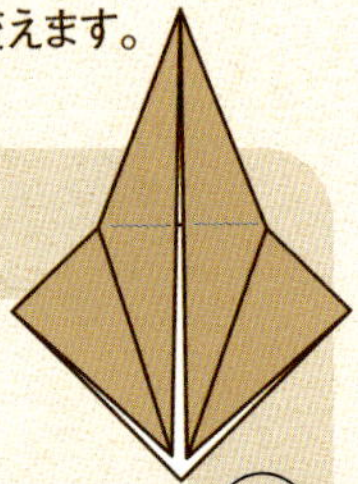

5 位置や長さを確認して、左右に切り込みを入れます。

6 上の1組だけを、左側へ折ります。裏も同じように折りましょう。

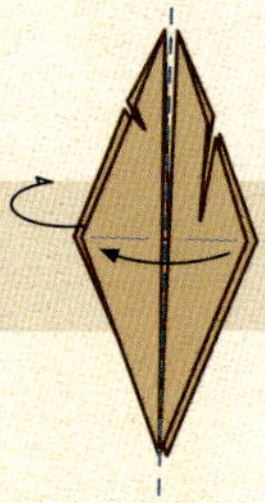

7 両脚のつけ根をそれぞれ中わり折りします。

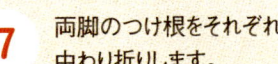

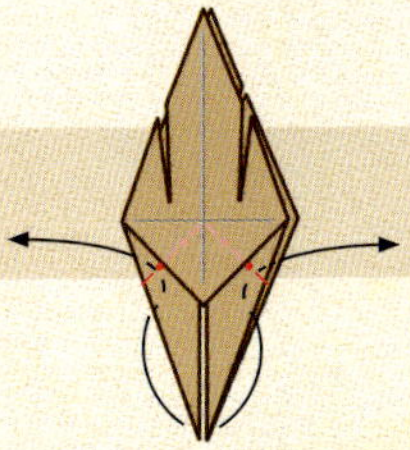

8 さらに中わり折りで両脚を下げます。

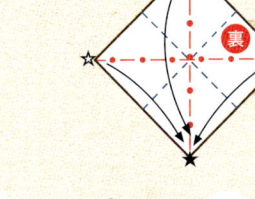

9 さらに左右の先を中わり折りで外側に出して、両脚を仕上げます。

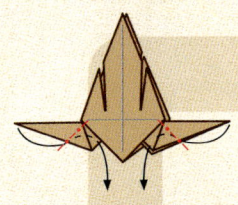

10 ア、イをそれぞれ、ななめ下方向へ折り下げます。

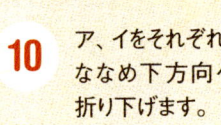

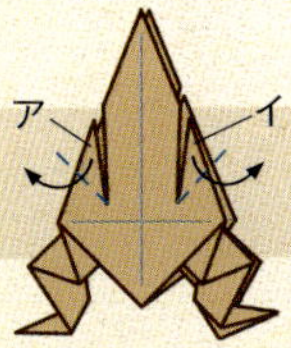

11 12の図で形を確認して、ウを折り下げます。

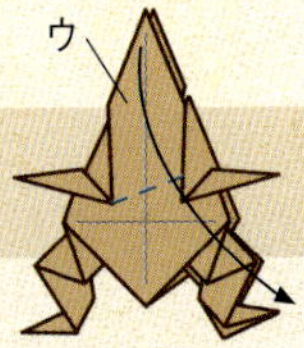

12 11を折りました。できたら、裏返します。

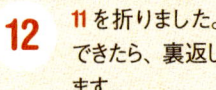

13 上では頭を折り下げます。左右の手は、それぞれ内側に折ります。

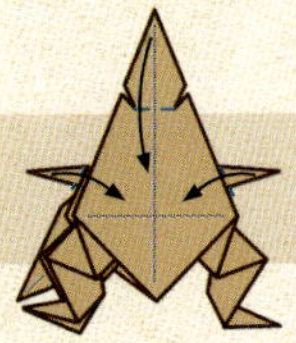

14 かおを段折りで、鼻先は山折りで内側に折ります。

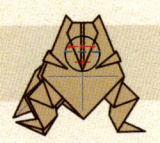

15 できあがり

14のかお、鼻先を折る位置を示した拡大図です。

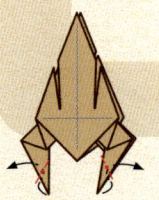 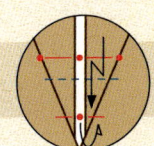

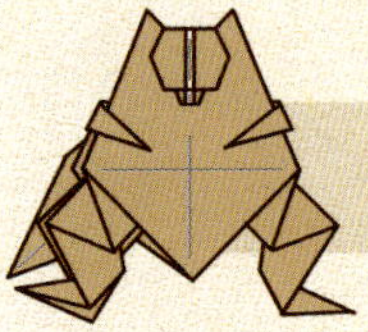

12 トナカイ

紹介者・西之園弘康

🟩 紙の形／正方形（30×30cm）

🔍 ポイント／四角折りで1/4にたたんだ紙をさらに折って作るので、できあがりのサイズはかなり小さくなります。いつもより大きな紙を用意しましょう。

1 四角折り（14p参照）で紙をたたんだあと、➡のところでひらき、上の1枚を持ち上げてたたみます。

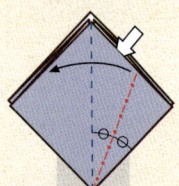

2 1を折りました。左側に2つ、右側に1つ、1と同じ袋状になった角があります。残り3か所も1と同じようにひらいてたたみましょう。

3 折りすじをつけます。

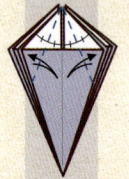

4 ➡でひらいて、5の図の形にたたみます。

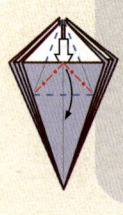

5 裏も3、4と同じように折ったあと、その左右も同じように折ります。（合計4か所で同じ折り方をします。）

6 三角形の部分を折り上げて、裏返します。

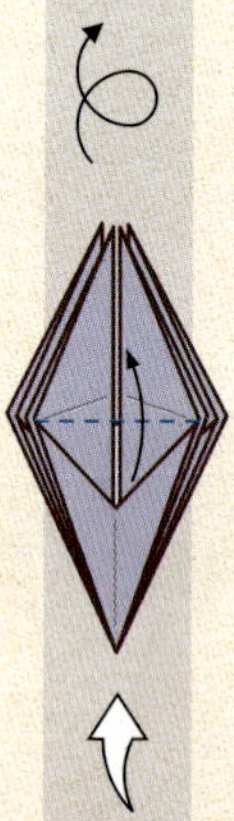

7 左側の2枚を右へ折ります。

8 中わり折りをします。

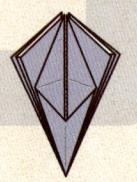

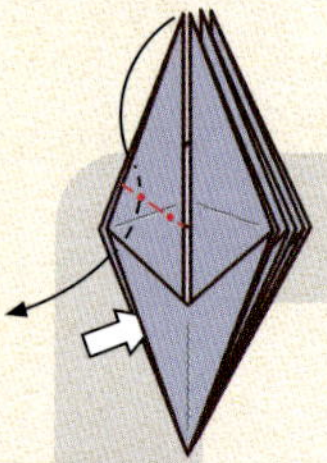

9 あいだをひらきます。

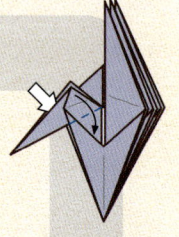

10 上下とも、縁を少し谷折りします。

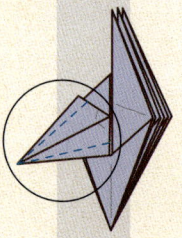

11 谷折りで半分に折ります。

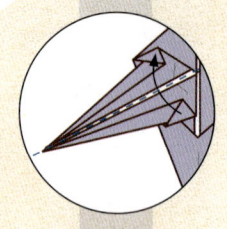

12 11を折りました。

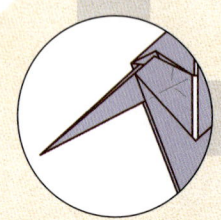

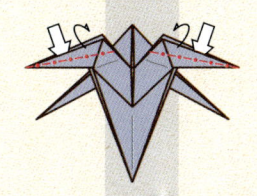

17 折りすじをつけて、裏返します。

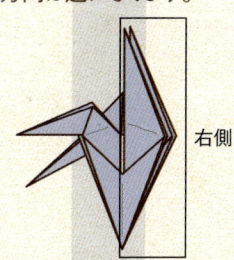

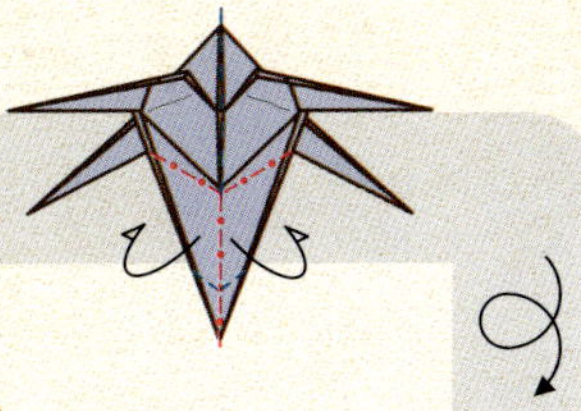

16 左右とも⇨でひらいて、山折りで内側に半分になるように折り込みます。裏（向こう側）も同じように折り込みましょう。

18 17の折りすじに沿って、上の1枚だけに、まん中の線まで切り込みを入れます。

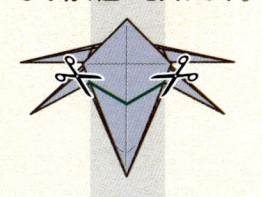

25 できあがり

24 ツノをななめに引き上げます。

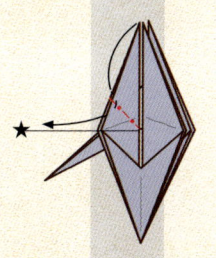

15 14を折りました。右側も7～14と同じように折ります。方向は逆になります。

19 切り込みを入れた左右の☆の部分をまん中の折りすじを境に折り立てて、合わせます。

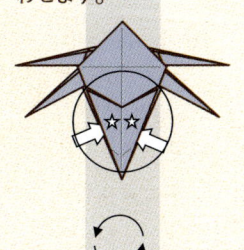

23 ⇨でひらいて、しっぽの部分を段折りします。左右のツノ（図では前後になっています）はそれぞれ折り下げます。

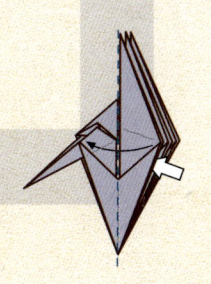

14 ★の線に合わせて、中わり折りをします。

20 ☆を合わせたものを、ヨコから見ています。先にアを切り、そのあとイを切ります。

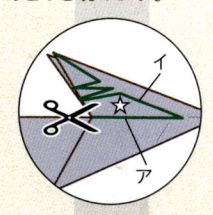

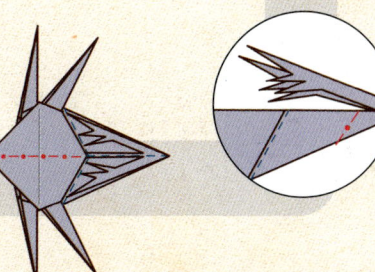

22 首の部分の拡大図です。首元は谷折りで、頭は山折りでかぶせ折りをして、立体的に組み立てます。

13 右側の2枚を左へ折ります。

21 体は山折りで、首は谷折りで半分に折ります。

1 動物のなかまたち／トナカイ

13 にわとり

紙の形／正方形

ポイント／とさかは紙のやわらかさをいかして、つまみ上げて作ります。小さく作って箸置き、大きく作って飾り物として利用できます。

1 対角線で半分に折ります。

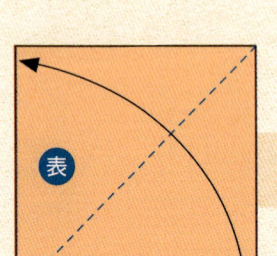

2 半分に折って、折りすじをつけます。

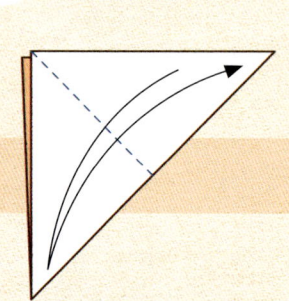

3 上の1枚だけを、段折りします。

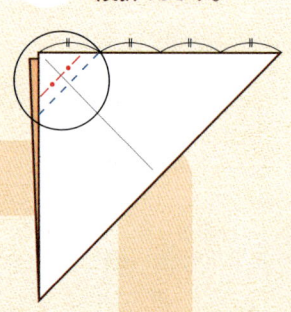

3の部分を拡大した図です。

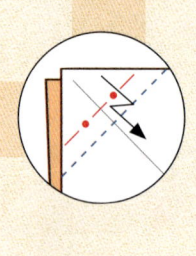

4 うしろの1枚を山折りで裏に折ります。

5 全体を半分に折ります。

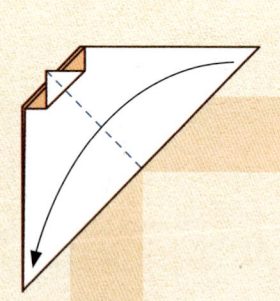

6 上になっている1組の角を谷折りで折り上げます。裏も同じように折りましょう。

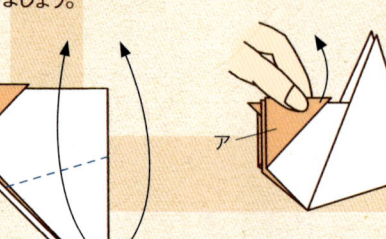

7 アの部分がとさかになります。上の1枚だけをつまみ上げます。

8 できあがり

14 インコ

紙の形 / 正方形

ポイント / 南国の鳥をイメージして、いろんな色の紙でたくさん作って、華やかに飾りたい作品です。できあがりでは、裏の白はまったく見えなくなります。

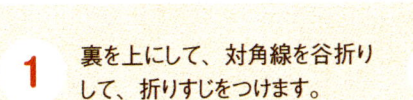

1 裏を上にして、対角線を谷折りして、折りすじをつけます。

2 4つの角を中心に集めるようにして折ります。

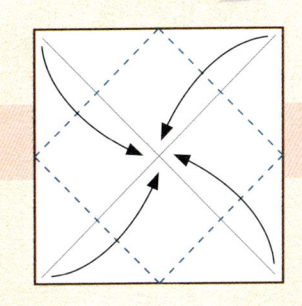

3 2つの角を中心に集めるようにして折ります。

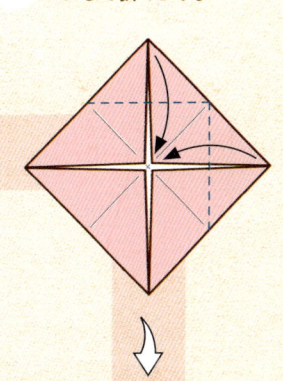

4 全体を半分に折ります。

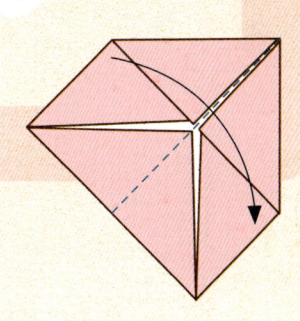

5 中わり折りで、頭を作ります。

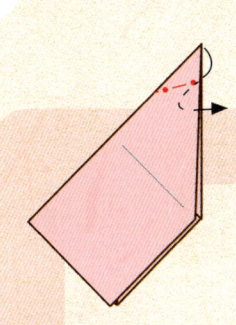

6 位置を確認して、上下の紙をまとめたまま、切り込みを入れます。できたら、上の1枚だけをななめに折り上げます。裏も同じように折りましょう。

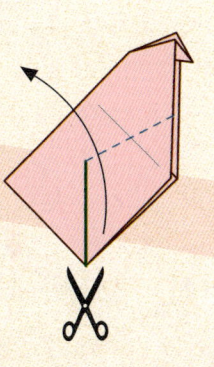

7 できあがり

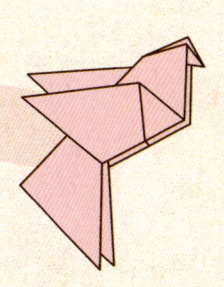

1 動物のなかまたち / にわとり・インコ

15 フラミンゴ

紙の形／正方形

ポイント／明るいピンク、濃いピンク、ピンクといってもいろんな紙があります。作りくらべてみましょう。

1 鶴（16p参照）の**1**〜**6**を折ります。できたら、位置を確認して、羽を折り下げます。裏も同じように折ります。

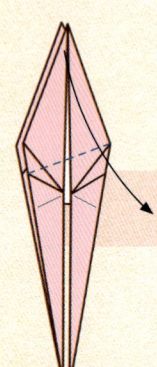

2 中わり折りで、首を折り上げます。

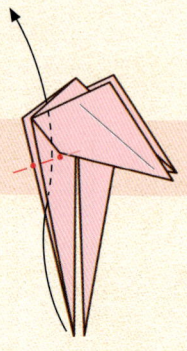

3 角を山折りで内側に折り込みます。裏も同じように折ります。

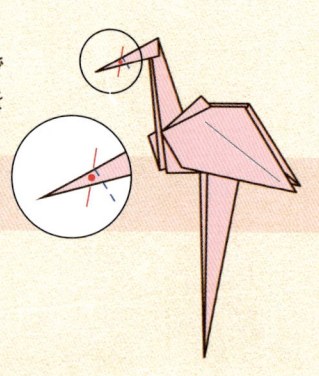

6 根元まで切り込みを入れて、脚を2本に分けます。

5 段折りでくちばしを作ります。

4 段折りで頭を作ります。

7 中わり折りをします。

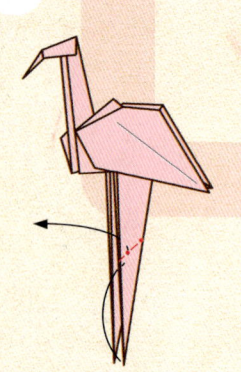

8 さらに、中わり折りをします。

9 脚先で、中わり折りをします。

10 できあがり

38

1 動物のなかまたち／フラミンゴ

16 はくちょう

■紙の形／正方形

■ポイント／へらなどを使って、きっちり折りすじをつけながら手順を進めましょう。はっきりした折りすじが美しいできあがりにあらわれる作品です。

1 対角線を谷折りして、折りすじをつけます。

2 1の折りすじに合わせて、上下を折ります。

3 まん中で合わせている辺が、外側の辺に合うように、上下を折ります。

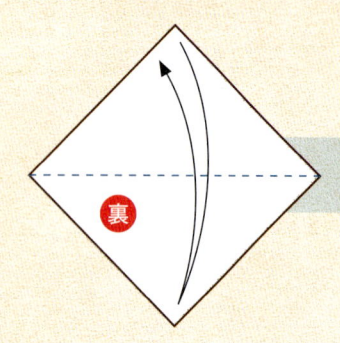

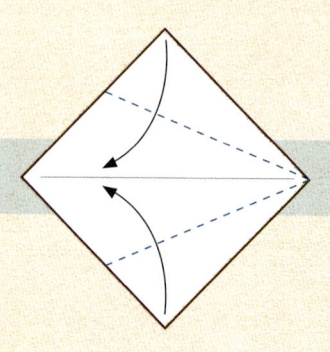

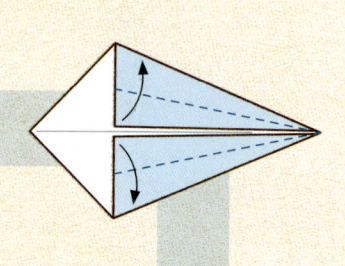

6 山折りで、全体を半分に折ります。

5 まん中の折りすじに合わせて、上下を折ります。

4 3を折りました。できたら、裏返します。

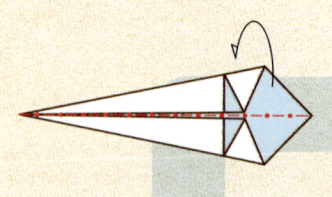

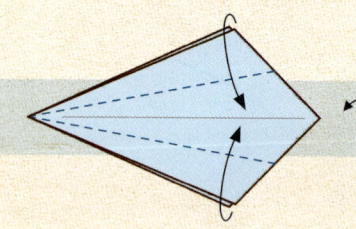

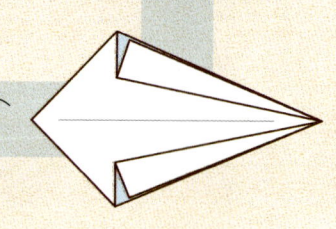

7 ⇨でひらいて、かぶせ折りをします。8の図を見ながら、位置を確認して折りましょう。

8 ⇨でひらいて、さらにかぶせ折りをして、頭を作ります。

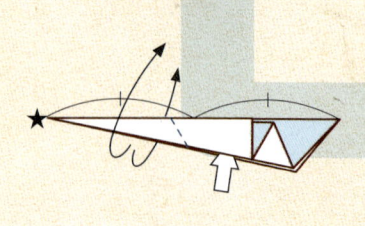

羽を広げて、形をととのえます。

9 できあがり

17 つばめ

アレンジ・湯浅信江

紙の形／正方形（18×18cm）

ポイント／フラミンゴ（38p 参照）と同じく、鶴の折り方をアレンジして作る作品です。左右の羽のバランスをきっちり同じにして、一直線に広げましょう。

1 鶴（16p参照）の1～6を折ります。できたら、上の1枚だけを右へ送ります。裏も同じように折ります。

2 左右で中わり折りをして、羽を作ります。

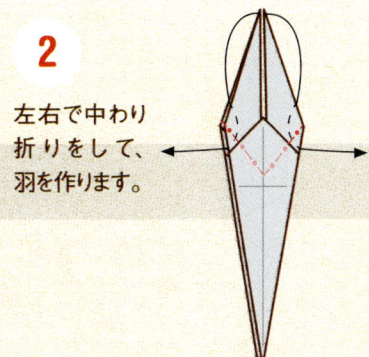

3 上の1枚だけを折り上げます。

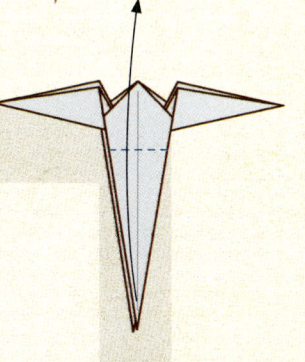

4 上の角を折り下げます。

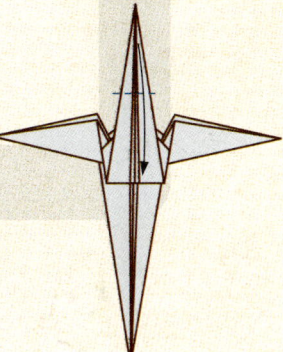

5 角が上に出るように、折り返します。

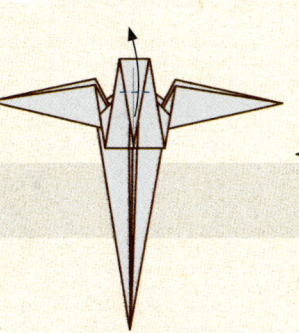

6 4つの角を折ります。

頭の部分の拡大図です。

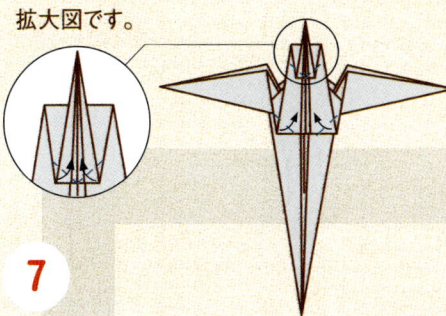

7 切り込みを入れたら、裏返します。

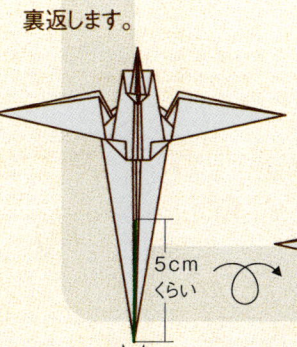

5cmくらい

8 差し込み口になる切り込みを、カッターナイフで位置を確認して部分的に入れます。

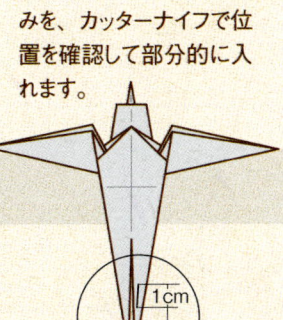

1cm
2cm

9 8の切り込みに、左側のしっぽの先を差し込みます。

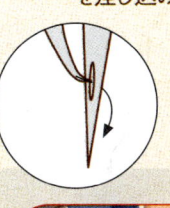

10 できあがり

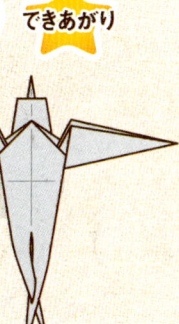

1 動物のなかまたち／はくちょう・つばめ

18 はと

紙の形 / 正方形

ポイント / 左右の羽が同じバランスになるように、折り上げる位置を合わせましょう。

1 対角線を谷折りして、折りすじをつけます。

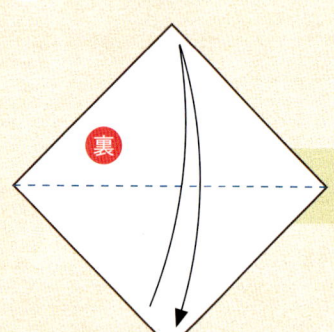

2 1とは別の対角線を谷折りして、全体を半分に折ります。

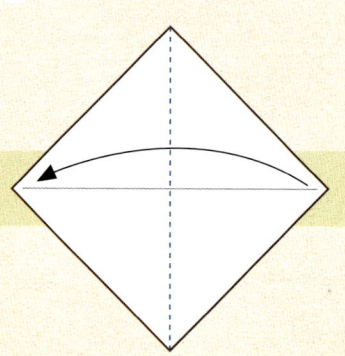

3 位置に注意して、角を折り返します。

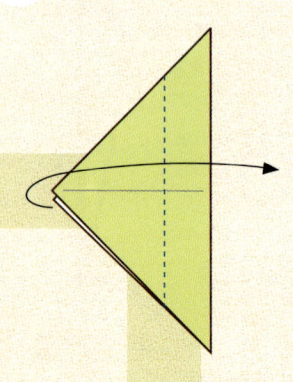

4 上の1枚だけを谷折りで折り返します。

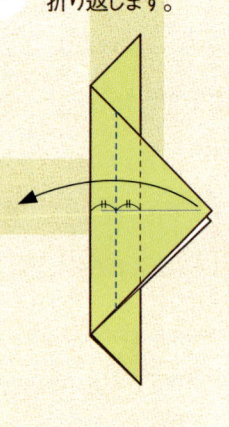

5 全体を半分に折ります。

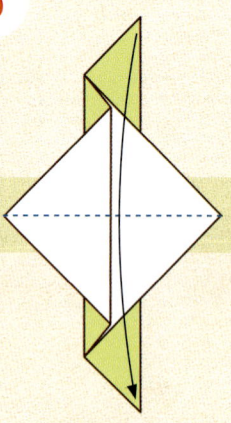

6 羽の部分を表、裏でそれぞれ折り上げます。

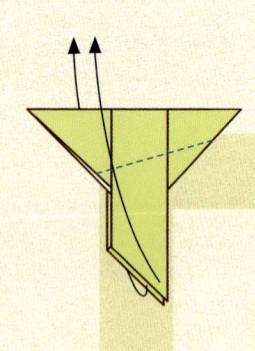

7 左の角で中わり折りをして、頭を作ります。

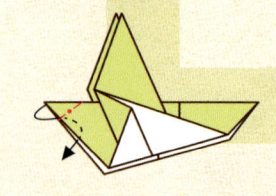

7を折っている途中のようすです。

8 できあがり

19 きじ

紙の形／正方形

ポイント／折りすじを使って、羽の部分を立体的にたたみます。へらなどを使ってきっちり折りすじをつけておけば、自然と紙が形作られて、折りやすいでしょう。

1 それぞれの対角線を谷折りして、折りすじをつけます。

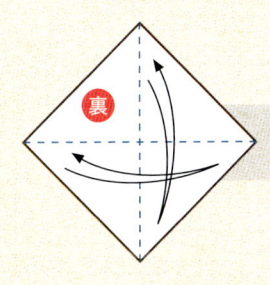

2 まん中の折りすじに合わせて、上下を折り、折りすじをつけます。

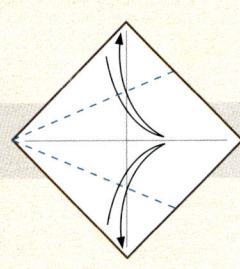

3 図の谷折り線で示したところだけに、部分的に折りすじをつけます。

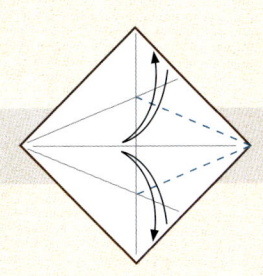

4 上下の☆を中心に合わせるようにして折りながら、折り線どおりに紙をたたみます。

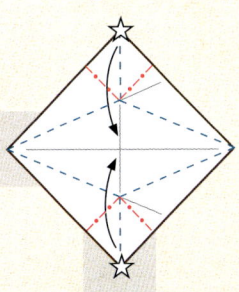

5 4を折っている途中のようすです。できたら、裏返します。

6 全体を半分に折ります。

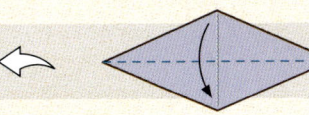

7 ☆と右の角とのあいだを3等分して、☆から1/3のところを通る線で、★が☆につくように折り、折りすじをつけます。

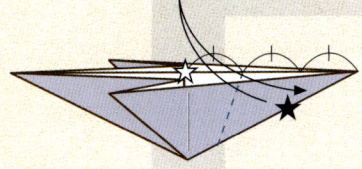

8 7でつけた折りすじを使って、かぶせ折りをします。

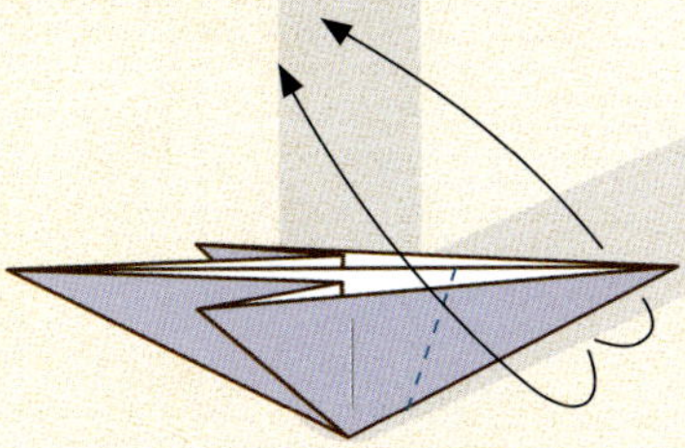

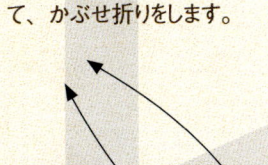

9 先をかぶせ折りして、頭を作ります。

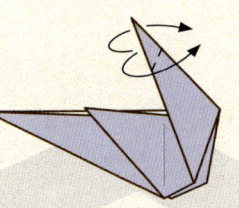

10 2枚いっしょに切り込みを入れて、⇨であいだをひらいて、表、裏で山折りして、三角形の部分を内側に入れ込みます。

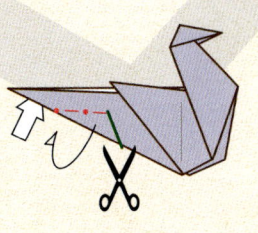

11 できあがり

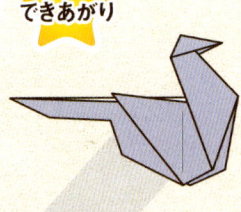

1 動物のなかまたち／はと・きじ

20 こうもり

- **紙の形** ／ 正方形・2枚（18×18cm。かおの紙は 1/4に切ったもの）
- **ポイント** ／ 羽を広げたり、たたんだりしてアレンジしてみましょう。ハロウィンの季節に、窓に貼って飾ってみましょう。

1 かおを作ります。体を作る紙と同じ大きさの紙を1/4に切ります。

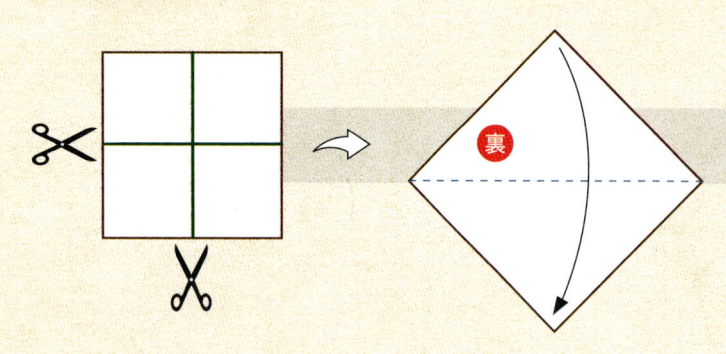

2 1で切った紙の1枚を使います。全体を半分に折ります。

3 折りすじをつけます。

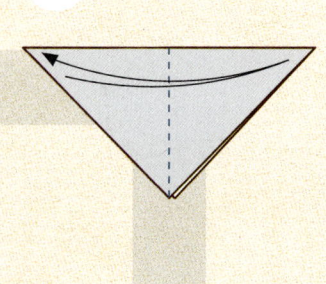

4 左右のバランスが同じになるようにして、折り上げて耳を作ります。

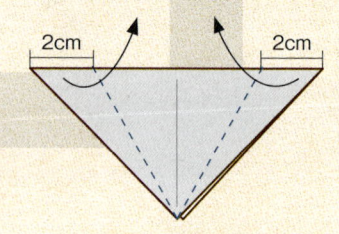

5 4を折りました。できたら、裏返します。

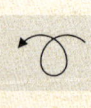

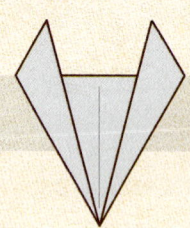

6 位置を確認して、折りすじをつけてひらきます。

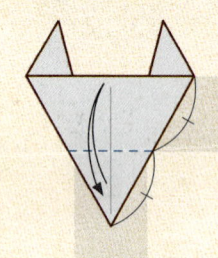

7 6の折りすじに合わせて折り上げます。

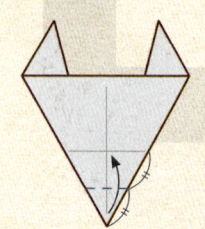

8 6の折りすじで折ります。

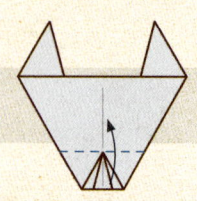

9 かおのできあがり。

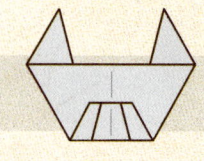

アレンジ

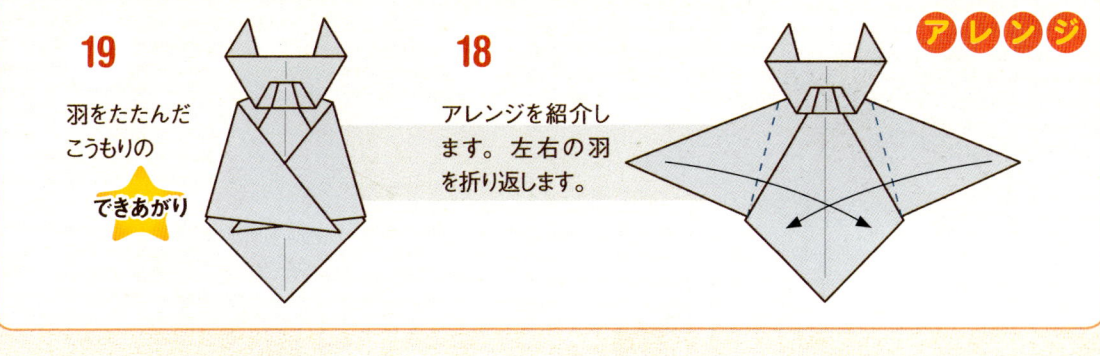

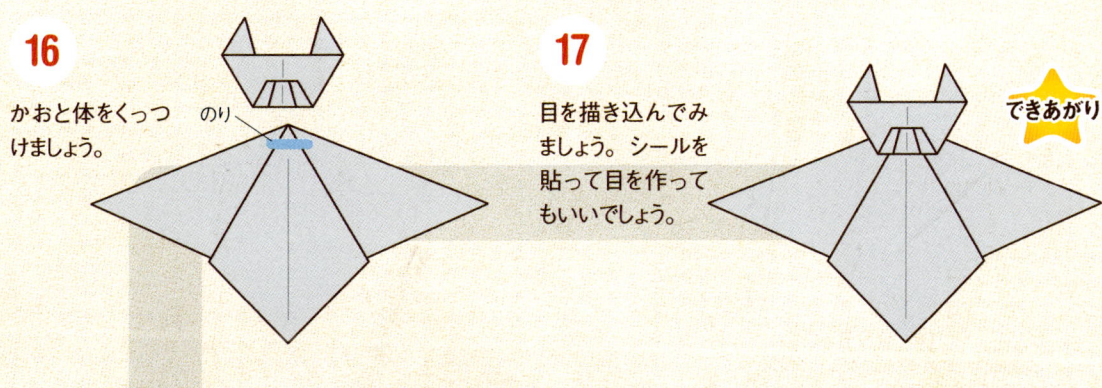

19 羽をたたんだこうもりのできあがり

18 アレンジを紹介します。左右の羽を折り返します。

16 かおと体をくっつけましょう。 のり

17 目を描き込んでみましょう。シールを貼って目を作ってもいいでしょう。 できあがり

15 ⇨でひらいて、羽を左右に広げます。

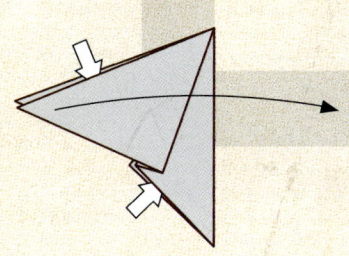

14 13を折りました。うしろの☆も12〜13と同じように折りましょう。

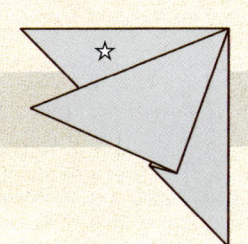

13 12の折りすじから図の分量だけひかえて、折り返します。 1.5cm

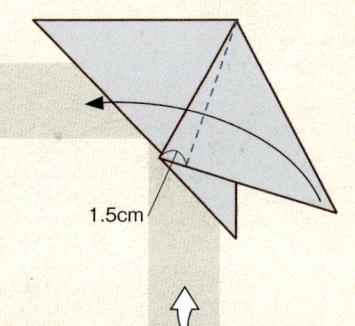

10 体を作ります。全体を半分に折ります。 裏

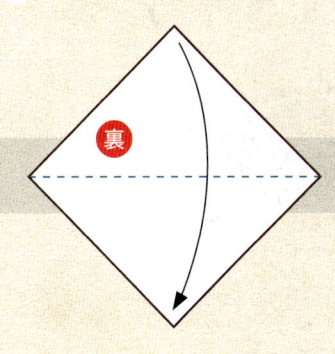

11 さらに、全体を半分に折ります。

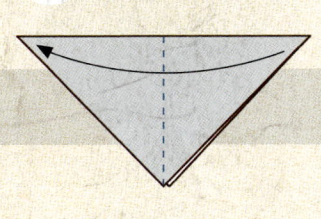

12 上の1枚だけを図の位置で谷折りします。 5.5cm

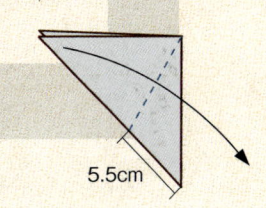

1 動物のなかまたち／こうもり

第2章　水の生き物たち

21 ザリガニ

アレンジ・湯浅信江

紙の形 / 正方形

ポイント / じゃばら折りで腹を作ります。すべてを折ると紙が元に戻ろうとして形が崩れやすくなるので、じゃばら折りを固定するように、裏をセロハンテープで貼るといいでしょう。

1 鶴（16p参照）の1〜5を折ります。できたら、⇨でひらいて、上の角を中心に合わせて、上の1組だけを下へ折ります。

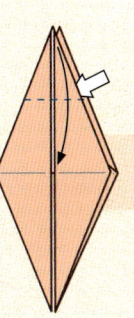

2 左右の角を、まん中の線に合わせて折ります。

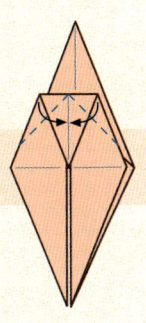

3 ア、イは表側で折り上げます。ウは裏側で折り下げます。

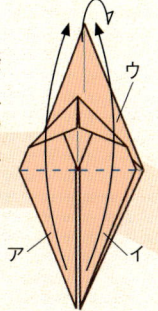

4 ウの下の角を、中心に合わせて折ります。

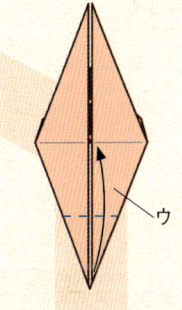

5 3等分の折りすじをつけて、元の形にひらきます。

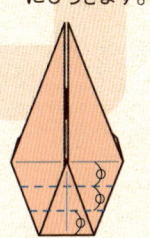

6 上の角を左右に広げるように、それぞれ中わり折りをします。

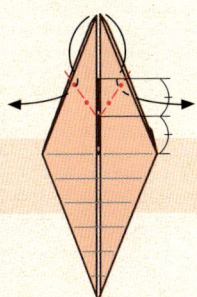

7 折りすじをつけます。

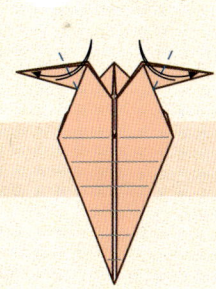

8 中わり折りをします。

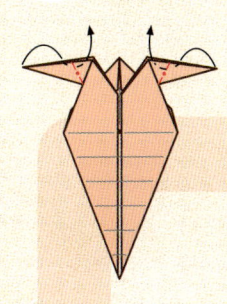

9 5でつけた折りすじをすべて谷折りして、それぞれの折りすじの少し下を、それぞれ山折りすると、段折りになります。

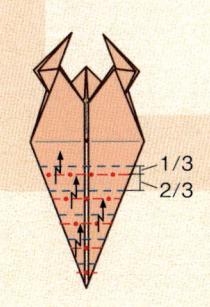

10 左右の角を、同じバランスで谷折りします。できたら、裏返します。

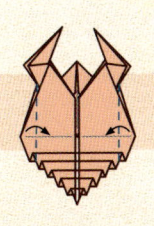

11 左右の手の先に切り込みを入れたあと、⇨でひらき、谷折りでハサミを作ります。

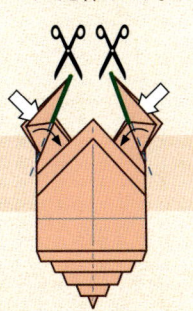

12 できあがり

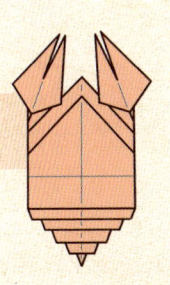

2 水の生き物たち／ザリガニ

22 かぶと〜きんぎょ

■紙の形／正方形・2枚

■ポイント／かぶと、きんぎょ、それぞれのできあがりの写真を見ながら、内側を広げるようにして形をととのえましょう。

1 対角線で、全体を半分に折り、折りすじをつけてひらきます。

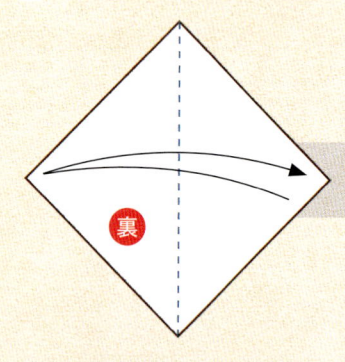

2 1とは別の対角線で、全体を半分に折ります。

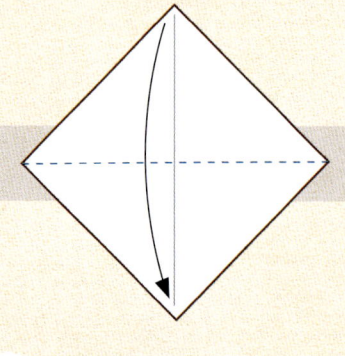

3 1の折りすじに合わせて、左右の角を折り下げます。

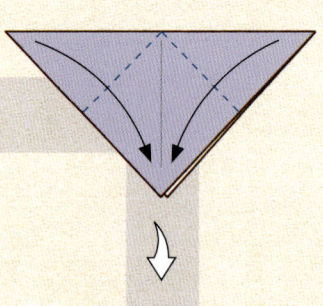

4 左右で、上の1組だけを折り上げます。

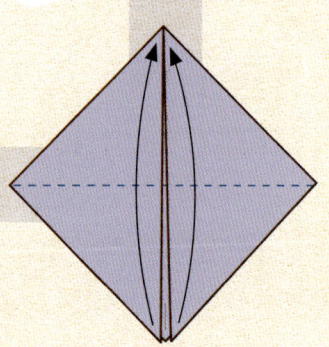

5 左右で同じバランスになるように、角を左右に折り広げます。

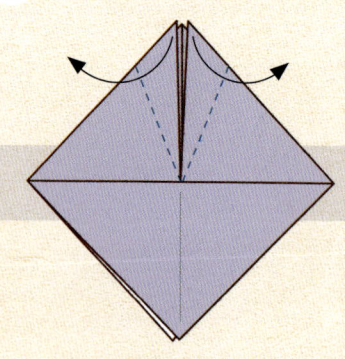

6 位置を確認して、下の角から1枚だけを折り上げます。

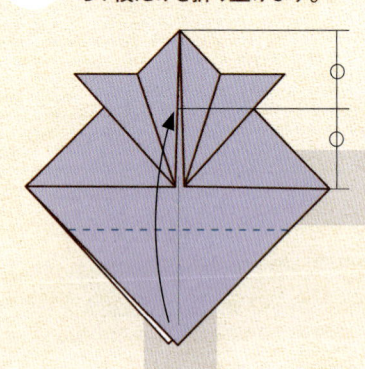

7 さらに、谷折りで折り上げます。

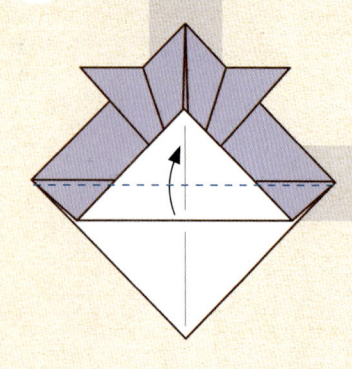

8 下の三角形を山折りで、裏に送ります。
※きんぎょを作るときは、10へ

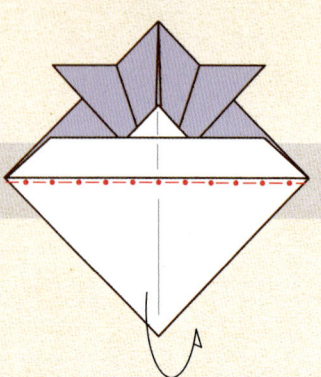

9 かぶとのできあがり

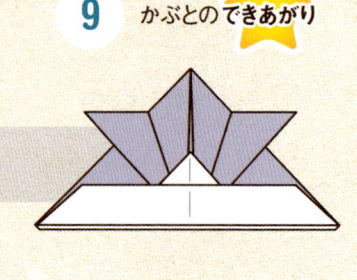

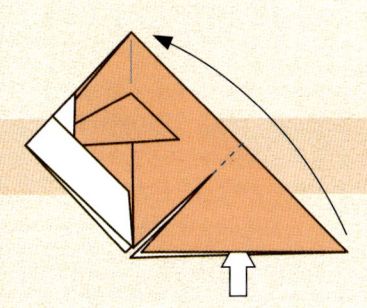

14
13とは逆方向にかぶせて折ります。

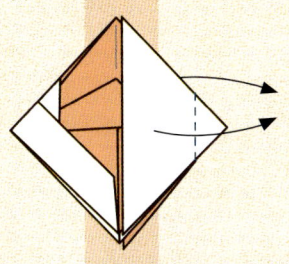

15 下の角を山折りで内側に折り込みます。裏も同じように折り、形をととのえます。

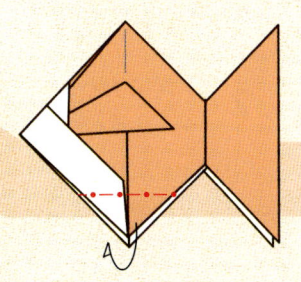

16 **きんぎょのできあがり**

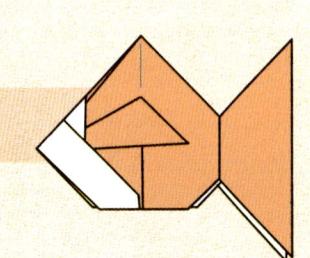

13 切り込みを使って、➡でひらき、右下の角を持ち上げてかぶせるように折ります。

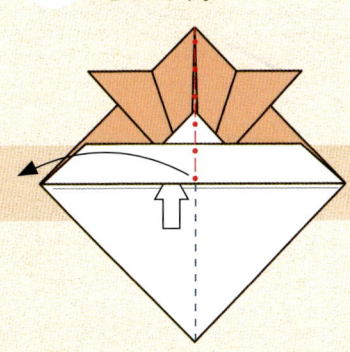

12 位置を確認して、切り込みを入れます。

10 8の形からきんぎょを作ります。

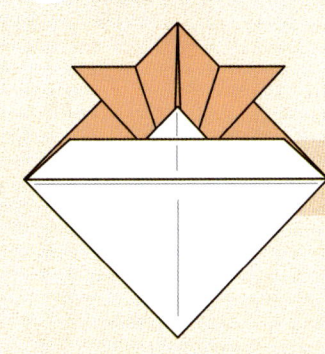

11 ➡でひらいて、12の形にたたみます。

2 水の生き物たち／かぶと〜きんぎょ

49

23 でめきん

紙の形 / 正方形

ポイント / 立体的に部分ごとに折り上げていく作品です。図の折り線の指示だけでなく、1つ先の図を見て、どんな形にすればいいのかを確認するとわかりやすいでしょう。

1 対角線をそれぞれ谷折りして、折りすじをつけてひらきます。

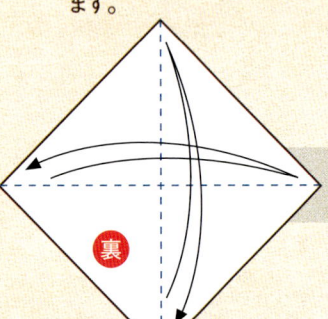

2 中心に合わせて、3つの角を折ります。できたら、裏返します。

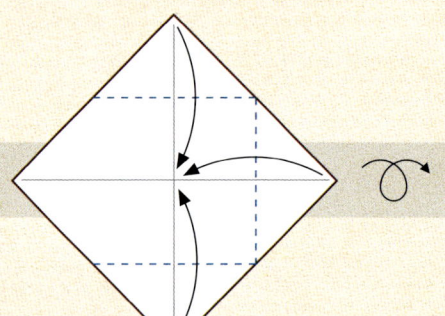

3 まん中の折りすじに合わせて、左側の2つの角を折ります。

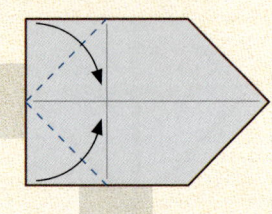

4 山折りで、全体を半分に折ります。

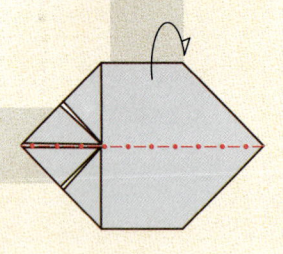

5 全体を左右の半分で折って、折りすじをつけてひらき、その折りすじに沿って、下から半分のところまで切り込みを入れます。できたら、6の形にひらきます。

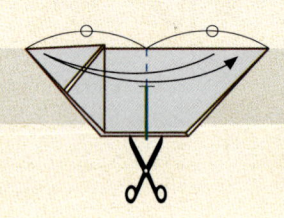

6 谷折りで3か所を折ります。

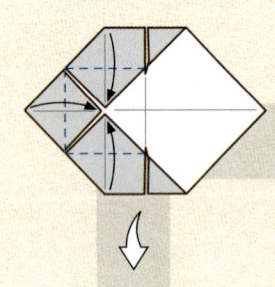

7 2か所の☆の部分をひらきます。できたら、全体を半分に折ります。

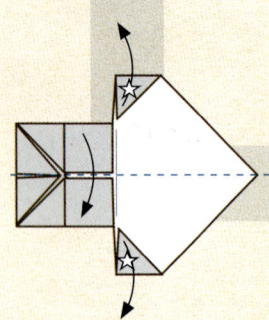

8 ☆を★に合わせて折ります。

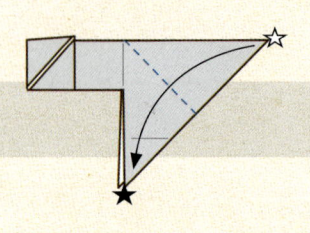

9 さらに、辺を合わせて折ります。

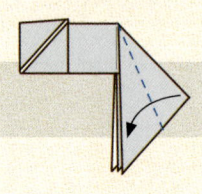

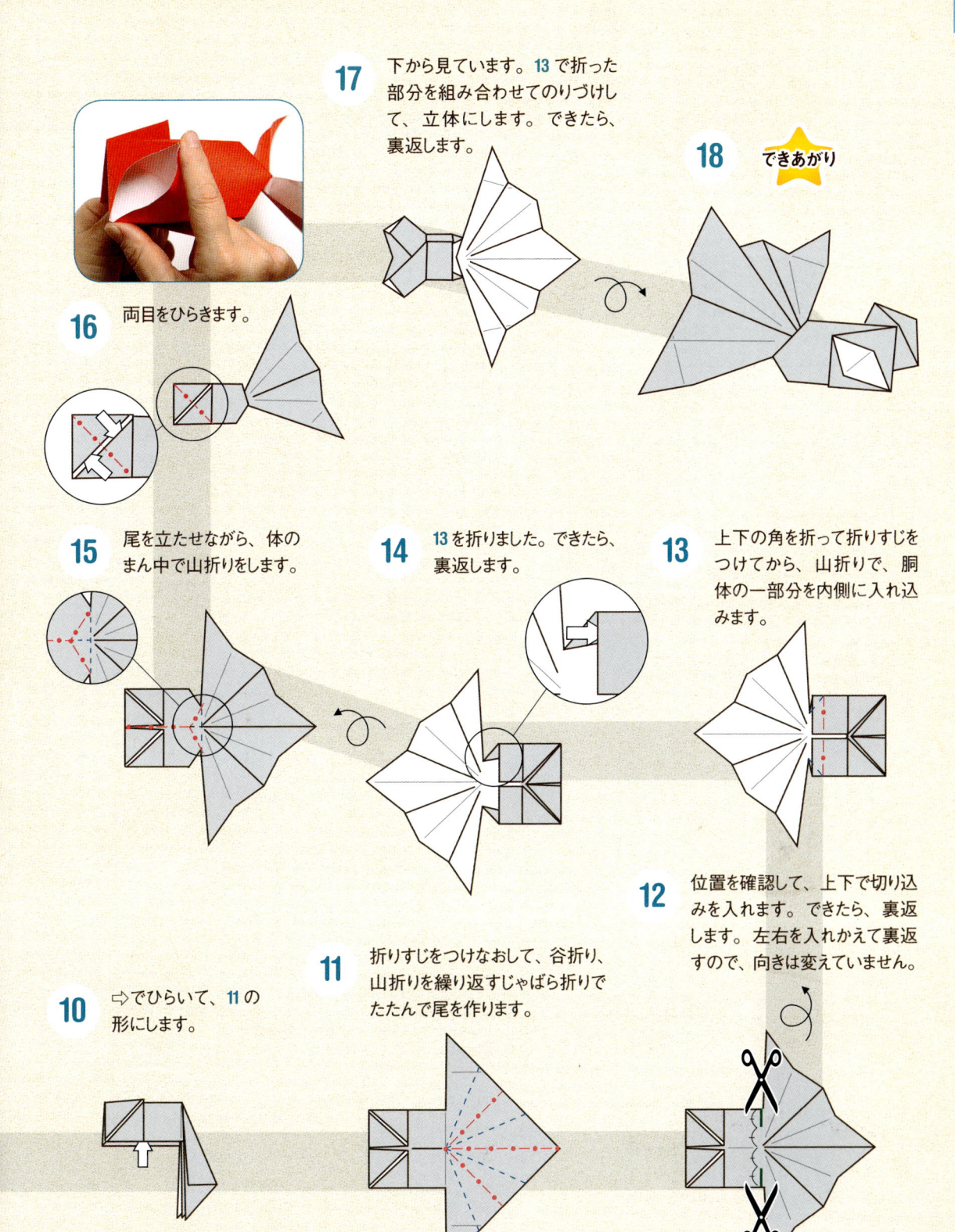

17 下から見ています。13で折った部分を組み合わせてのりづけして、立体にします。できたら、裏返します。

18 できあがり

16 両目をひらきます。

15 尾を立たせながら、体のまん中で山折りをします。

14 13を折りました。できたら、裏返します。

13 上下の角を折って折りすじをつけてから、山折りで、胴体の一部分を内側に入れ込みます。

10 ⇨でひらいて、11の形にします。

11 折りすじをつけなおして、谷折り、山折りを繰り返すじゃばら折りでたたんで尾を作ります。

12 位置を確認して、上下で切り込みを入れます。できたら、裏返します。左右を入れかえて裏返すので、向きは変えていません。

2 水の生き物たち／でめきん

24 さかな1

■ 紙の形 ／ 正方形

🔍 ポイント／ できあがりで無駄な折りすじが入らないように、1、2ではちょっと手間のかかる折りすじのつけ方をしています。上下、左右で紙のバランスが同じになるように折りましょう。

1 上下の半分の位置に印をつけて、その印に合わせて、折りすじをつけてひらきます。

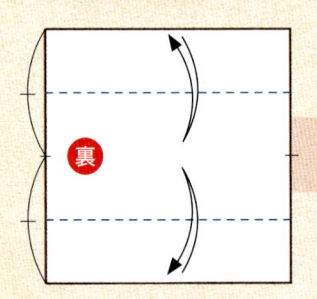

2 1と同じ要領で、タテに折りすじをつけてひらきます。

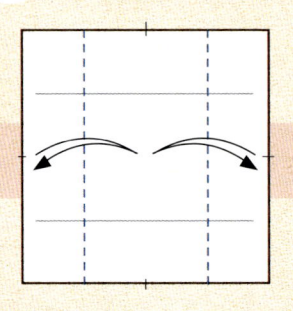

3 1、2の折りすじの交点を目安にして、アでは角を折ります。イでは山折りで折りすじをつけたあとに、切り込みを入れます。

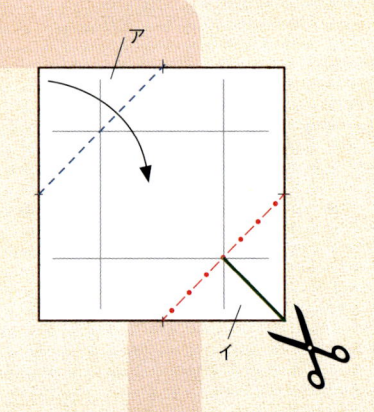

4 切り込みの近くを山折りしたあとに、谷折りを2か所でして、たたみます。

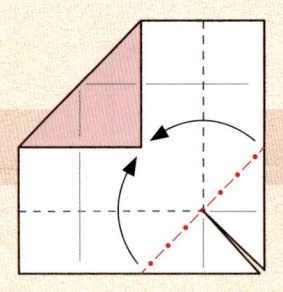

5 谷折りで、たたみます。

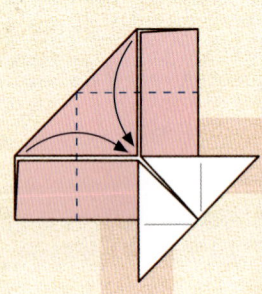

6 5を折りました。できたら、裏返したあと、向きを変えます。

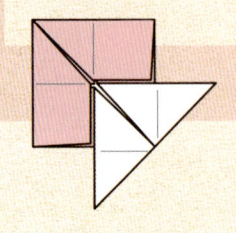

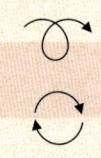

7 できあがり

目を描き込んでみましょう。

25 さかな2

紙の形／ 三角形（正方形を対角線で切った二等辺三角形）

ポイント／ ひれのたたみ方が複雑に見えますが、きっちり、しっかり折りすじをつけていれば、自然に紙が折りたたまれるようになります。

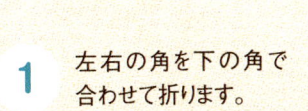

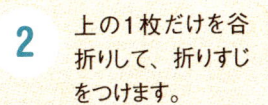

1 左右の角を下の角で合わせて折ります。

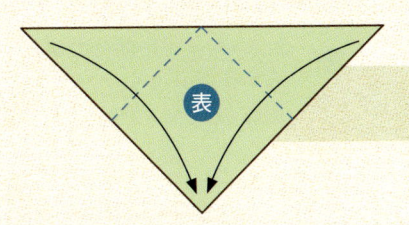

2 上の1枚だけを谷折りして、折りすじをつけます。

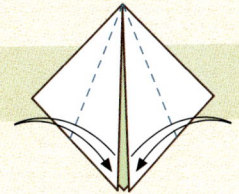

3 部分的に折りすじをつけます。

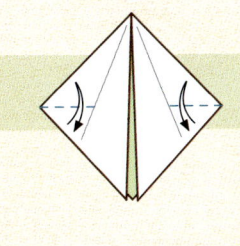

4 ⇨でひらいて、5の図の形を見ながら、左右それぞれをたたんで、ひれを作ります。

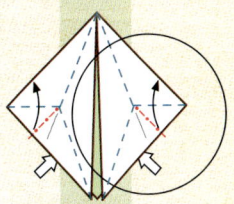

4を折っている途中のようすです。

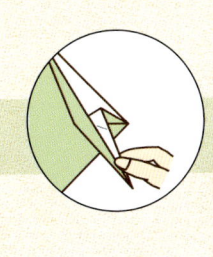

6 左右同じバランスで、折りすじをつけます。

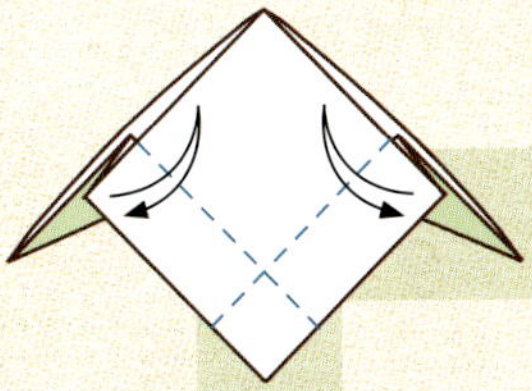

5 4を折りました。できたら、裏返します。

7 切り込みを入れます。できたら、裏返します。

8 折りすじをつけます。

9 段折りをします。
ここはひれの下を山折り　ここはひれの下を山折り

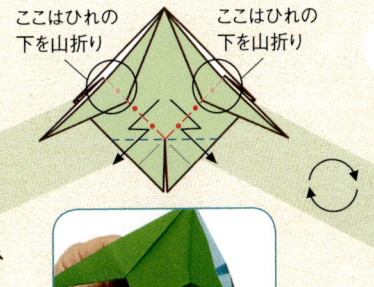

10 できあがり

53

26 エンゼルフィッシュ

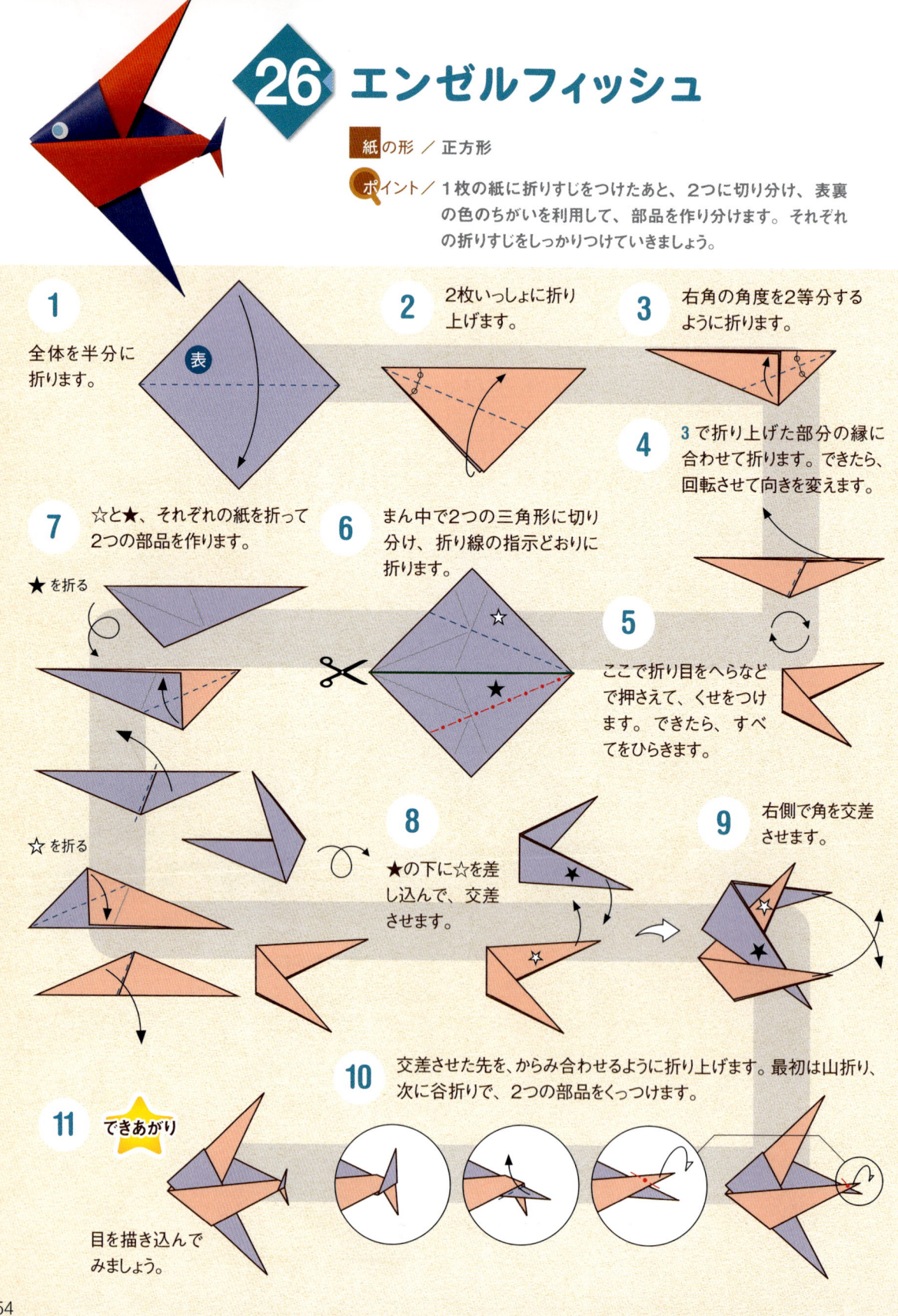

🔴 紙の形 ／ 正方形

🔍 ポイント／ 1枚の紙に折りすじをつけたあと、2つに切り分け、表裏の色のちがいを利用して、部品を作り分けます。それぞれの折りすじをしっかりつけていきましょう。

1 全体を半分に折ります。

2 2枚いっしょに折り上げます。

3 右角の角度を2等分するように折ります。

4 3で折り上げた部分の縁に合わせて折ります。できたら、回転させて向きを変えます。

5 ここで折り目をへらなどで押さえて、くせをつけます。できたら、すべてをひらきます。

6 まん中で2つの三角形に切り分け、折り線の指示どおりに折ります。

7 ☆と★、それぞれの紙を折って2つの部品を作ります。

★を折る

☆を折る

8 ★の下に☆を差し込んで、交差させます。

9 右側で角を交差させます。

10 交差させた先を、からみ合わせるように折り上げます。最初は山折り、次に谷折りで、2つの部品をくっつけます。

11 できあがり

目を描き込んでみましょう。

54

27 イルカ

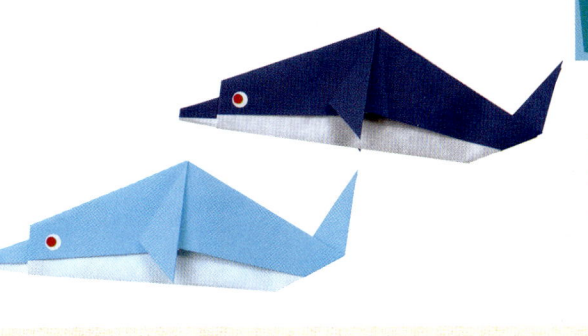

紙の形 ／ 正方形（18×18cm）

ポイント ／ 表と裏で、同じ作業を行うことが多い作品です。同じバランスで正確に折り進みましょう。

水の生き物たち／エンゼルフィッシュ・イルカ

1. 全体を半分に折ります。

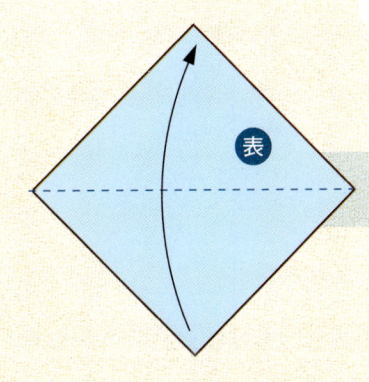

2. ⇨でひらいて、位置を確認して、折りすじをつけてひらきます。 5cm

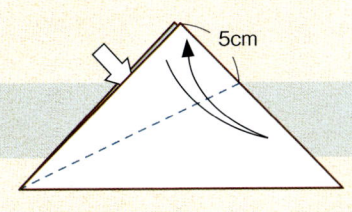

3. 2と同じ要領で、左右逆向きの辺を折り、折りすじをつけます。

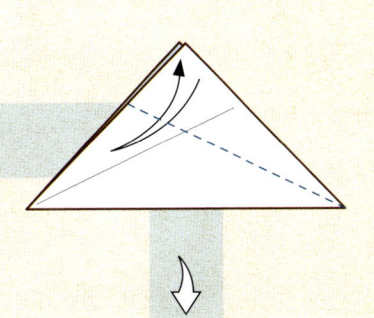

4. 2、3の折りすじを使ってたたみます。○をつまみ、1、2の順序で折ります。裏も2〜4と同じように折りましょう。

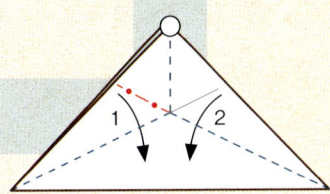

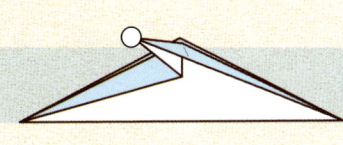

5. アを谷折りで折り返して、ひれを作ります。裏も同じように折ります。イでは、中わり折りで、尾を作ります。 4cm 6cm

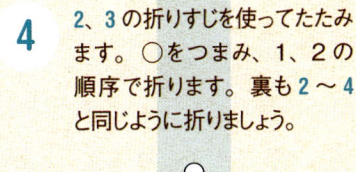

4を折っている途中のようすです。

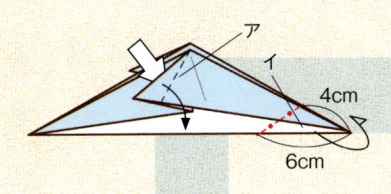

6. ⇨でひらいて、部分拡大図のように、先は谷折り、途中は段折りで、鼻先を作ります。 4cm 1cm 0.5cm 4cm

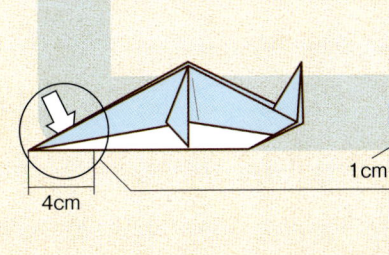

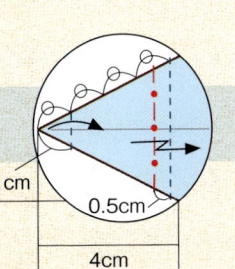

7. できあがり

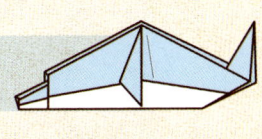

目を描き込んでみましょう。

28 ペンギン

■ 紙の形／正方形
■ ポイント／目分量で折り返す作業は、図で位置をよく確認しましょう。

1 全体を半分に折ります。

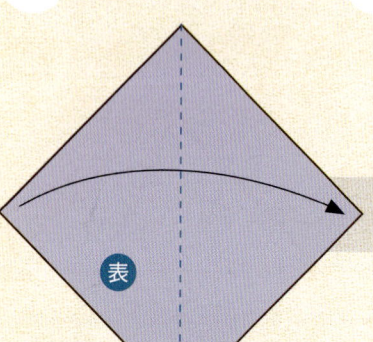

2 位置を確認して、翼の部分を谷折りします。裏も同じように折りましょう。

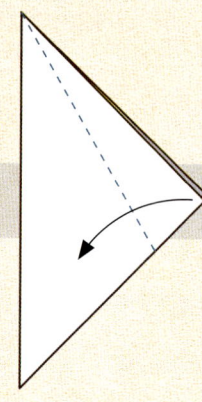

3 頭の部分を、かぶせ折りで作ります。

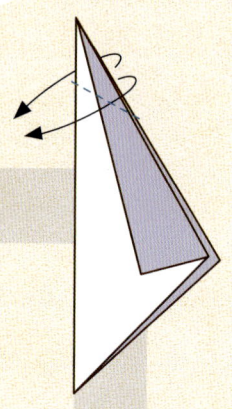

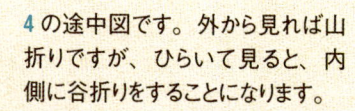

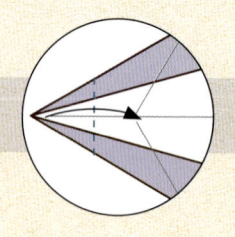

引き続き、4の途中図です。くちばしの先を折り返して作ります。

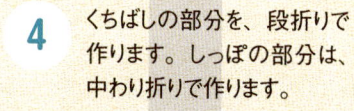

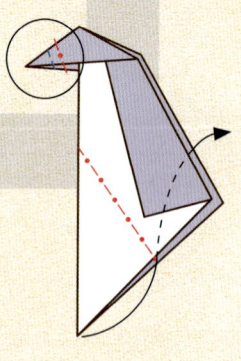

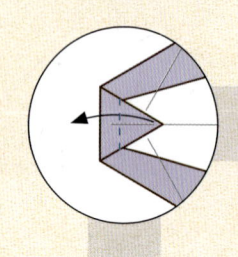

4の途中図です。外から見れば山折りですが、ひらいて見ると、内側に谷折りをすることになります。

4 くちばしの部分を、段折りで作ります。しっぽの部分は、中わり折りで作ります。

5 4のできあがりを内側から見ています。図のようになったら頭をたたんで6の状態にしましょう。

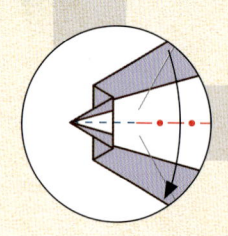

6 できあがり

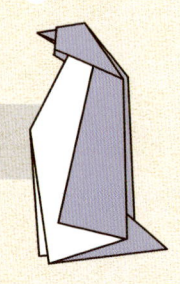

2 水の生き物たち／ペンギン

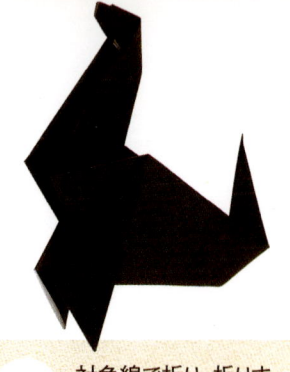

29 オットセイ

紙の形／正方形

ポイント／辺やはしをきっちり合わせて折り進むと、しっかりしたポーズに仕上がります。

1 対角線で折り、折りすじをつけてひらきます。

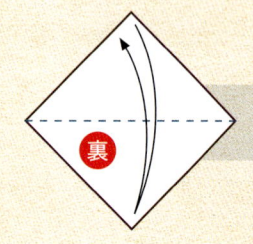

2 まん中の折りすじに合わせて折ります。

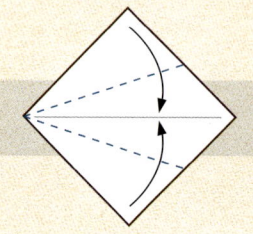

3 山折りで、全体を半分に折ります。

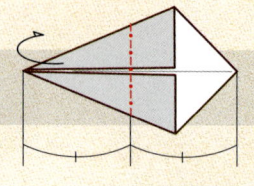

4 ⇨でひらいて、紙をたたみます。

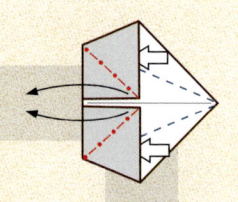

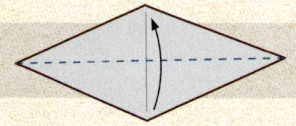

7 アの折りすじに合うように折ります。裏も同じように折ります。

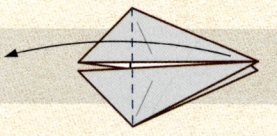

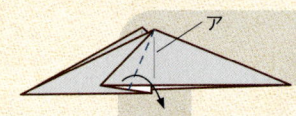

6 谷折りで、全体を半分に折ります。

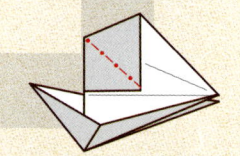

5 上になっている角を左に折って、6の図の形にします。

4を折っている途中のようすです。

8 中わり折りで折り上げて、首を作ります。

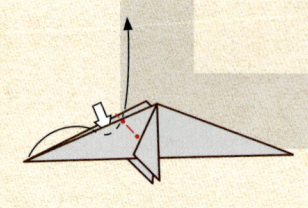

9 さらに、中わり折りをして、頭を作ります。

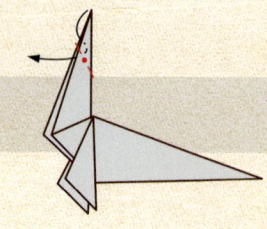

10 口先を作ります。部分の拡大図で見てみましょう。

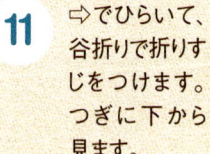

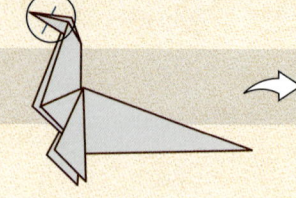

11 ⇨でひらいて、谷折りで折りすじをつけます。つぎに下から見ます。

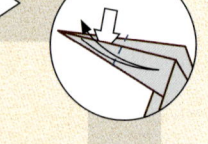

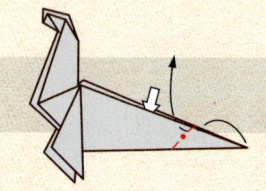

15 できあがり

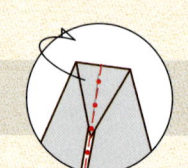

14 尾を中わり折りで立ち上げます。

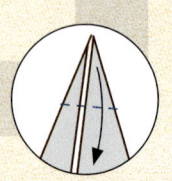

13 山折りで、14の図の形にします。

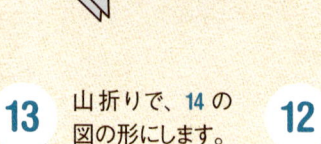

12 11でつけた折りすじで先を折ります。

30 ラッコ

紙の形／正方形

ポイント／紙の大きさを変えて、大小を作り、親子のラッコを組み合わせてみましょう。

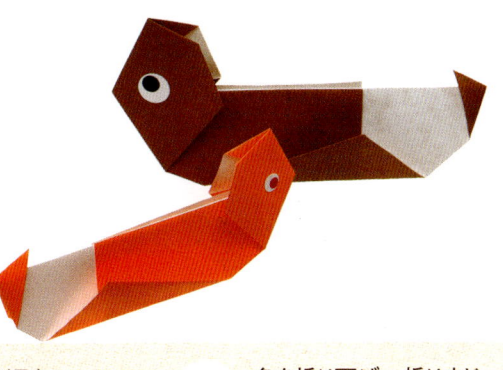

1 全体を半分に折ります。

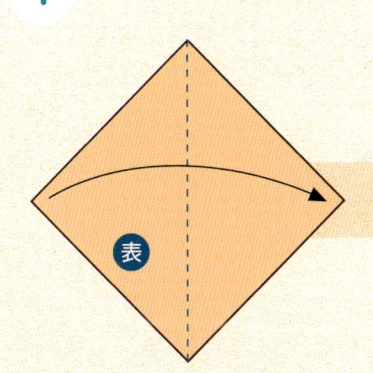

2 ななめになっている辺を、1の折りすじに合わせて折ります。裏も同じように折りましょう。

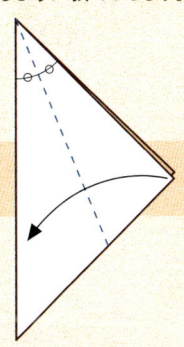

3 角を折り下げ、折りすじをつけてもどします。できたら全体をひらきます。

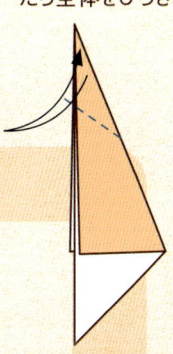

かおの部分をたたんでいます。5の形をよく見てください。

4を折っている途中のようすです。☆のある面がかおになります。

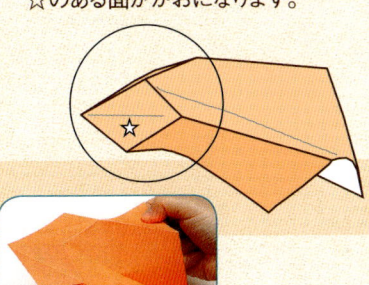

4 山折り、谷折りに注意して、折りすじを使ってたたみなおします。☆の位置に注目してください。

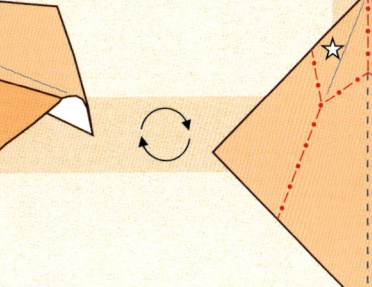

5 先の部分を、内側に折って押し込みます。

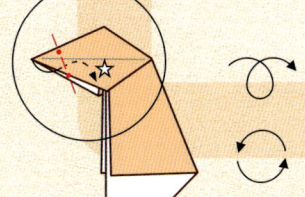

6 5のあと、裏返して向きを変えました。下の角を折り上げます。裏も同じように折りましょう。

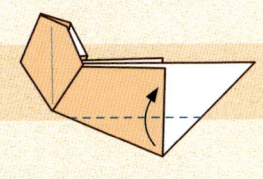

7 しっぽの部分を、かぶせ折りで作ります。

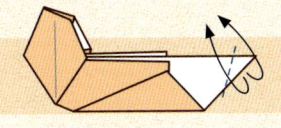

8 できあがり
目を描き込んでみましょう。

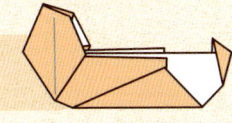

31 くじら

紙の形 / 正方形

ポイント / 黒や青系の色が似合う作品です。大小を作り分けて、親子のくじらにしてみましょう。

1 対角線で折り、折りすじをつけてひらきます。

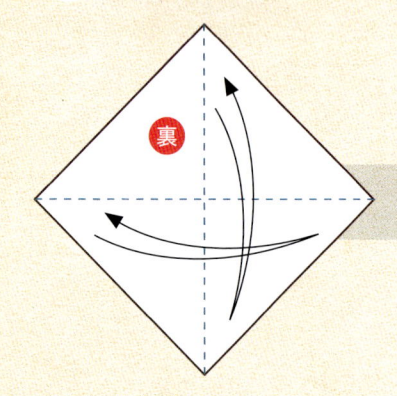

2 まん中の折りすじに合わせて折り、折りすじをつけてひらきます。

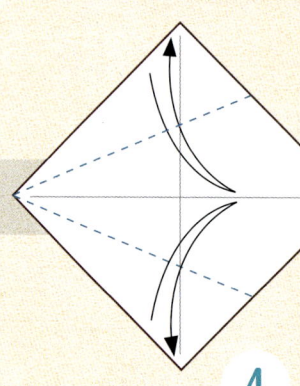

3 部分的に折りすじをつけて、ひらきます。

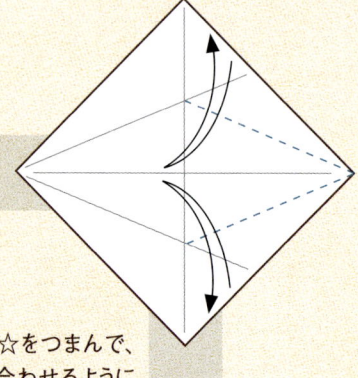

4 上下の☆をつまんで、中央に合わせるようにして、紙をたたみます。

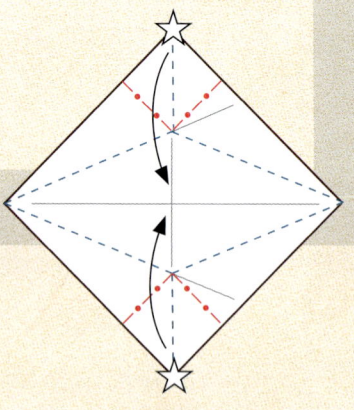

4を折っている途中のようすです。できたら、裏返します。

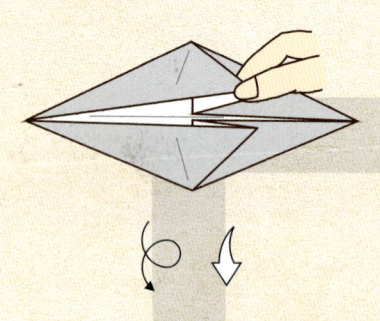

5 左側の角が、中央に合うように折ります。

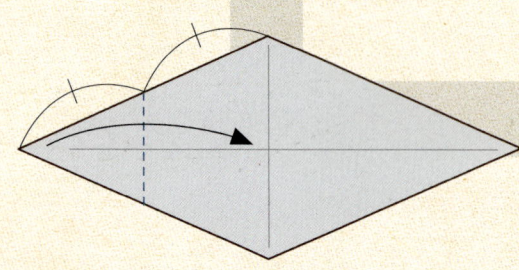

6 上下を同じバランスで谷折りします。

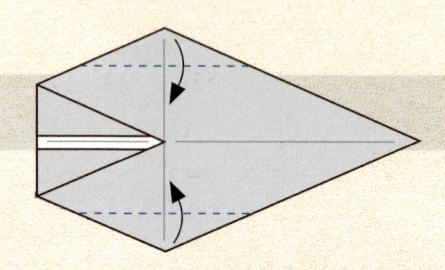

60

2 水の生き物たち／くじら

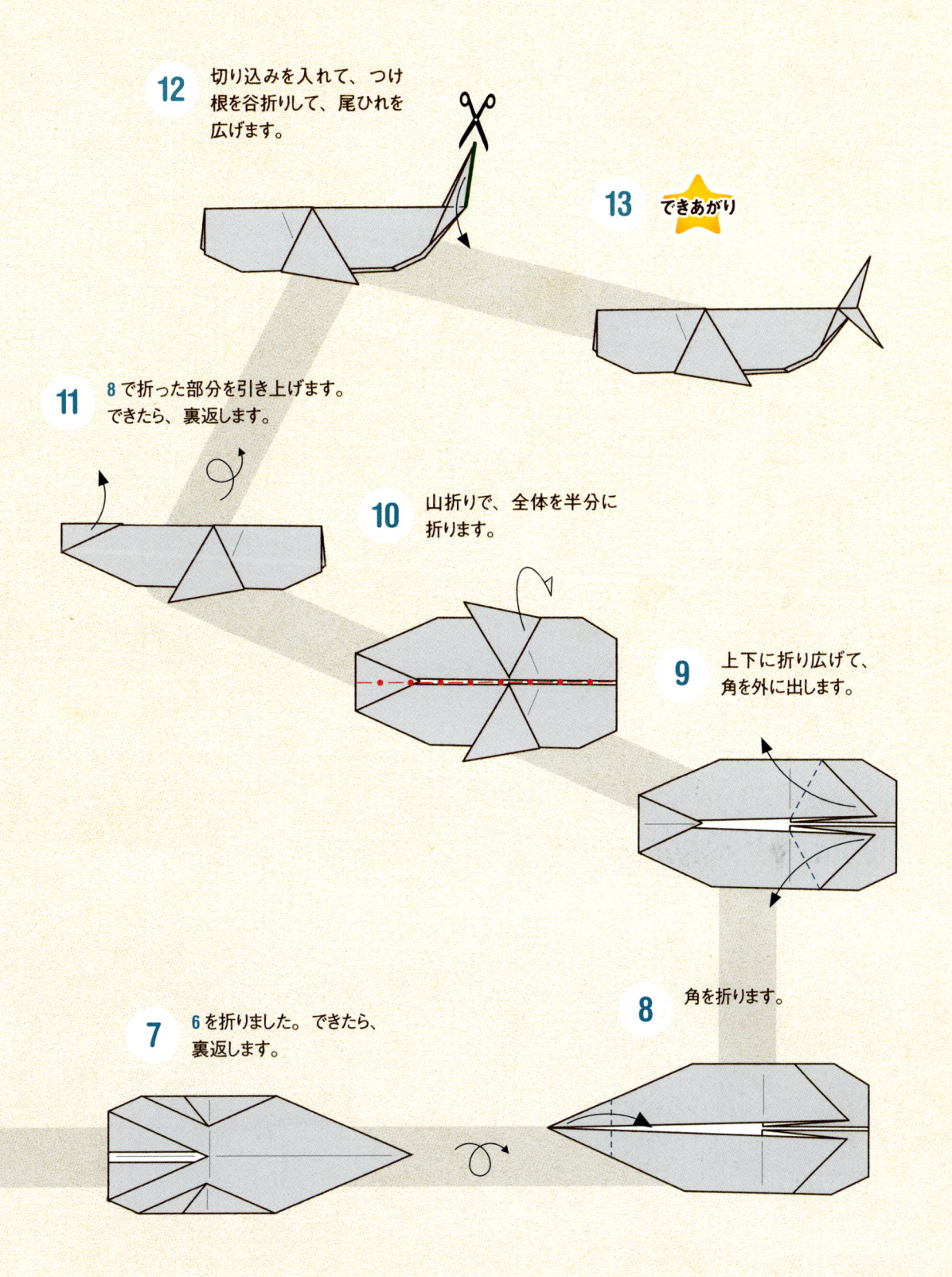

12 切り込みを入れて、つけ根を谷折りして、尾ひれを広げます。

13 できあがり

11 8で折った部分を引き上げます。できたら、裏返します。

10 山折りで、全体を半分に折ります。

9 上下に折り広げて、角を外に出します。

8 角を折ります。

7 6を折りました。できたら、裏返します。

32 ほたて貝

- 紙の形／正方形
- ポイント／折り紙と切り紙が合わさった作品です。上下の貝の間をひらいて、ティッシュをまるめたものを詰めると、形をととのえやすいでしょう。

1 四角折り（14p参照）で紙をたたんだあと、回転させて上下を逆にしました。位置を確認して、上下の紙をまとめていっしょに折り、折りすじをつけます。

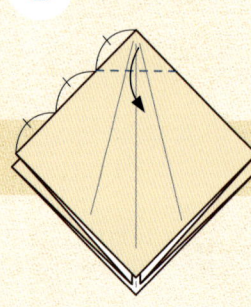

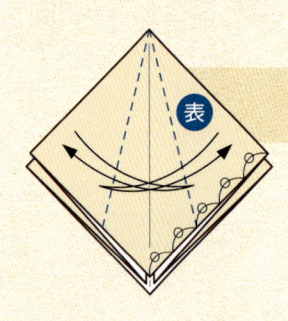

2 上の角を折ります。

3 ⇨でひらいて、三角形の部分を押しつぶします。

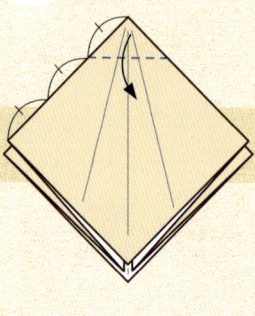

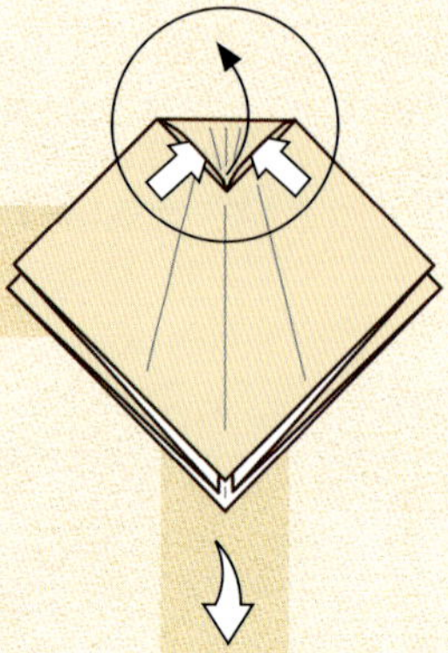

3を折っています。指を差し込んで、角を起こします。起きた角を押して、つぶします。

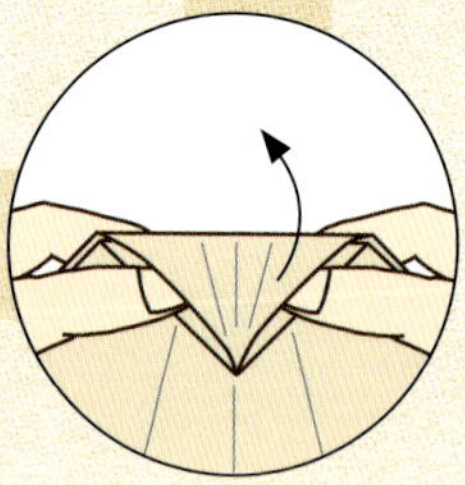

3を折りました。

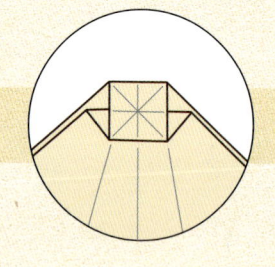

4 貝の縁を、2枚いっしょに切ります。

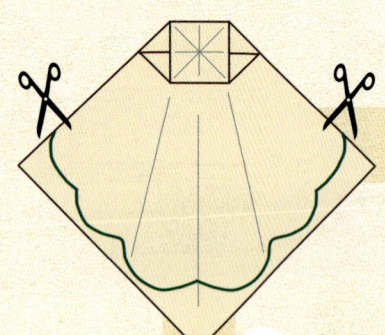

5 少し貝の上下の間を広げて形をととのえてみましょう。

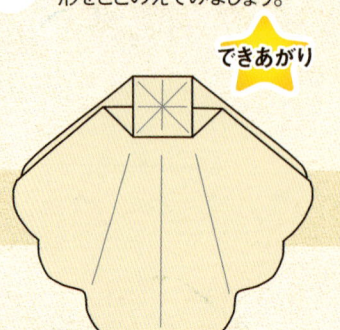

できあがり

裏返して飾ってもかまいません。

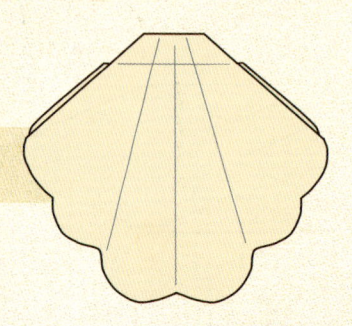

2 水の生き物たち／ほたて貝

33 かめ

■ 紙の形／正方形（30×30cm）
■ ポイント／三角折りで1/4にたたんだ紙をさらに折って作るので、元の紙の大きさから考えると小さく仕上がります。包装紙など、大きな紙で作ってみましょう。

1 三角折り（14p参照）で紙をたたんだあと、左右の角の上の1組だけを折り上げて、折りすじをつけてひらきます。

2 折りすじをつけてひらきます。

3 ☆を★に合わせるようにして、ひらいて、たたみます。

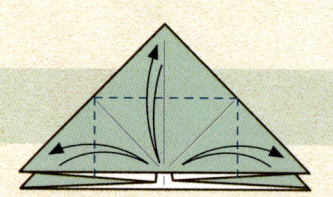

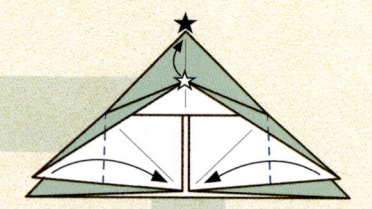

5 ➡でひらいて、折りすじを使って、紙をたたみます。

4 上の角を折り下げます。

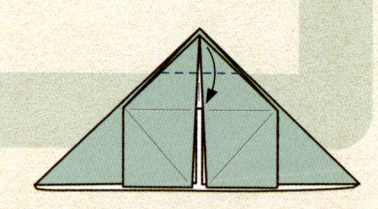

5を折っている途中のようすです。裏も図1〜5と同じように折ります。

6 ☆の部分で、まん中の線より、少し離れたところで左右同じバランスで折り、折りすじをつけてひらきます。

7 ★と☆、●と○、それぞれがくっつくように、6でつけた折りすじに合わせて折ります。

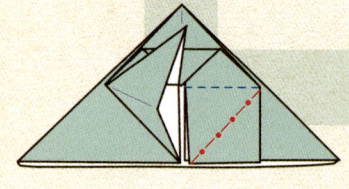

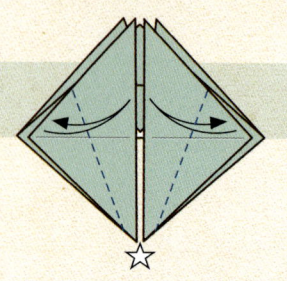

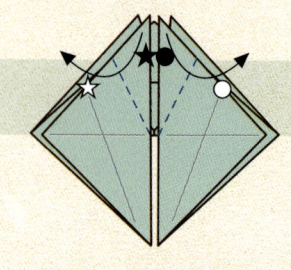

2 水の生き物たち／かめ

13 できあがり

12 頭は、指でつまんで、平らに押し広げます。尾は位置を確認して、中わり折りで外に折り出します。

11を折っている途中のようすです。

11 下の➡で押し、⇨のところをひらき、形をととのえます。

10 9を折っている途中のようすです。左側も9と同じように折ります。

9 中わり折りで折り上げます。

8 6でつけた折りすじを使って、左右を折ります。裏も6〜8と同じように折ります。

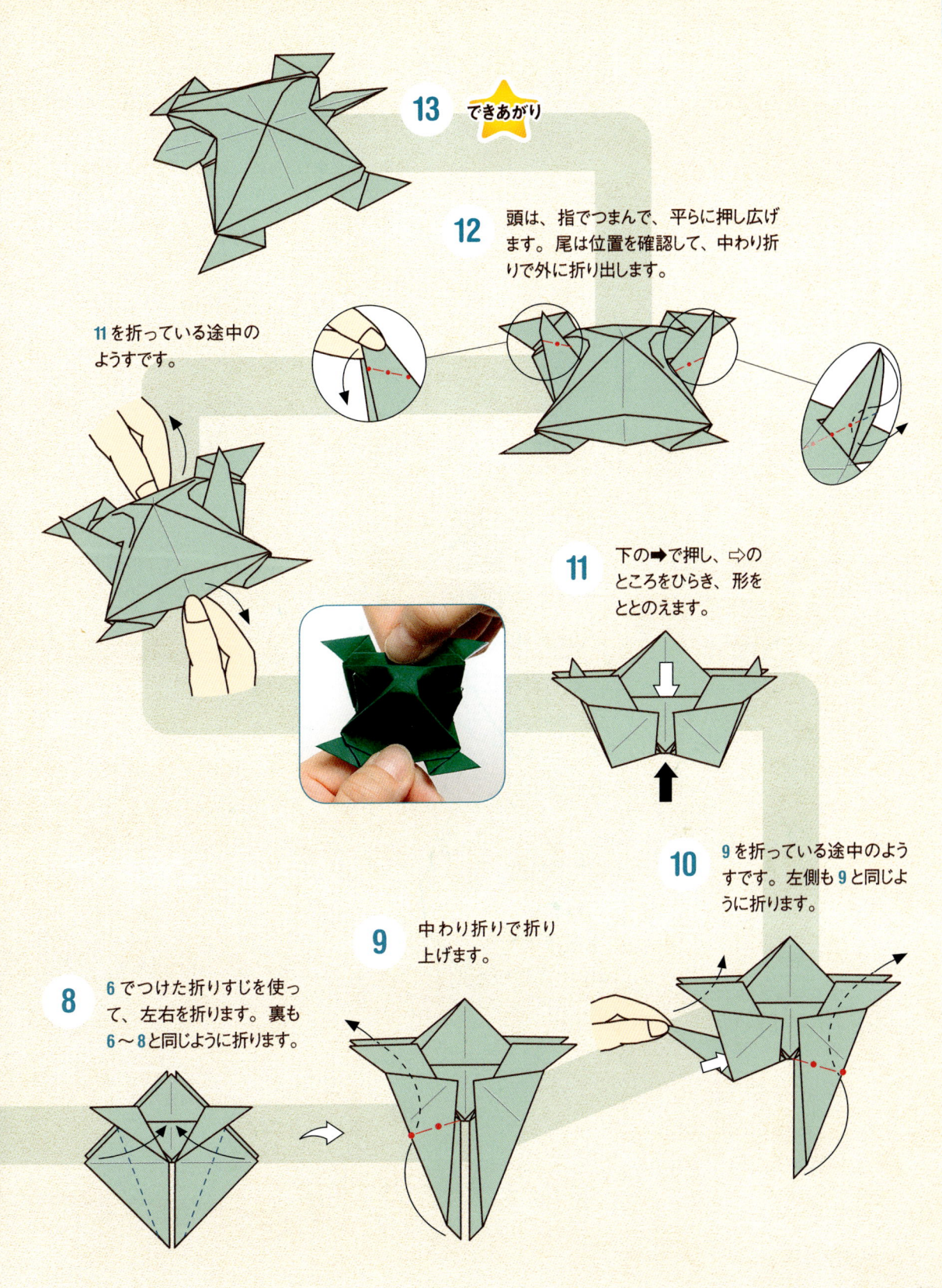

65

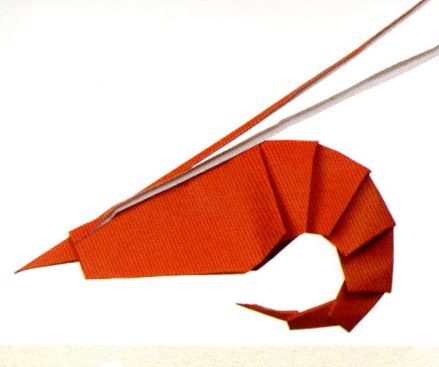

34 えび

🟧 紙の形／正方形

🟧 ポイント／朱色の紙で作ってみましょう。紙のやわらかさをいかして、背中をまるめ、えびらしい形に仕上げましょう。

1 対角線で折り、折りすじをつけてひらきます。

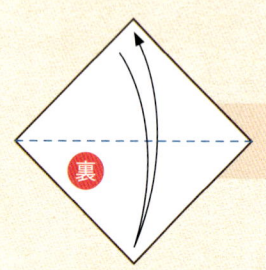

2 まん中の折りすじに合わせて折ります。

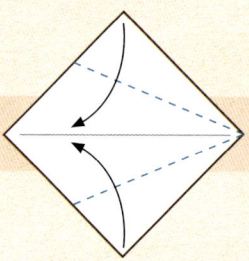

3 まん中の折りすじに合わせて折ります。

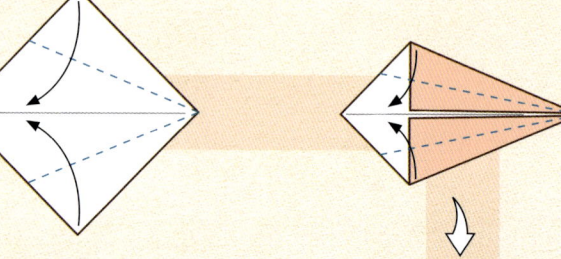

4 さらに、まん中の折りすじに合わせて折ります。

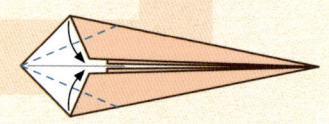

5 位置を確認して、左側の角を折ります。

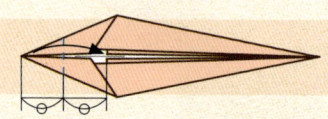

6 5で折った角を折り返します。

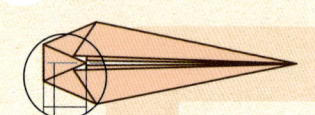

6を折り返す位置を部分拡大図で示します。

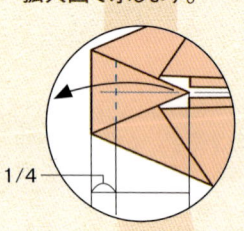

1/4

7 ☆を曲線で切ります。ひげを通す穴になります。○で示した両はしを切りおとさないように注意します。

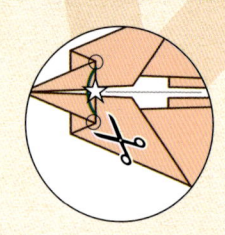

8 ひげを作ります。上の1枚だけに切り込みを入れます。

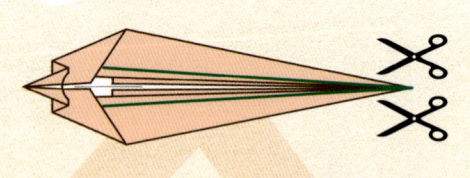

9 7で切り取った穴に、ひげを通して、前に出します。

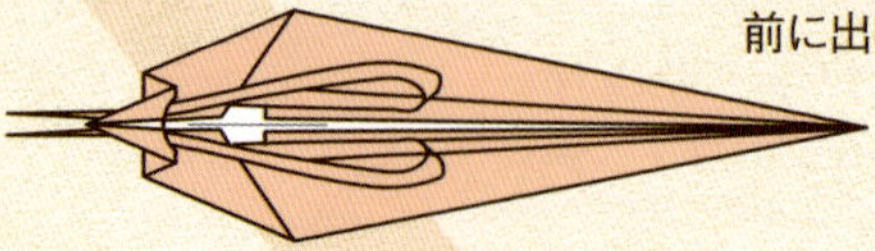

10 段折りを繰り返すじゃばら折りで腹・尾を作ります。

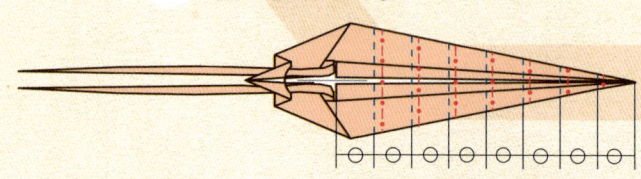

66

2 水の生き物たち／えび

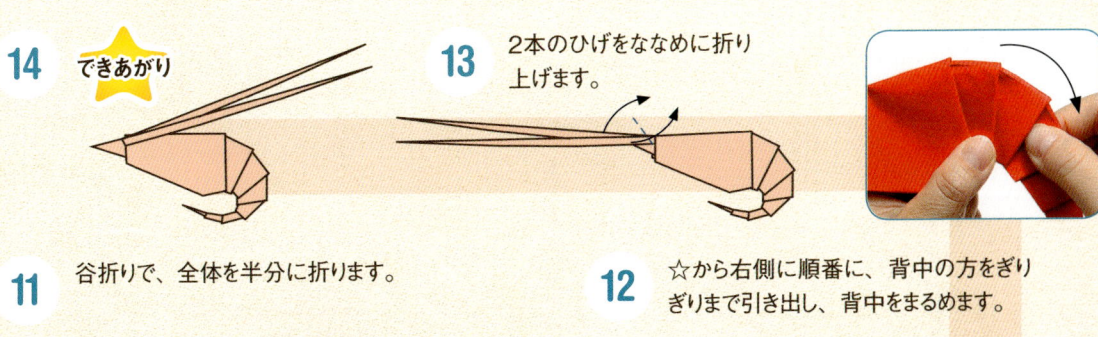

14 できあがり

13 2本のひげをななめに折り上げます。

11 谷折りで、全体を半分に折ります。

12 ☆から右側に順番に、背中の方をぎりぎりまで引き出し、背中をまるめます。

67

35 イカ〜ふくろう

■紙の形／正方形・2枚

■ポイント／いったんイカを作ってから、アレンジしてふくろうを作ります。色選びにこだわってみましょう。

1 対角線で折ります。

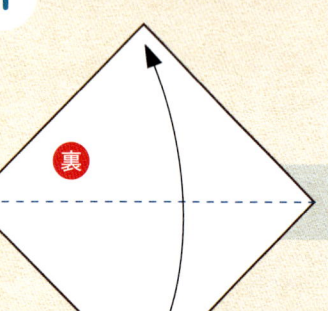

2 折りすじをつけてひらきます。

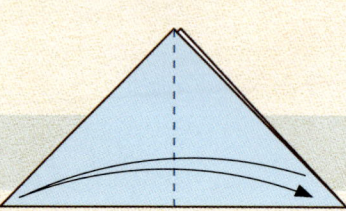

3 まん中の折りすじに合わせて折ります。

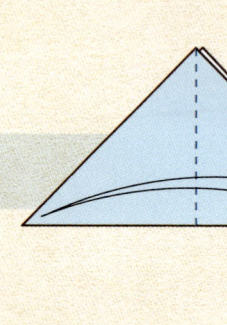

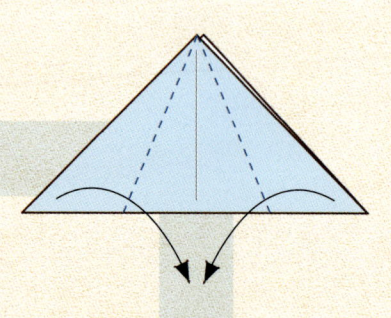

4 谷折りで、全体を半分に折ります。

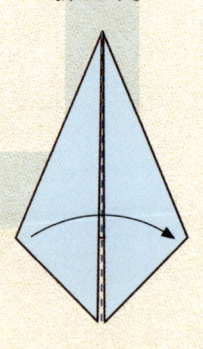

5 切り込みを入れて、4の図の形にひらきます。

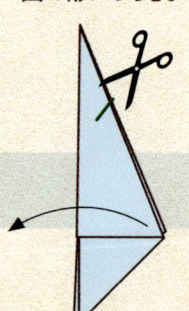

6 まん中に合わせて折ります。

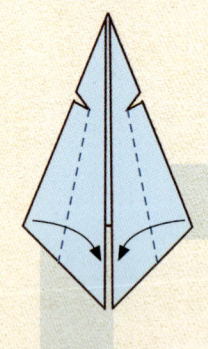

7 切り込みを入れて、脚を作ります。左右で4か所ずつ、合計で10本の脚に分けます。

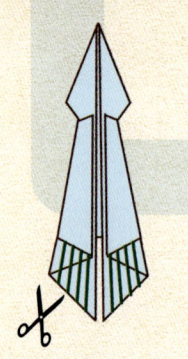

8 7を切りました。できたら、裏返します。

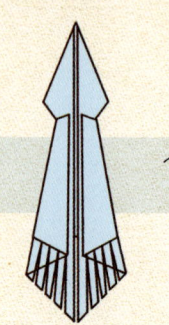

9 イカのできあがり

※ふくろうを作るときは、イカのできあがりを裏返して10へ進みます。

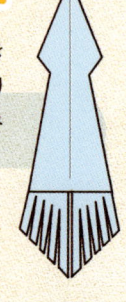

14 段折りで、かおを作ります。

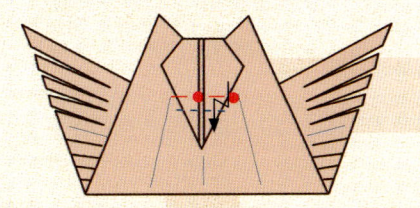

15 ふくろうのできあがり ⭐

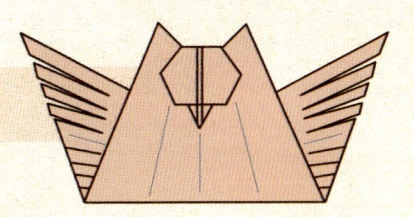

13 上の角を折り下げます。

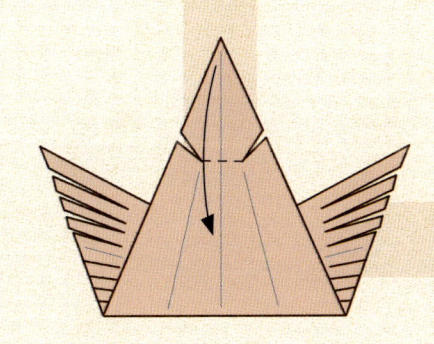

12 11 を折りました。できたら、裏返します。

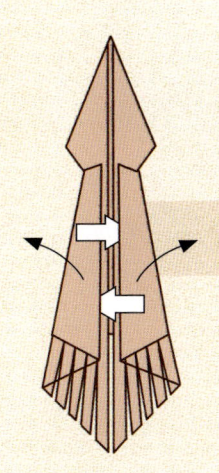

10 イカをいったん仕上げた状態から、ふくろうを作ります。⇨で左右にひらきます。

11 ⇨でひらいて、左右の羽を折り上げます。

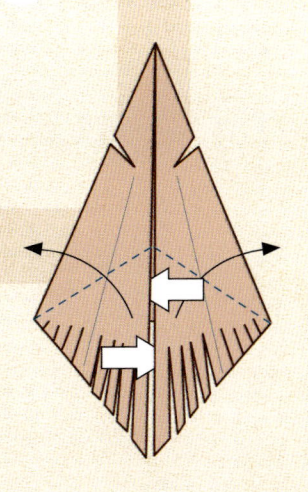

第3章　虫と恐竜たち

36 バッタ

- 紙の形／正方形
- ポイント／裏の色（ここでは白）があらわれている三角形の部分に、長い脚を描き込んでもいいでしょう。

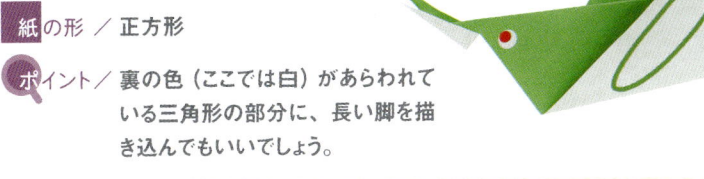

3 虫と恐竜たち／バッタ

1 対角線で半分に折ります。

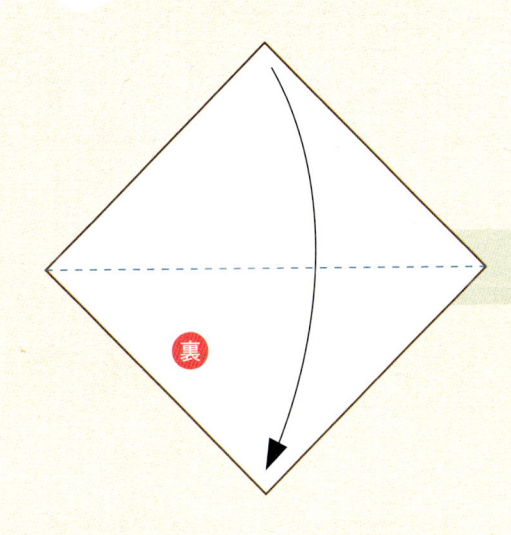

2 ななめに谷折りします。裏も同じように折ります。

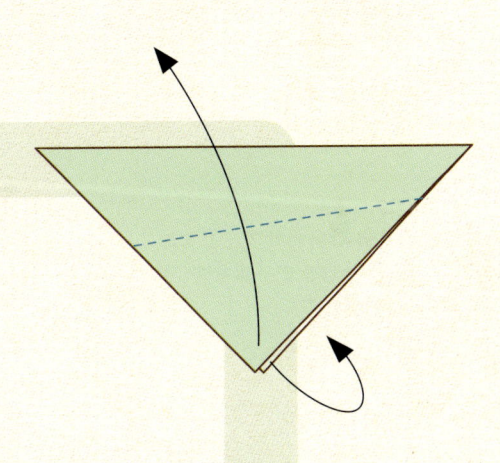

3 触角の部分を、2枚いっしょに切って作ります。切れたら、表と裏で折り上げましょう。

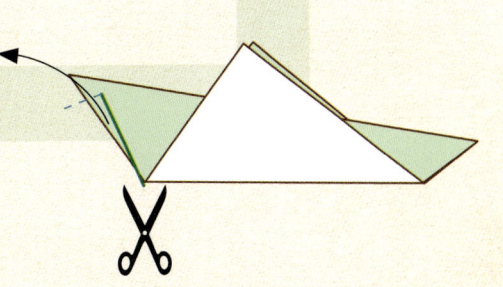

4 できあがり　目や脚を描き込んでみましょう。

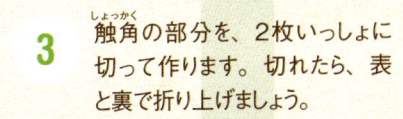

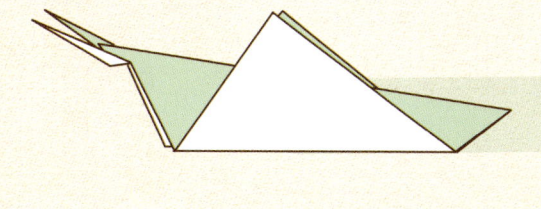

71

37 キリギリス

紙の形／正方形

ポイント／ 表と裏で同じ作業をして作ります。同じバランスになるように注意しましょう。

1 対角線で半分に折ります。

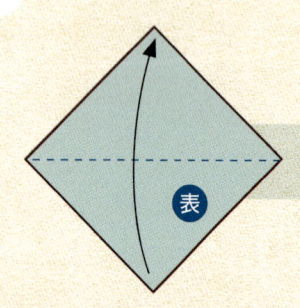

2 位置を確認して、谷折りで折り下げます。裏も同じように折ります。

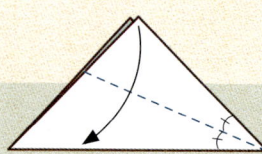

3 しっかり折りすじをつけて、4の図の形にひらきます。

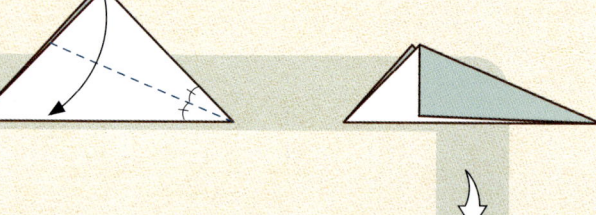

4 左側の角を谷折りします。

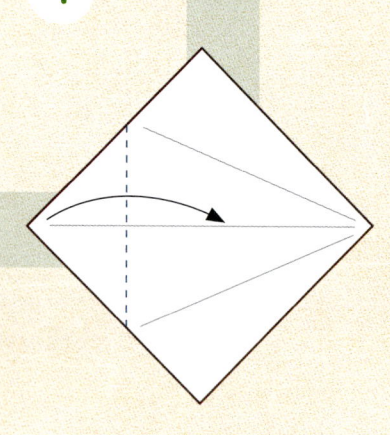

5 全体を半分に折ります。

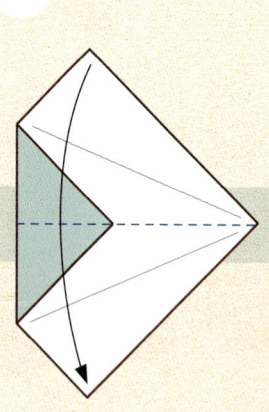

6 ☆を★に合わせて、ななめに折り上げます。裏も同じように折ります。

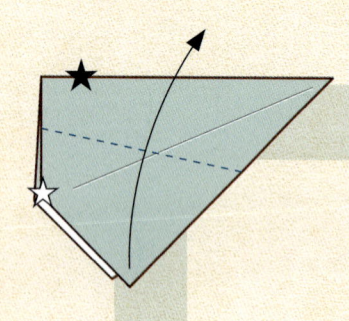

7 位置を確認して、谷折りします。裏も同じように折ります。

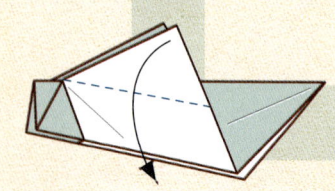

8 ⇨のところをひらいて、触角の部分を、2枚いっしょに切って作ります。切れたら、折り上げましょう。

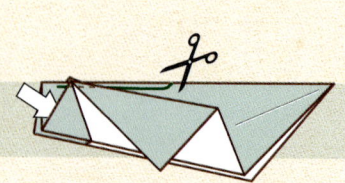

9 できあがり　目を描き込んでみましょう。

38 せみ

📄 紙の形／正方形

🔍 ポイント／羽や頭など、左右に広げたり、角を折り返す分量しだいで、できあがりのようすが変わります。折る位置を図で確認しましょう。

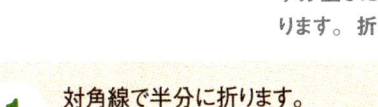

3 虫と恐竜たち／キリギリス・せみ

1 対角線で半分に折ります。

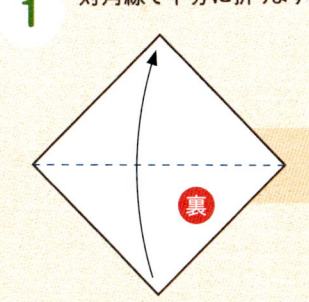

2 しっかり折りすじをつけてひらきます。

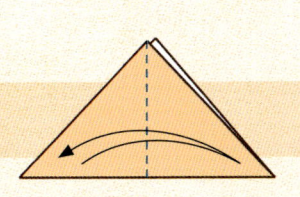

3 2の折りすじに合うように左右の角を折り上げます。

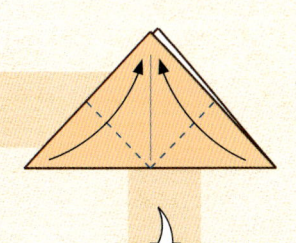

4 上の1組だけを、少し左右に広げて折り下げます。

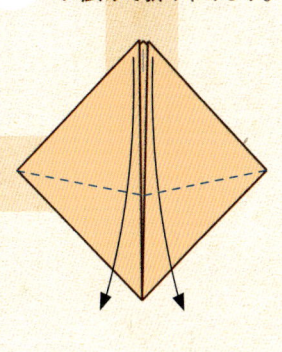

5 上の1枚だけを、位置を確認して折り下げます。

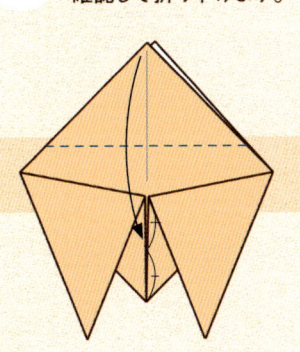

6 5で折った位置の少し上で、折り下げます。

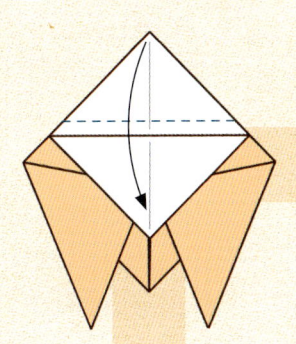

7 6を折りました。できたら、裏返します。

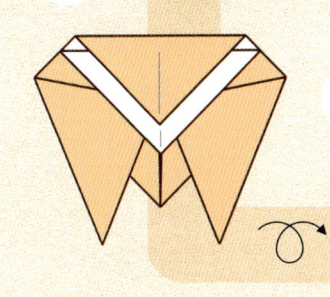

8 まん中の折りすじに合わせて、左右を谷折りします。

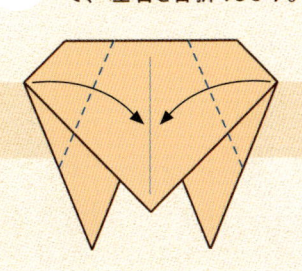

9 8を折りました。できたら、裏返します。

10 できあがり

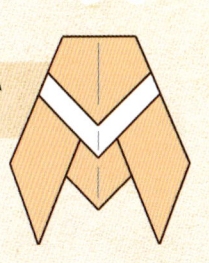

73

39 カブトムシ

原案・湯浅信江

紙の形 / 正方形

ポイント / 黒や茶の紙で作ってみましょう。できあがりを画用紙に貼って、脚を描きたしてみましょう。

1 鶴（16p参照）の1〜4を折ります。できたら、裏返します。

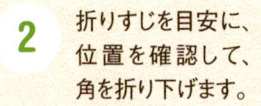

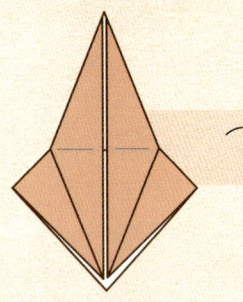

2 折りすじを目安に、位置を確認して、角を折り下げます。

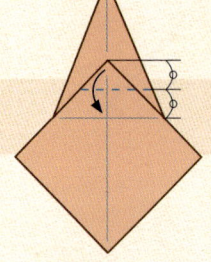

3 2で折った角を、位置を確認して折り上げます。

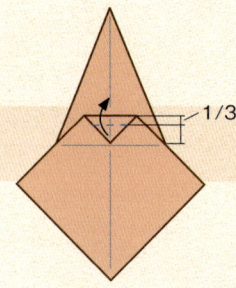

4 折り下げて、裏返します。

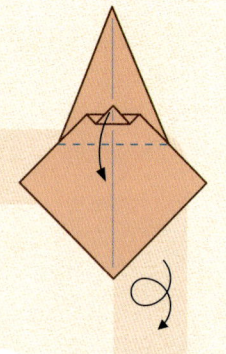

5 左右で折りすじをつけたあと、☆をつまみたたみます。

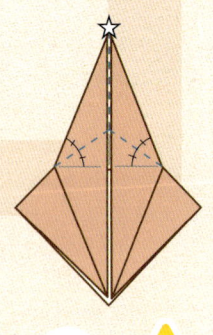

6 5を折りました。しっかり折りすじをつけて、5の図の形にひらきます。

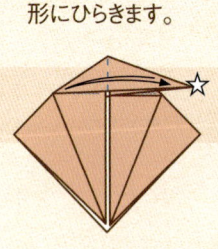

7 3か所に切り込みを入れます。切れたら、下の左右の切り込みを使って、それぞれ内側に折ります。

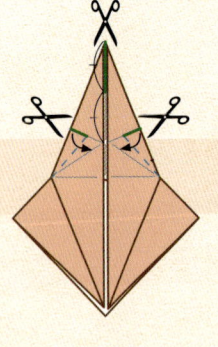

8 まん中に角がつくように、左右の角をそれぞれ谷折りします。

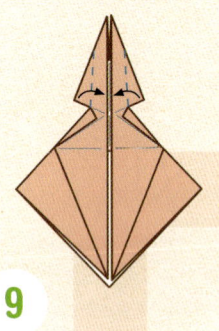

9 ⇨のところでひらいて、山折りで角を内側に折り込みます。裏も同じように折ります。

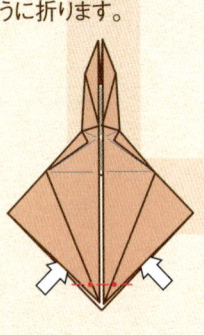

10 下では、まん中に角がつくように、左右の角をそれぞれ折ります。上では、谷折りで立体的にツノを立てます。

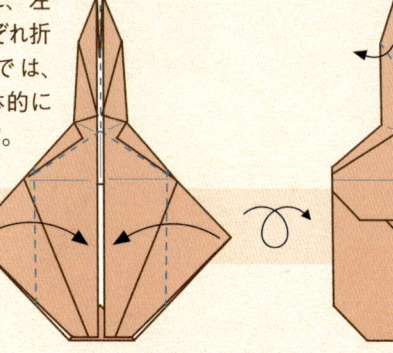

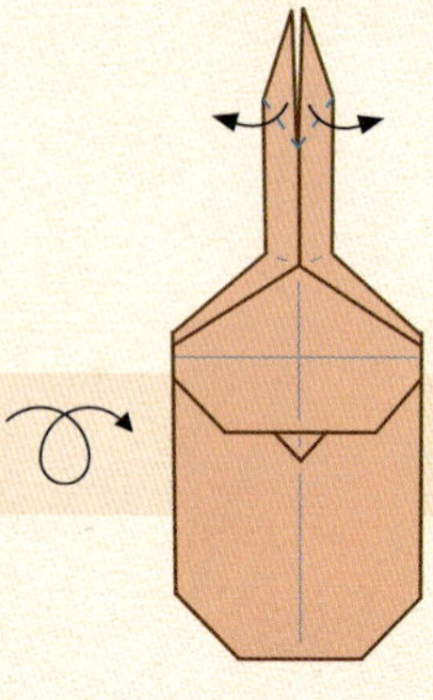

11 ツノの先を左右に折り広げます。

12 できあがり

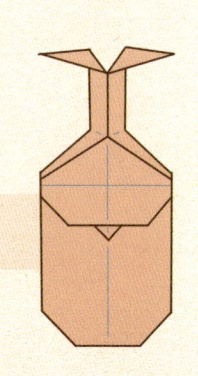

40 クワガタムシ

原案・湯浅信江

紙の形 ／ 三角形（正方形を対角線で切った二等辺三角形）

ポイント ／ ハサミのような形になっている部分は大アゴといわれています。左右同じバランスで仕上げましょう。

3 虫と恐竜たち／カブトムシ・クワガタムシ

1. 対角線で紙を三角形に切り分け、回転させて向きを変えます。

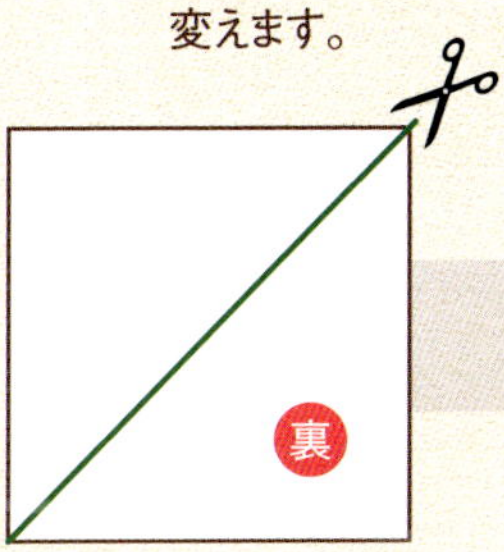

2. 折りすじをつけてひらきます。

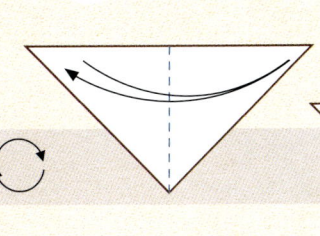

3. まん中の折りすじに合わせて、左右を折り、折りすじをつけてひらきます。

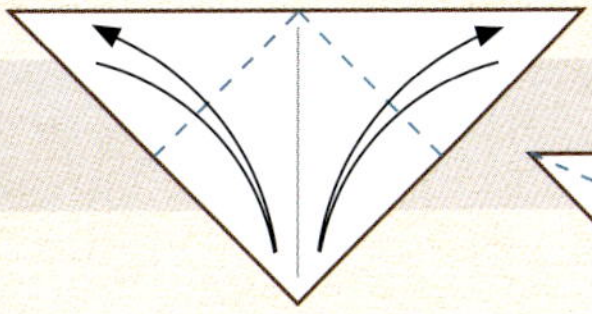

4. 左右それぞれ、部分的に折りすじをつけます。

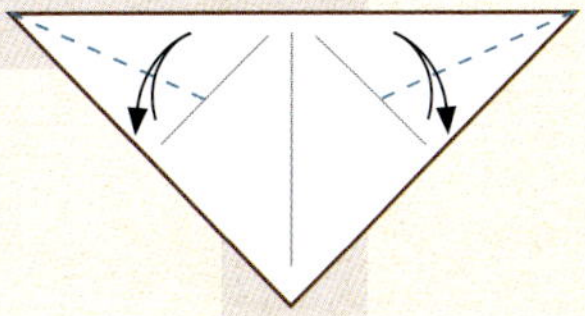

5. 折りすじを使って、左右の大アゴを作ります。

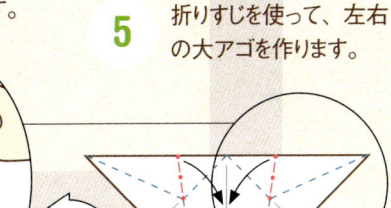

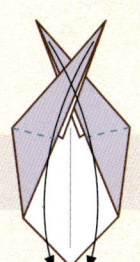

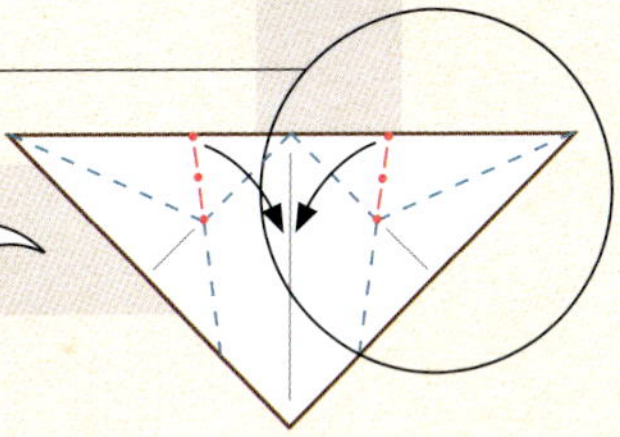

5を折っている途中のようすです。

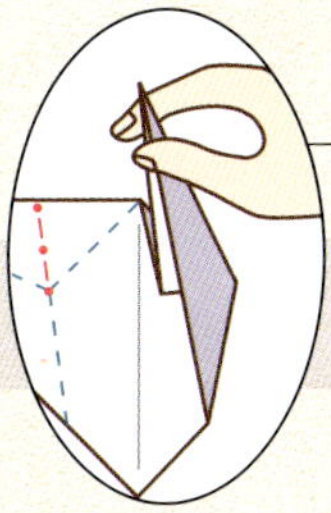

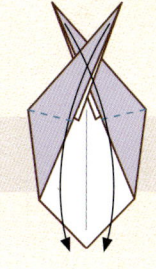

6. 左右の大アゴを折り下げます。

7. 上の角を折り下げたあと、大アゴを折り上げます。

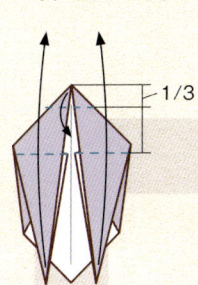

8. 左右の大アゴのつけ根を、それぞれ段折りします。

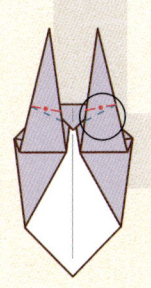

8の部分拡大図です。

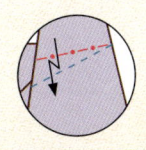

9. まん中部分では段折りを、下では谷折りをします。

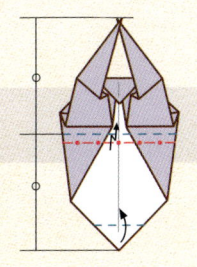

10. 左右の角を折ります。できたら、裏返します。

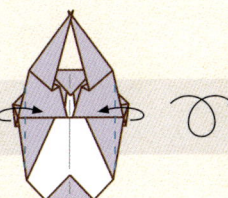

11. できあがり

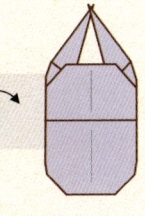

75

41 トンボ

■ 紙の形／正方形

🔍 ポイント／頭や羽のつけ根で、細かな作業をします。できあがりの写真を見て、どんな形に仕上げるのか、イメージを持ってやってみましょう。

1 鶴（16p参照）の1〜6を折ります。できたら、アの線に合わせて、左右でそれぞれ、中わり折りをします。

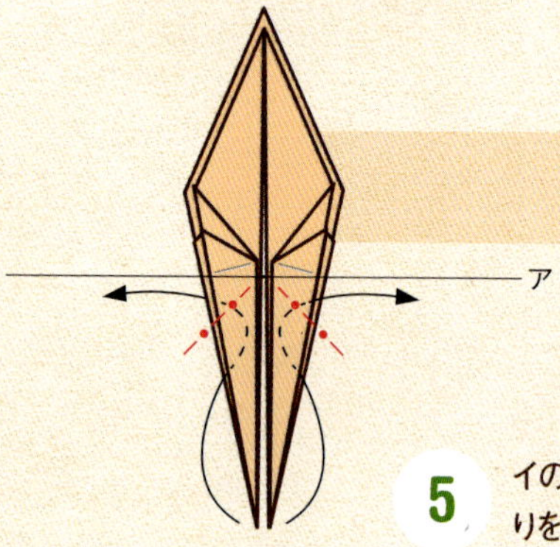

2 ⇨のところで、うしろにひらきます。

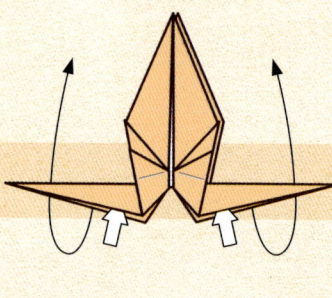

3 ⇨のところでひらき、上の1組だけを折り下げます。

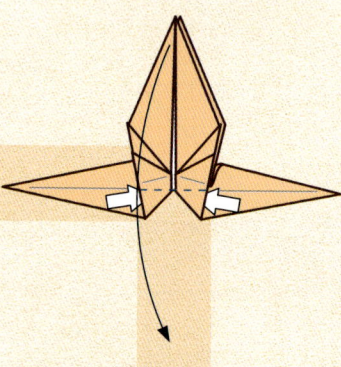

4 イの線の位置を確認して、折りすじをつけます。

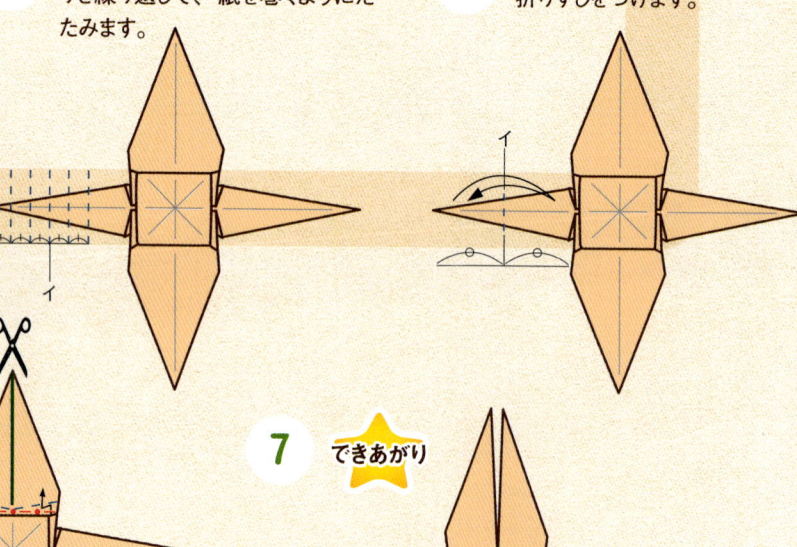

5 イの線の位置を目安にして、谷折りを繰り返して、紙を巻くようにたたみます。

6 羽を切り分けます。できたら、それぞれの羽のつけ根を段折りします。

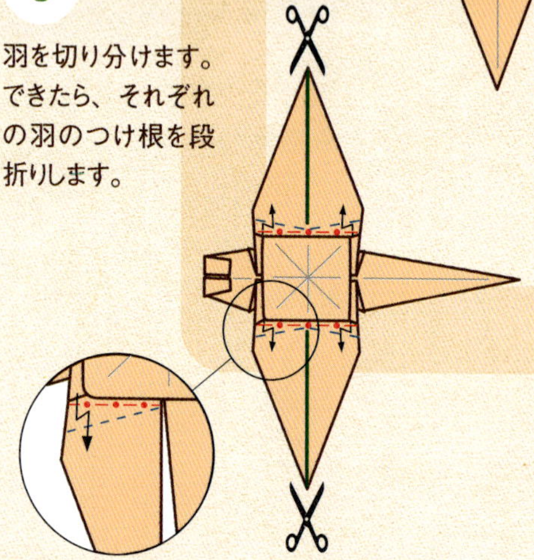

7 できあがり

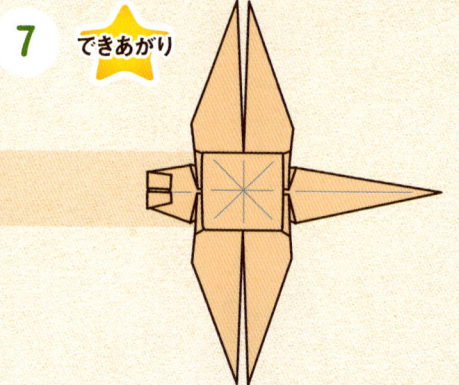

42 カタツムリ

紙の形 / 正方形

ポイント / 四角折りで小さくたたんだ状態から作る上に、細かな作業が続きます。大きな紙（30×30cm）くらいで、いったん練習をしてみましょう。すると、小さな紙でも迷わずに作れるようになります。

1 四角折り（14p参照）で紙をたたんだあと、矢印のところでひらき、上の1枚を持ち上げてたたみます。

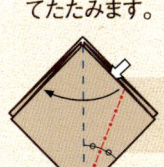

2 左側に2つ、右側に1つ、1と同じ袋状になった角があります。そこも1と同じようにひらいてたたみましょう。

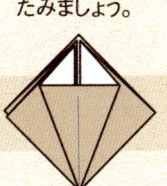

3 左右それぞれ、角度を3等分して、谷折りで、紙を巻くようにたたみます。

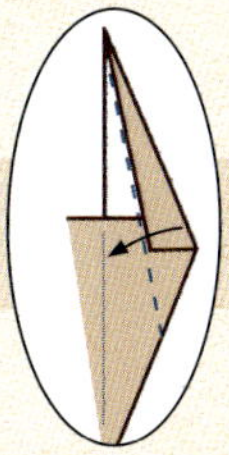

4 3を折りました。残りの3つの面も同じように折ります。

（3を折っている途中のようすです。）

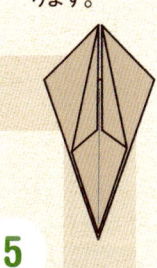

5 5を折りました。上の1組だけを、左に折ります。裏も同じように折ります。

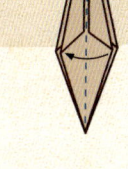

6 上の1組だけを、いったん下にめくります。

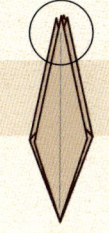

7 6をめくると、とがった角が左右にあらわれます。この角をそれぞれ、半分くらいのところで中わり折りします。

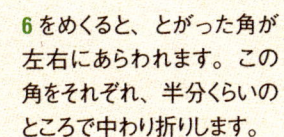

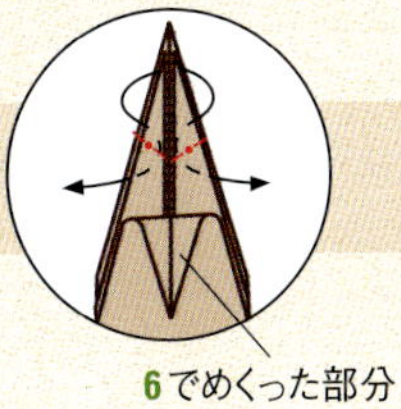

8 うしろの1組を手前に折り、先にのりをつけて接着します。

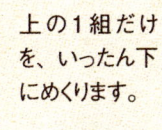

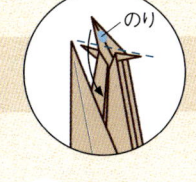

9 6でめくって上になっている1組をうしろに折り、先（☆の裏）にのりをつけて接着します。

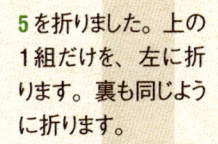

10 指に少しのりをつけた状態で、中わり折りで外に出た部分を、左右それぞれで、ひねってツノを作ります。

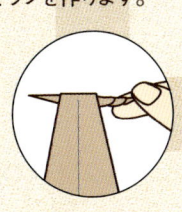

11 ○の位置にのりをつけて、谷折りでたたんで、しっかり接着します。

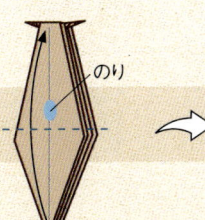

12 矢印の方向にそれぞれ少しずつ引きながら、カラの部分をふくらませていきます。

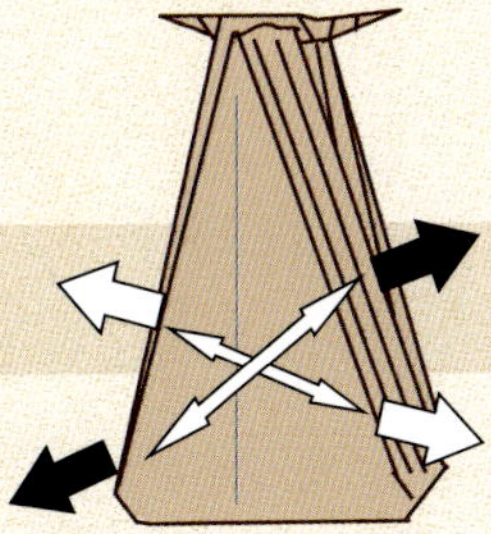

13 できあがり

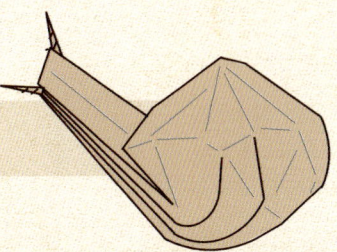

43 ティラノサウルス

原案・渡部浩美

紙の形／正方形

ポイント／頭の部分は、折りすじの谷と山を折りなおして作ります。ラッコ（59p 参照）と同じ折り方です。

1 鶴（16p参照）の1〜5を折ります。できたら、すべてをひらきます。

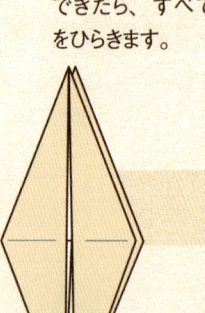

2 折りすじを使ってたたみます。山折り線を先に折って、谷折りをしながら、全体を半分に折ると作業がしやすいでしょう。

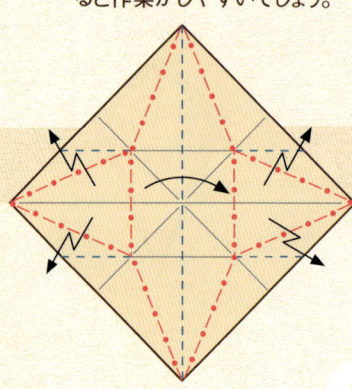

3 ☆をつまみ、三角形にたたみます。

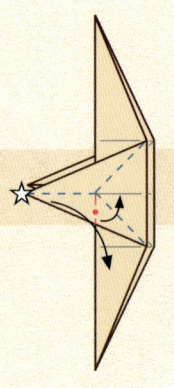

4 3を折りました。裏も同じように折ります。

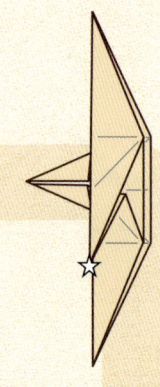

5 折りすじをつけたあと、○で囲んだ部分をひらきます。

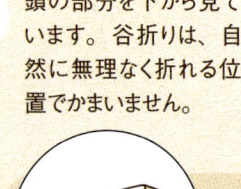

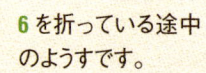

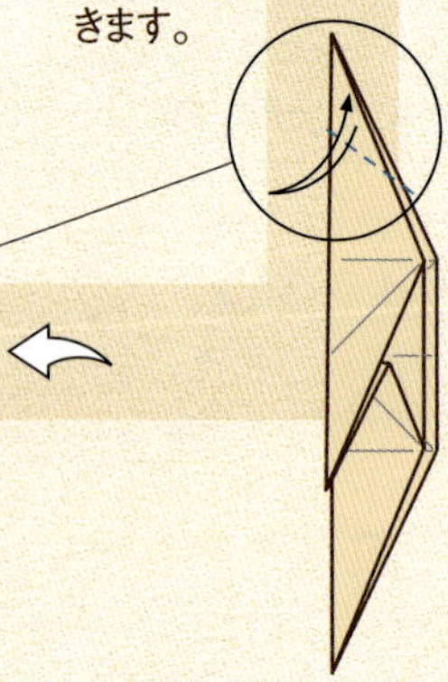

6 折り線の指示をよく見て、たたみなおします。

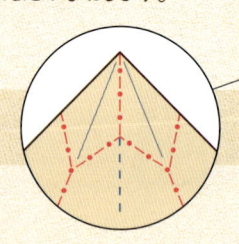

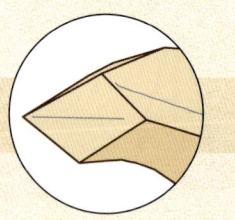

7 頭の部分を下から見ています。谷折りは、自然に無理なく折れる位置でかまいません。

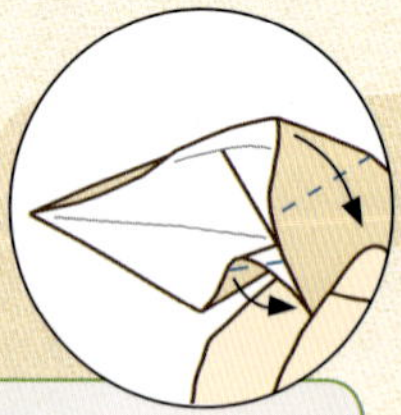

8 口先を中わり折りで作ります。

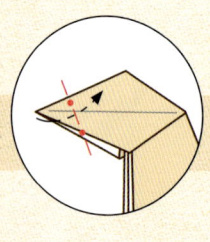

9 ➪のところでひらいて、中で輪になっている部分に切り込みを入れます。

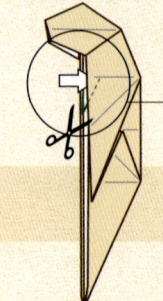

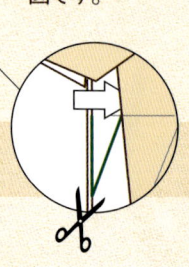

10 上の1枚だけを谷折りで前に出します。裏も同じように折ります。

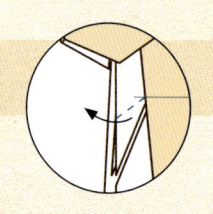

3 虫と恐竜たち／ティラノサウルス

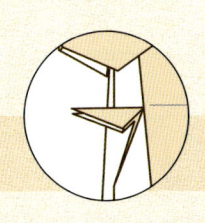

11 脚先が下に飛び出すように、大きく中わり折りをして、尾を作ります。

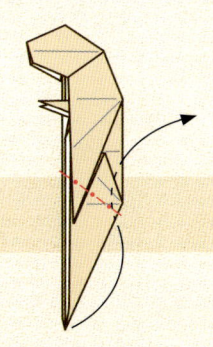

12 脚先に折りすじをつけて、その折りすじを使って、かぶせ折りをします。

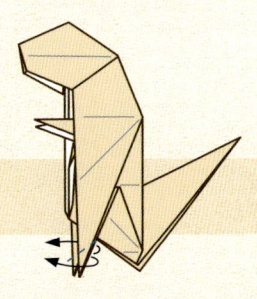

13 できあがり

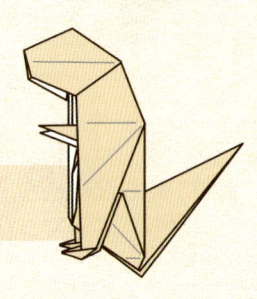

10 を折りました。

79

44 ディノニクス

原案・湯浅信江

■ 紙の形／正方形

■ ポイント／折りすじをしっかりつけて、折り進みましょう。立体的にひらいてたたむ作業も、折りやすくなるでしょう。

1 鶴（16p参照）の1〜5を折ります。つぎに、上の1組だけを折り下げます。できたら、回転して向きを変えます。

2 全体を半分に折ります。

3 ☆の線の位置を目安に、左側をかぶせ折りします。

4 3を折りました。さらにかぶせ折りをして、頭を作ります。

5 上の1組だけを折り下げます。

6 5を折りました。しっかり折りすじをつけて、5の図の形にもどします。

7 5の折りすじを使って、中わり折りをします。

8 7を折りました。裏の1組も、5〜7と同じように折ります。

9 両脚の先で、かぶせ折りをします。

10 ⇨ところでひらいて、切りこみを入れます。11の図からはひらいたところを下から見ているようすになります。

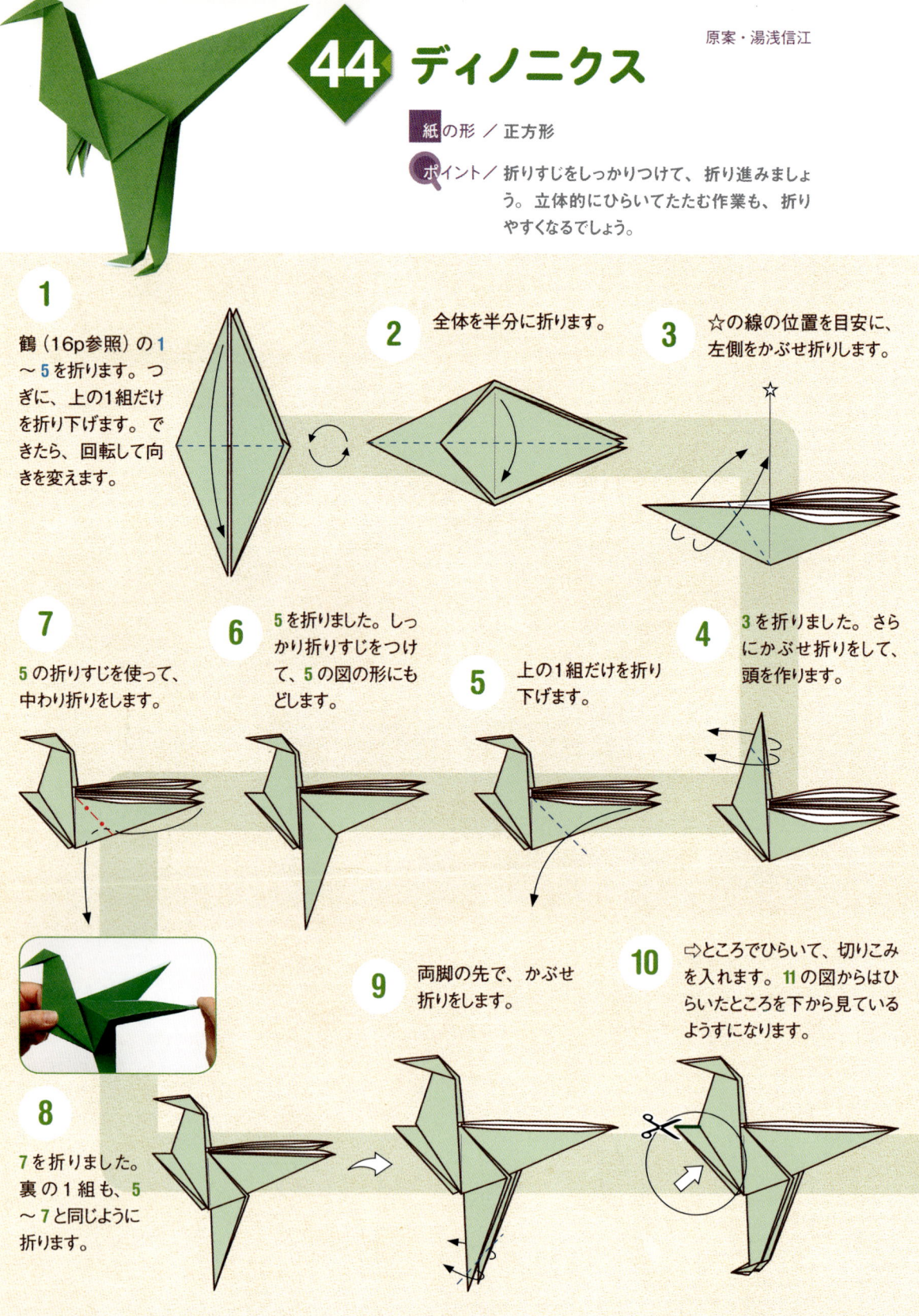

3 虫と恐竜たち／ディノニクス

17 16 を折りました。片方の手ができました。残りの手も、13〜16と同じように折ります。

18 両手ができました。全体を半分に折って、向きを変えます。

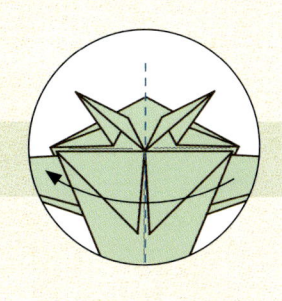

19 できあがり

16 ☆をつまみながら、折りすじを使ってたたみます。

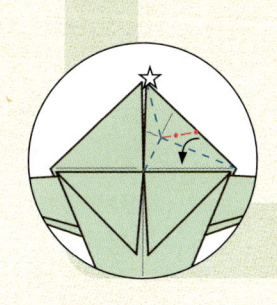

15 ☆をつまむようにして、部分的に折りすじをつけます。

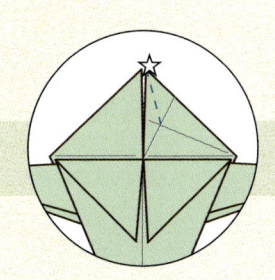

14 角度を3等分するように、折りすじをつけます。

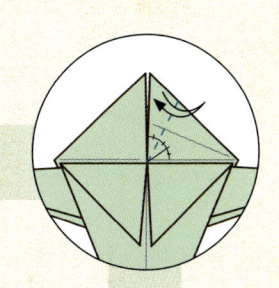

11 10の作業は三角形のところだけに、切り込みを入れます。

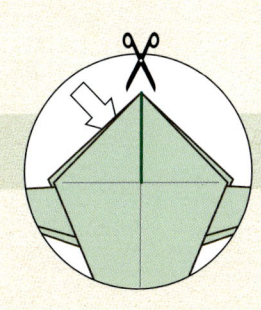

12 三角形の上の1組だけを折り下げます。

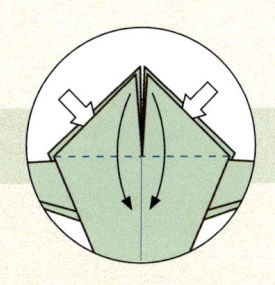

13 折りすじをつけます。

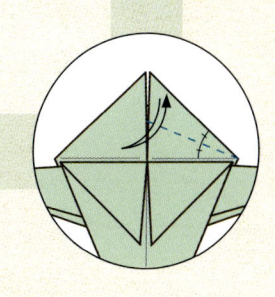

81

45 スーパーサウルス

原案・渡部浩美

紙の形 / 正方形

ポイント / イルカ（55p 参照）の折り方によく似た作品です。辺と辺や、辺と折りすじをきっちり合わせて折ると、自然にきれいな形に仕上がります。

1 対角線で折って、折りすじをつけてひらきます。できたら、裏返します。

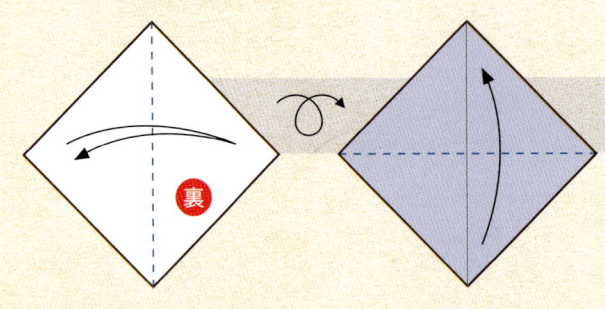

2 全体を半分に折ります。

3 辺と辺を合わせて折り、折りすじをつけてひらきます。

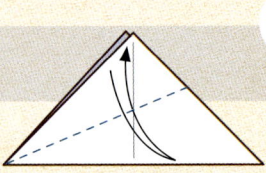

4 3と逆向きの折りすじをつけます。

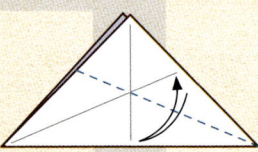

5 ☆をつまみながら、折りすじを使ってたたみます。

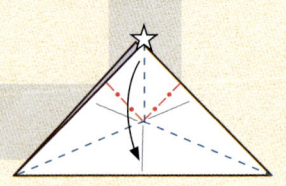

6 5をたたみながら、つまんだ先を左へ倒し、それをもどして折りすじをつけます。裏も、3〜6と同じように折ります。

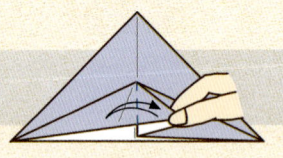

7 6でつけた折りすじに合わせて折り、折りすじをつけてひらきます。

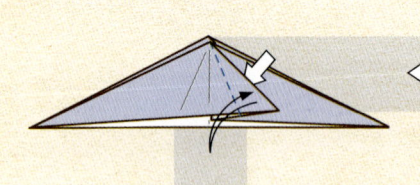

8 矢印のところでひらいてたたみます。

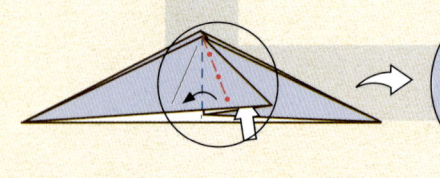

8の拡大図です。

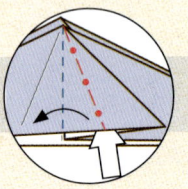

9 8を折りました。半分に折ります。

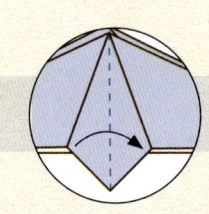

10 角を折ります。

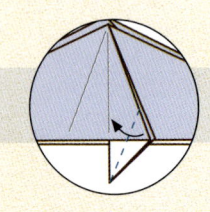

20 前脚はかぶせ折り、うしろ脚は谷折りします。

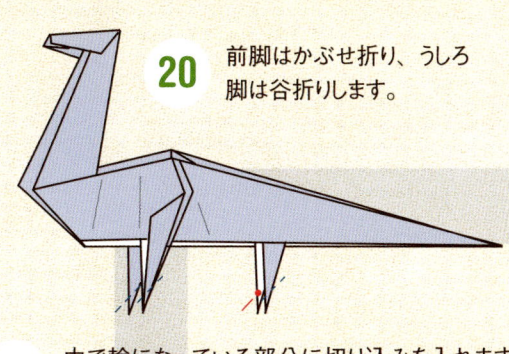

21 できあがり

19 中で輪になっている部分に切り込みを入れます。できたら、切り込みを使って、そのつけ根を谷折りして、うしろ脚を下に折り出します。

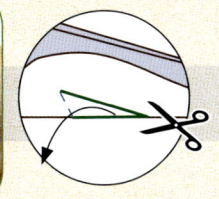

18 ⇨でひらいて、上の1枚だけを持ち上げます。

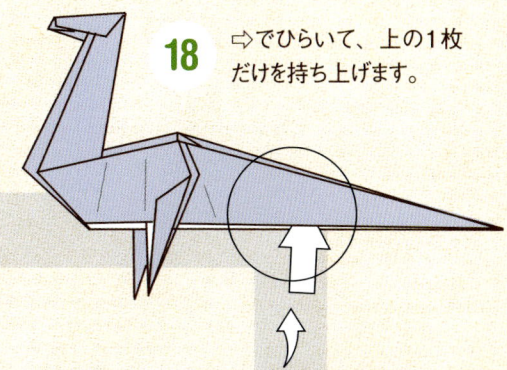

16 山折り、谷折りを連続して行う段折りで、頭を作ります。

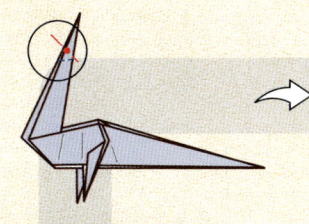

16の部分拡大図です。裏もいっしょに折ります。

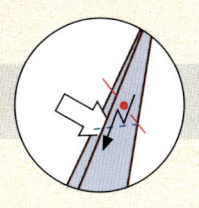

17 16を折りました。先を少し内側に折り込みます。

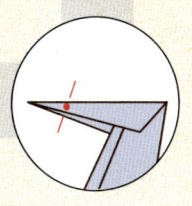

15 ☆の線の位置を目安に、左側で中わり折りをします。

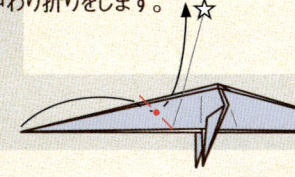

14 ⇨のところでひらいて、山折りで内側に折り込みます。裏も同じように折ります。

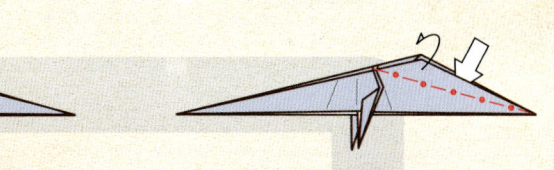

11 ○の部分も10と同じように折ります。

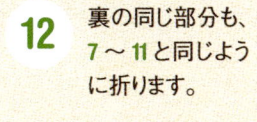

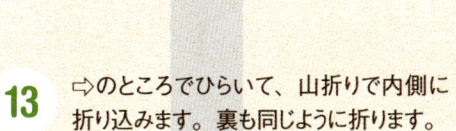

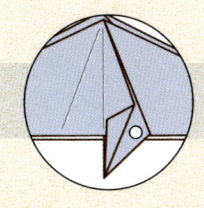

12 裏の同じ部分も、7〜11と同じように折ります。

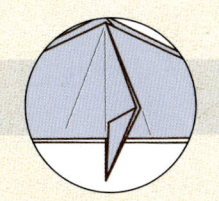

13 ⇨のところでひらいて、山折りで内側に折り込みます。裏も同じように折ります。

83

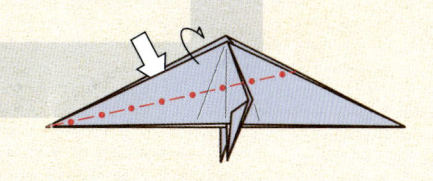

第4章 花を咲かそう

46 チューリップ

紙の形 / 花：長方形（正方形を半分に切ったもの）
くきと葉っぱ：三角形（正方形を対角線で切った二等辺三角形）

ポイント / 色違いの花を作って、にぎやかに飾ってみましょう。

1. 花を作ります。紙を半分に折って、その折りすじにそって切り、長方形にします。

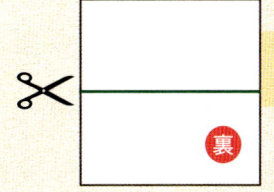

2. 全体を半分に折って、折りすじをつけます。

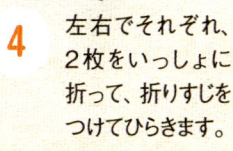

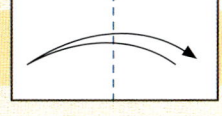

3. 2の折りすじに合わせて、左右を折ります。

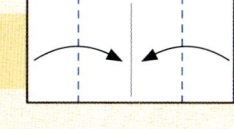

4. 左右でそれぞれ、2枚をいっしょに折って、折りすじをつけてひらきます。

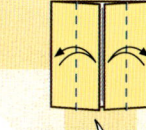

5. ☆（角）を★（4でつけた折りすじ）に合わせて折って、折りすじをつけてひらきます。

6. ⇨のところでひらいて、5の折りすじを使って、左右の角をそれぞれ中わり折りします。できたら、裏返します。

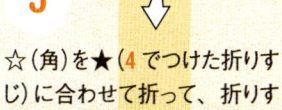

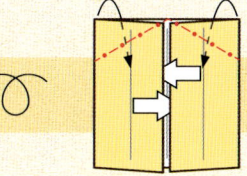

7. 上の1枚だけを折って（裏は折らないようにして）、まん中の折りすじに合わせて、左右を折ります。

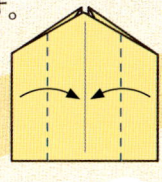

8. 左右それぞれの角を山折りします。

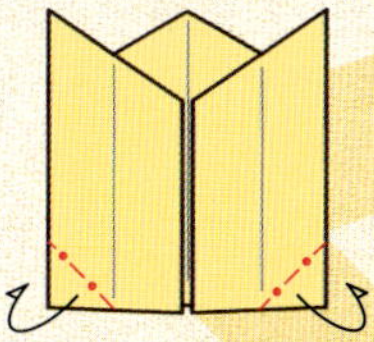

9. 花のできあがり。

10. くきと葉っぱを作ります。紙を対角線で半分に折って、その折りすじにそって切り、三角形にします。

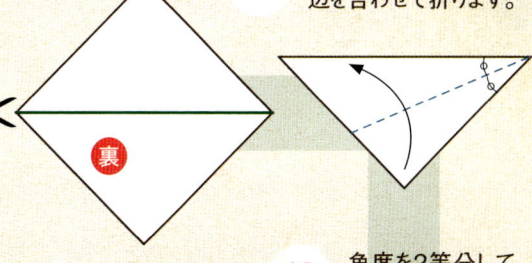

11. 角度を2等分して、辺と辺を合わせて折ります。

12. 角度を2等分して折り、折りすじをつけてひらきます。

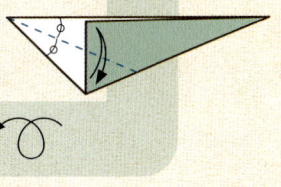

13. ☆を★に合わせて、ななめに折り上げます。

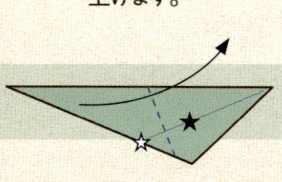

14. くきと葉っぱのできあがり。

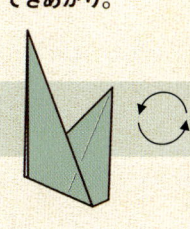

15. 花とくきと葉っぱを組み合わせて、チューリップに。

できあがり

47 花・あさがお・カーネーション

■紙の形／正方形・3枚

■ポイント／花の作り方を基本として、花の縁の形を切り分けて、あさがおとカーネーションを作ります。

花

1 表を上にして、四角折り（14p参照）をします。図のように、裏の色（ここでは白）が前面になって折り上がります。できたら、まん中の折りすじに合わせて、左右の角を折ります。裏も同じように折ります。

2 ⇨のところでひらいて、上の1枚を手前に引き出します。

2を折っている途中のようすです。

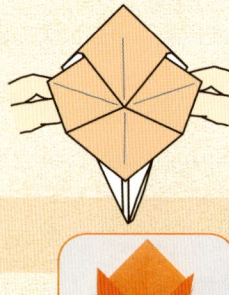

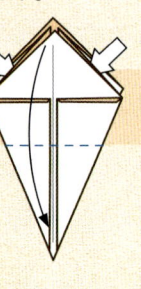

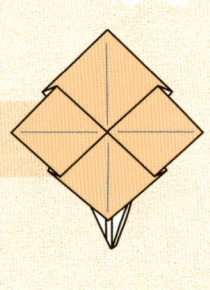

3 できあがり

あさがお

1 花の2を折ったあと、折りすじをつけて、元の形にもどしました。花びらの形を切ります。切り始めと終わりで少し角を切り落とします。

1の部分拡大図です。切り始めと切り終わりで、少し角を切り落としていることに注目してください。

2 1の折りすじを使って、上の1枚を手前に引き出します。

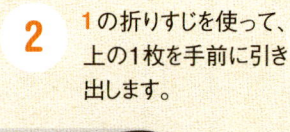

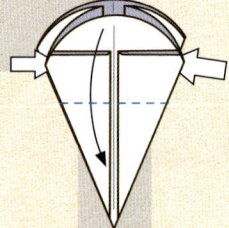

カーネーション

1 あさがおの1と同じ状態まで折ったあと、花びらの縁の線をギザギザに切ります。ここでも、切り始めと終わりで、少し角を切り落とします。

2 あさがおと同じようにして、花びらをひらきました。

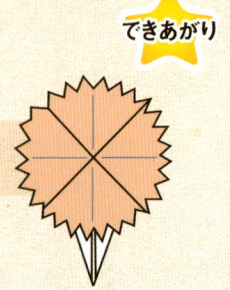

できあがり

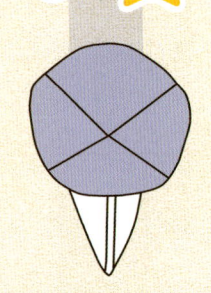

3 できあがり

86

4 花を咲かそう／花・あさがお・カーネーション

48 桜と梅

アレンジ・湯浅信江

紙の形 / 正方形

ポイント / 1枚の紙から、1/4の正方形を切り取り、花と枝を作り分けるユニークな折り紙です。ここでは、ピンクと緑が表裏になった両面折り紙で作ってみます。

1 図のような折りすじをつけます。ヨコの折りすじは部分的なものでかまいません。

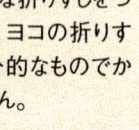

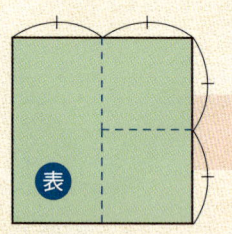

2 1/4の正方形を切り取ります。これが花になります。残りは枝になります。

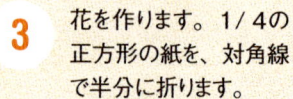

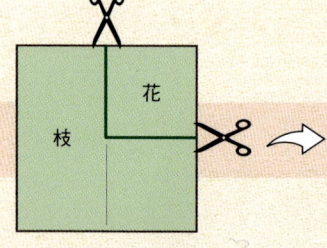

3 花を作ります。1/4の正方形の紙を、対角線で半分に折ります。

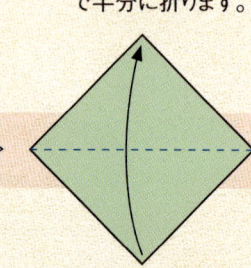

4 それぞれの辺を2等分にするところを指でおさえて、印をつけます。

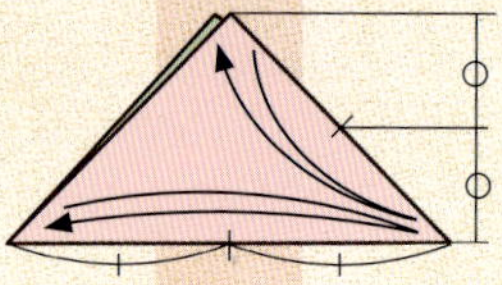

5 ☆の線の位置を目安に、右の角を折り上げます。

6 下の辺を、5で折った★の線に合うように折ります。

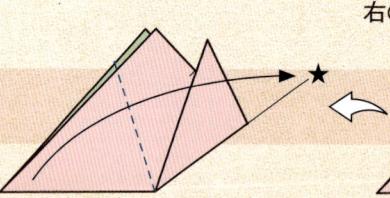

7 右下の辺を、左の辺に合わせて折ります。

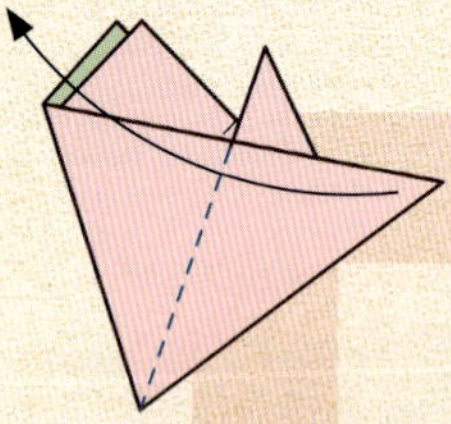

8 さらに、右側の角を折り返して、右下の辺を、左の辺に合わせて折ります。

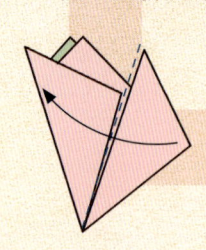

9 桜の花びらの形を切ります。できたら、すべてをひらきます。

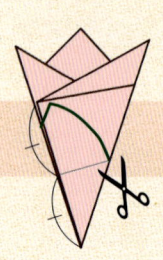

10 桜の花のできあがり。

11 9の状態で、梅の花びらの形を切ってみます。

4 花を咲かそう／桜と梅

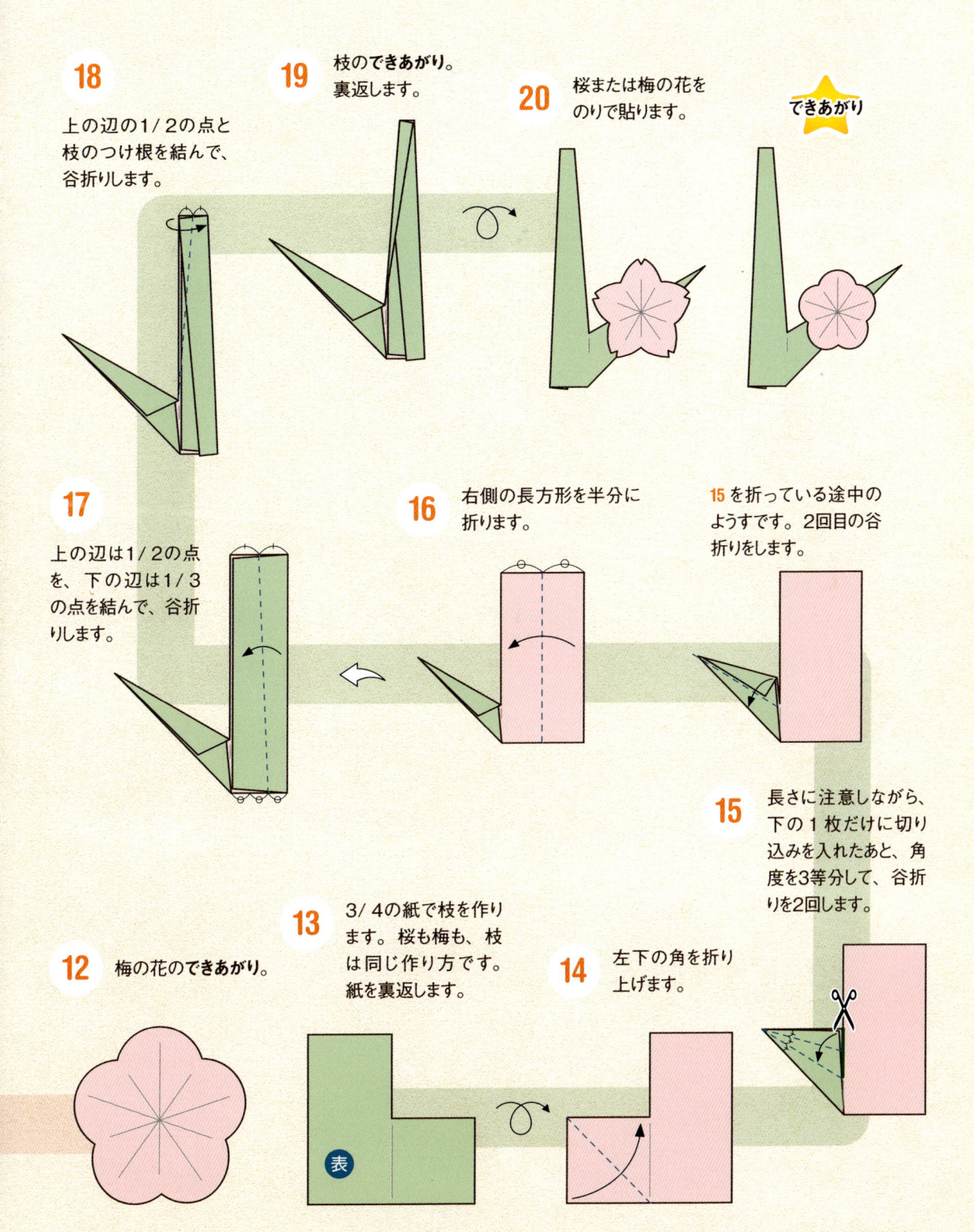

18 上の辺の1/2の点と枝のつけ根を結んで、谷折りします。

19 枝のできあがり。裏返します。

20 桜または梅の花をのりで貼ります。

できあがり

17 上の辺は1/2の点を、下の辺は1/3の点を結んで、谷折りします。

16 右側の長方形を半分に折ります。

15 を折っている途中のようすです。2回目の谷折りをします。

15 長さに注意しながら、下の1枚だけに切り込みを入れたあと、角度を3等分して、谷折りを2回します。

12 梅の花のできあがり。

13 3/4の紙で枝を作ります。桜も梅も、枝は同じ作り方です。紙を裏返します。

表

14 左下の角を折り上げます。

89

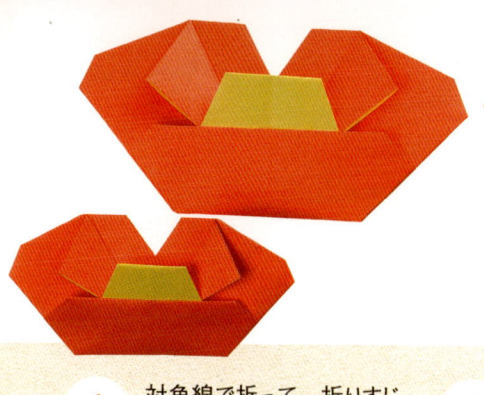

49 つばき

紙の形 ／ 正方形

ポイント／ 表が赤、裏が黄色の両面折り紙で作ると、つばき色にできあがります。

1 対角線で折って、折りすじをつけてひらきます。

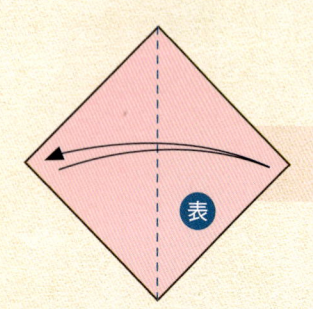

2 まん中の折りすじに合わせて、左右の角を折ります。

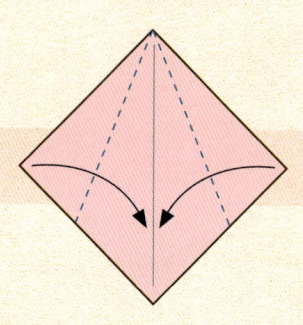

3 上下の半分のところで山折りして、折りすじをつけて、すべてをひらきます。

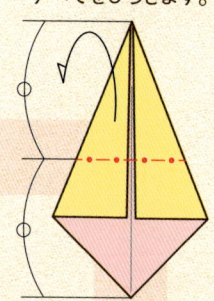

4 ひらくと、図のような折りすじがついています。裏返します。

5 折りすじをつけなおしながら、上の角を手前に引いて、たたみます。

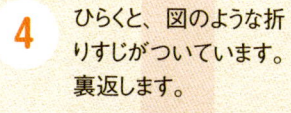

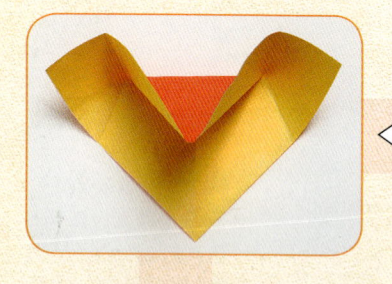

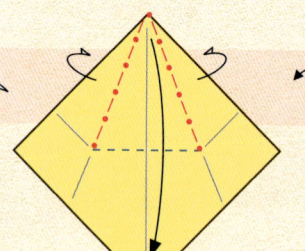

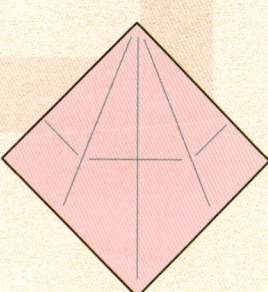

6 左右の内側の角が、上の辺のまん中に合うように、紙をたたみます。7の図の形をよく見て折りましょう。

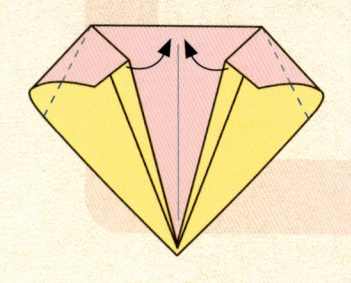

7 下の角を折り上げます。

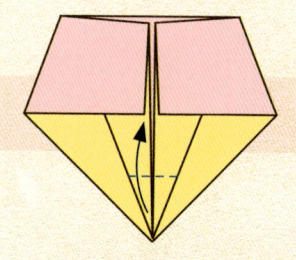

15 10と同じ位置で折り上げます。

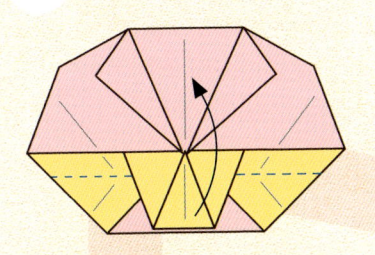

16 上の部分に切り込みを入れて、山折りで裏に折ります。左右の下側は、11でつけた折りすじで山折りします。

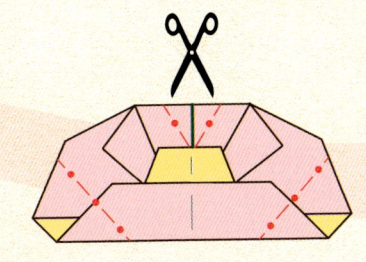

17 できあがり

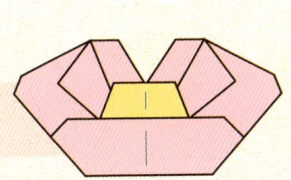

14 角を左右に折り広げます。

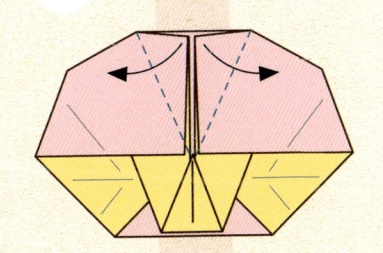

12 左右の上側を山折りで裏に折ります。折る位置を確認しましょう。

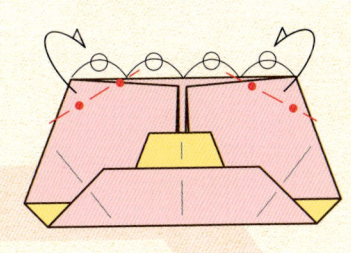

13 ⇨のところでひらきます。

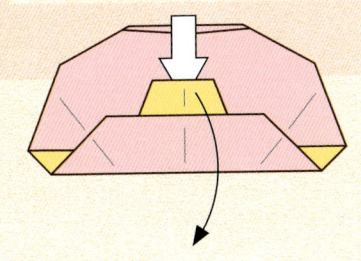

11 左右の下側を山折りして、折りすじをつけます。

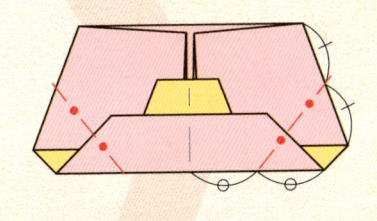

8 さらに、折り上げます。

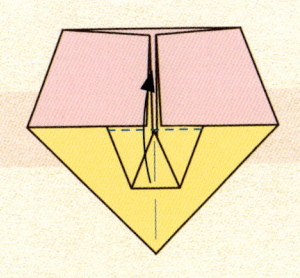

9 裏側にあった下の角を折り上げます。

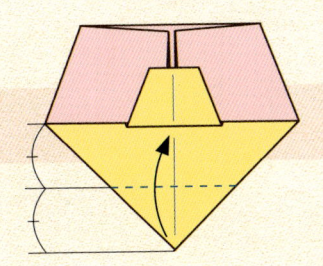

10 位置を確認して折り上げます。

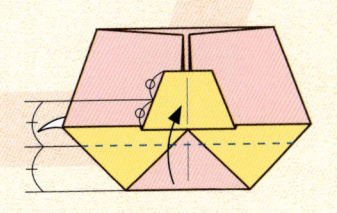

4 花を咲かそう／つばき

91

50 あさがおのかべ飾り

紙の形／ 正方形・2枚

ポイント／ かべや窓に貼って飾りやすい平面的なできあがりの作品です。色ちがいをたくさん作ってみましょう。

1 花を作ります。全体を半分に折ります。

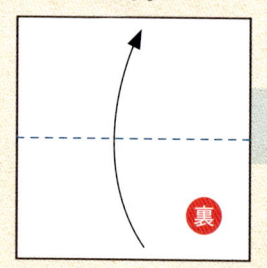

2 さらに、全体を半分に折ります。

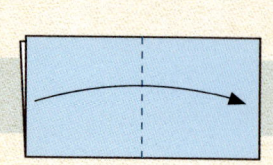

3 まとめて、折りすじをつけます。

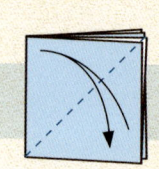

4 3の折りすじで角度をつけるようにして、右上の角を切りおとします。切れたら、裏が上になるように、すべてをひらきます。

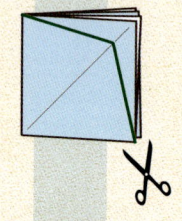

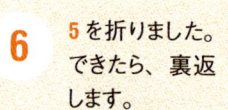

7 4つの角を、縁から中心にむかって1/3くらいで折ります。できたら、裏返します。

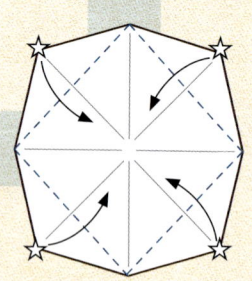

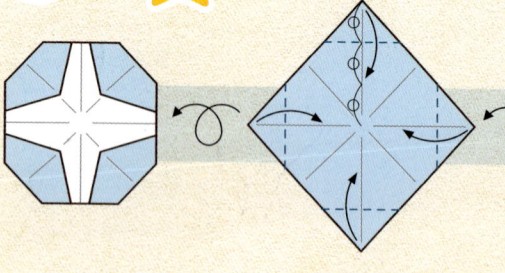

6 5を折りました。できたら、裏返します。

5 4つの☆の角を、3の折りすじに合わせて折ります。

8 花のできあがり

9 葉を作ります。表を上にして、全体を半分に折ります。

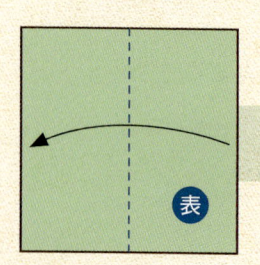

10 葉の形に切ります。

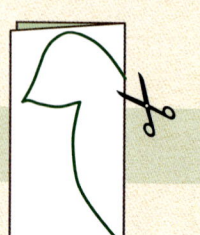

11 葉のできあがり

花と合わせてみましょう。

51 あやめのかべ飾り

紙の形 / 正方形

ポイント / あさがおのかべ飾りと同じく、貼って飾りやすい平面的なできあがりの作品です。小さく作って、色紙や短冊にも貼ってみましょう。

1. 対角線で半分に折ります。

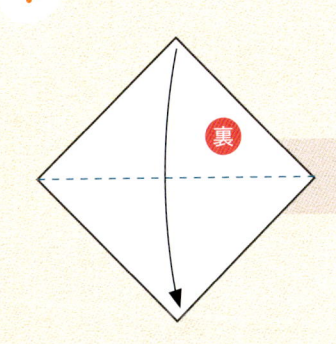

2. 左右の角の★を、下の☆に合わせて折ります。

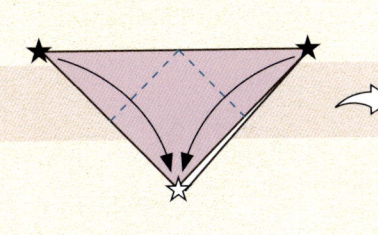

3. 山折りで、折りすじをつけたあと、⇨のところでひらいて、左右に広げてつぶします。

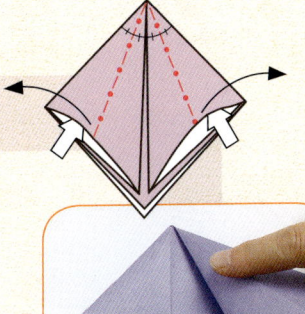

4. 3を折りました。できたら、裏返します。

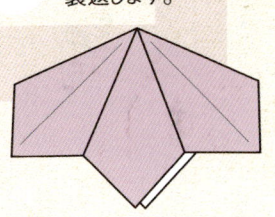

5. 上の1枚だけを折り上げます。

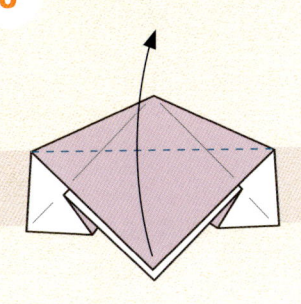

6. 位置を確認して、角を折り下げます。

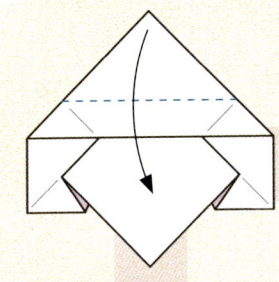

7. 6で折り返した角がある1枚だけに切り込みを入れます。できたら、それぞれを折り上げます。

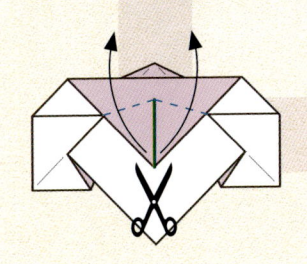

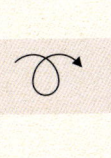

8. 7を折りました。できたら、裏返します。

9. できあがり

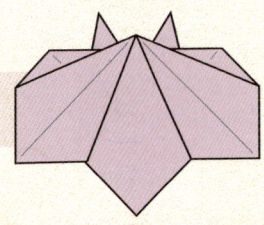

4 花を咲かそう／あさがおのかべ飾り・あやめのかべ飾り

93

52 あやめ

紙の形／正方形

ポイント／立体的なあやめです。いくつかの花を折って、ストローや箸などを茎として使い、花をのりでつけて、花束にしてみましょう。

1 四角折り（14p参照）で紙をたたんだあと、⇨のところでひらき、まん中を谷折りして、次にアを山折りして、たたみます。

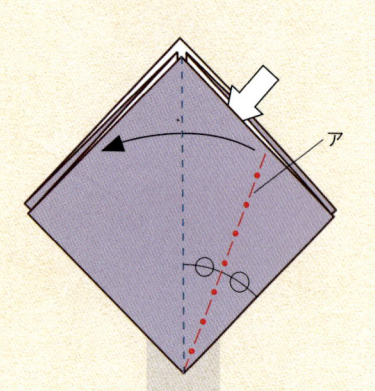

2 1を折りました。左側に2つ、右側に1つ、1と同じ袋状になった角があります。残り3か所も1と同じようにひらいてたたみましょう。

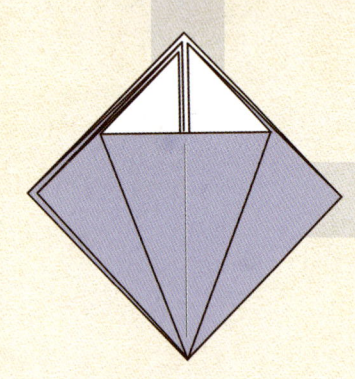

3 折りすじをつけます。

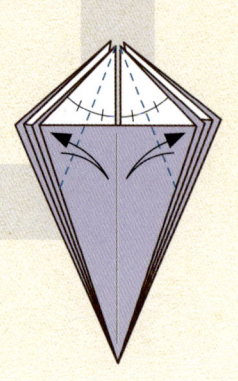

4 ⇨のところでひらいて、下向きの角ができるように紙をたたみます。

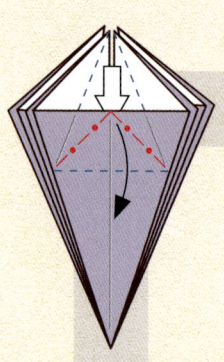

5 4で作った角を折り上げます。同じような面が他にも3つあります。それぞれをひらいて、3〜5を折ります。

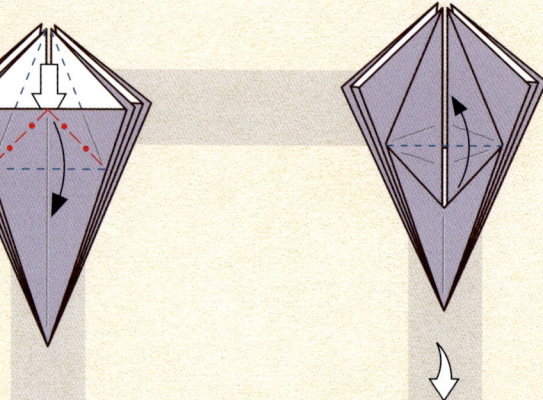

6 すべての面で5までを折り終えました。上の1組だけを左に送ります。裏も同じように送ります。

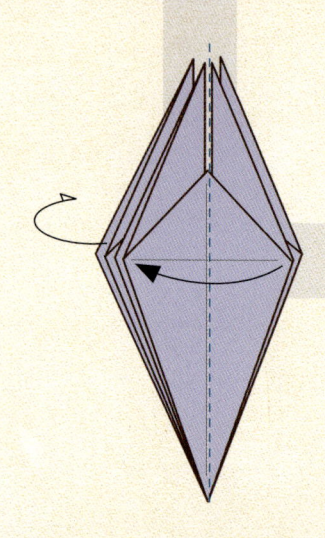

94

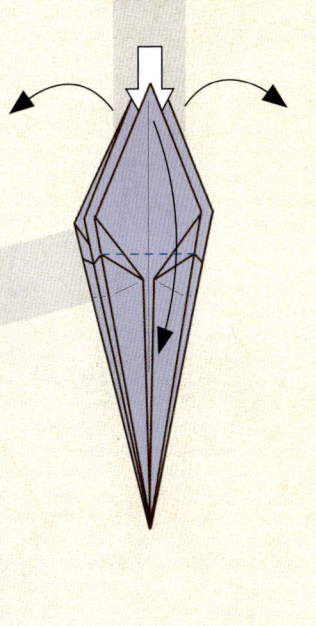

10 4枚の花びらを、丸い芯（ストローなど）を使って、外側に巻きます。

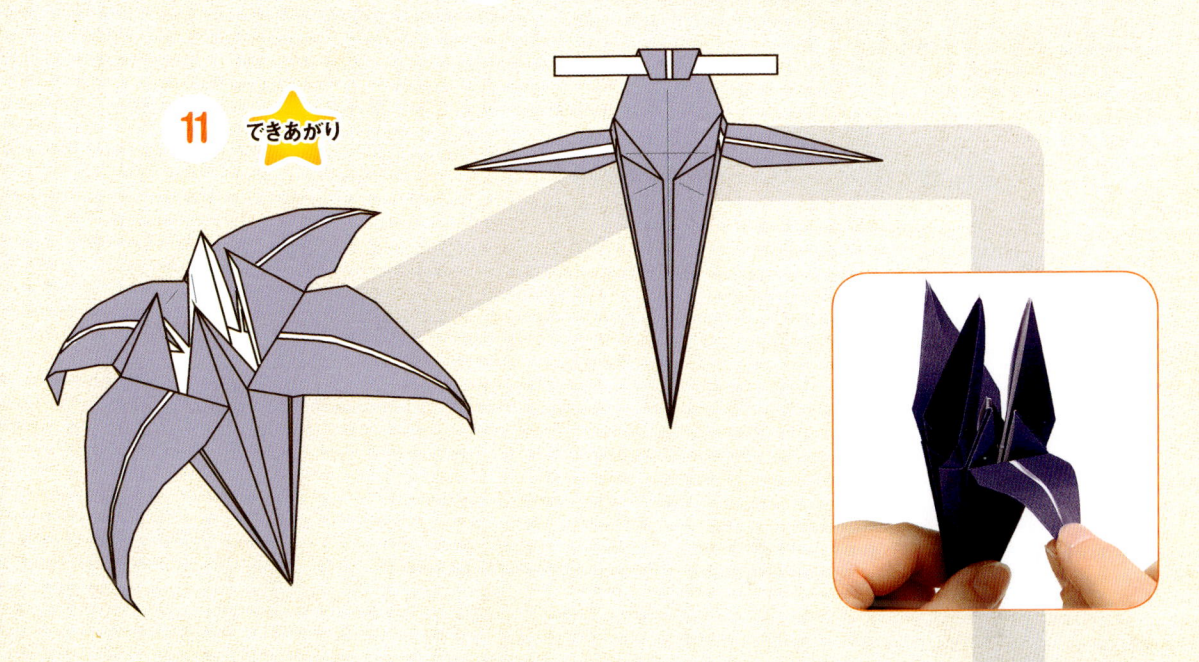

11 できあがり

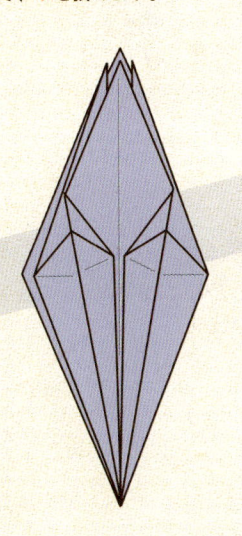

9 ⇨のところでひらき、4枚の花びらをそれぞれ谷折りで広げます。

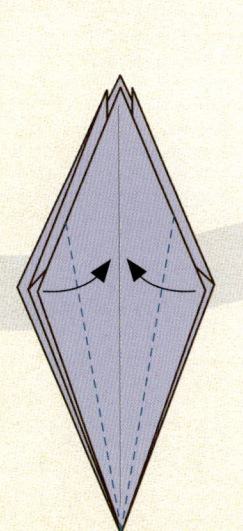

8 7を折りました。同じような面が他にも3つあります。まず裏面を、そして残りをそれぞれひらいて、7を折ります。

7 まん中の折りすじに合わせて、左右の角を折ります。

4 花を咲かそう／あやめ

95

53 アジサイ

紙の形 ／ 花：正方形・2枚（15×15cmの紙を4等分）
葉：正方形（15×15cm）

ポイント ／ 小さな花をたくさん作って、大きなアジサイを作ります。ピンク、うす紫、青、白など、淡くかわいい色合いを考えてみましょう。

1 花を作ります。紙を切り分けて、4等分します。

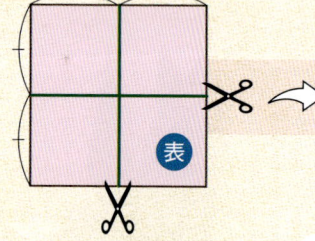

2 1/4の紙を使います。まん中より少し下あたりにのりをつけて折ります。

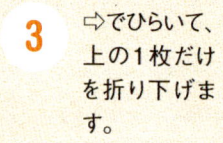

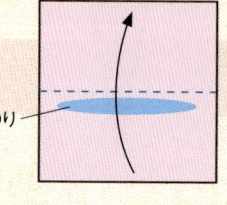

3 ⇨でひらいて、上の1枚だけを折り下げます。

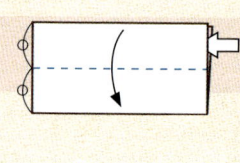

4 まん中より少し右あたりにのりをつけて折ります。

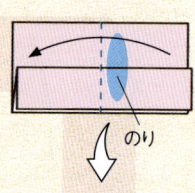

5 のりをつけて、上の1枚だけを右へ折ります。

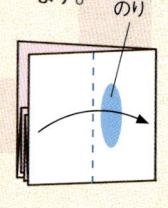

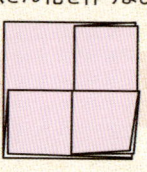

6 花を重ねるように貼って、大きな花を咲かせましょう。

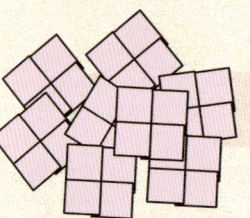

花のできあがり
残りの紙も使って、たくさん花を作りましょう。

7 葉を作ります。対角線で、全体を半分に折ります。

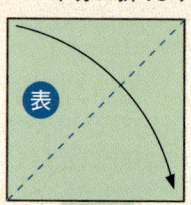

8 位置を確認してななめの辺を折り返します。

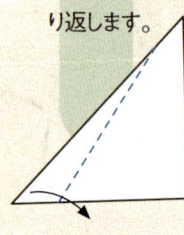

9 ☆がある線が目安になります。位置をおぼえておいて上の角を折り下げます。

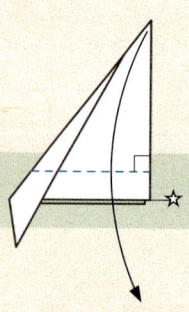

10 ☆の線の位置で、折り上げます。

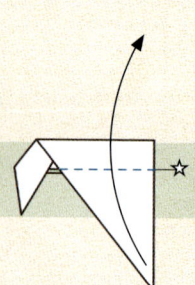

11 谷折り、山折り、谷折りでたたみます。

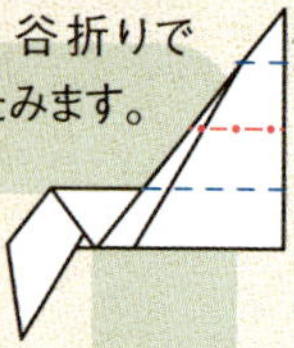

12 ⇨のところでひらいて、9の図の形にします。

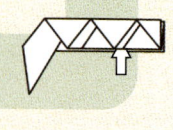

13 葉の形に切ります。

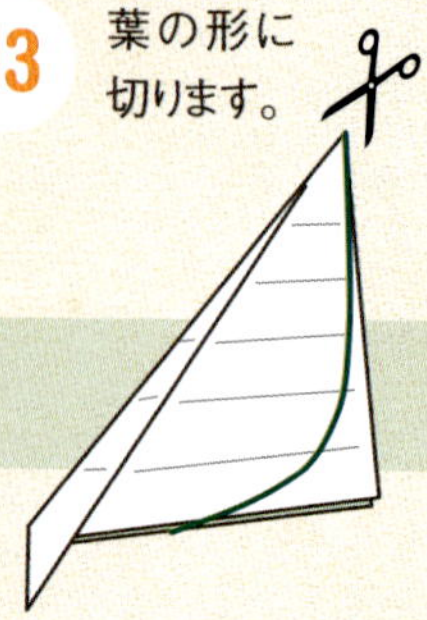

14 ⇨のところでひらきます。

15 花と組み合わせてみましょう。

葉のできあがり

4 花を咲かそう／アジサイ

54 ひまわり

原案・中原恭子

紙の形 / 花：正方形（15×15cm）
芯：正方形（15×15cmの紙を4等分）

ポイント / にそう舟をアレンジして作ります。折りすじをきっちりつけながら、折り進みましょう。

1 花びらを作ります。にそう舟（15p参照）の **1～5** を折り、**6** の途中の図です。ここで、4つ角を四角くなるようにたたみます。

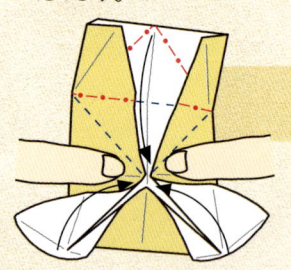

2 **1** を折りました。**1** でたたんだ4つの四角形の上の1組だけに、それぞれの面で折りすじをつけます。

3 **2** の折りすじを使って、外に広げてたたみます。他の3つの面も同じように広げてたたみます。

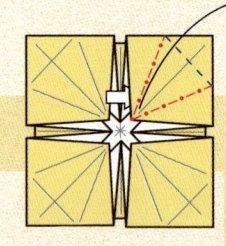

4 ⇨のところでひらいて、上の1組だけを、それぞれ角が外に出るように折ります。

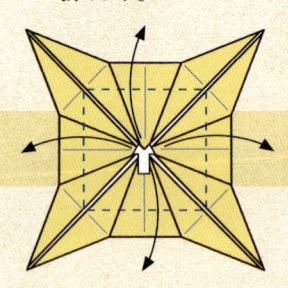

5 **3** で広げた4つの角を、中心に合わせて折ります。花びらのできあがり。

6 芯を作ります。中心にえんぴつなどで印をつけて、そこで4つの角が合わさるように折ります。

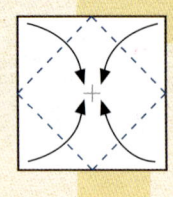

7 裏返します。

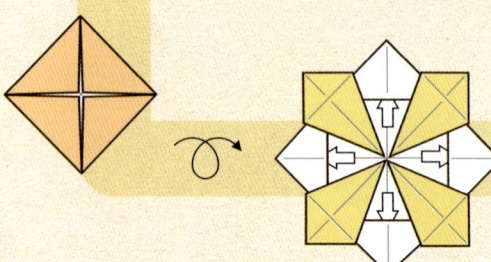

8 ⇨のところでひらいて、花の芯を差し込みます。

9 できあがり

55 バラ

原案・川井淑子

紙の形 ／ 正方形

ポイント ／ ピンセットを使って紙をねじったり、花びらをまるめたりします。手を使うより、細かな作業が楽にできます。

1 三角折り（14p参照）で紙をたたんだあと、下の辺を持ち上げます。下から1/3のところで折り上げます。

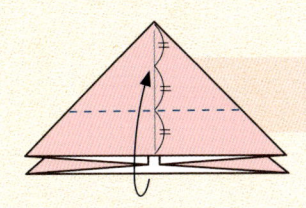

2 ⇨でひらいて、紙をたたみます。

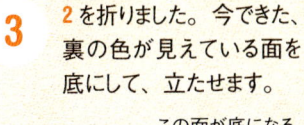

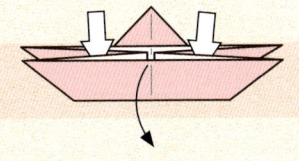

3 2を折りました。今できた、裏の色が見えている面を底にして、立たせます。

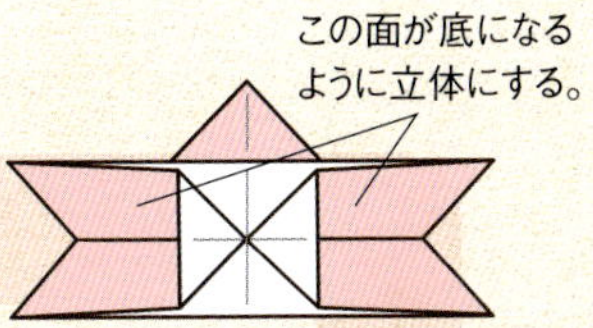

この面が底になるように立体にする。

4 右側の1組だけを、⇨のところでひらいてたたみます。裏も同じように折ります。

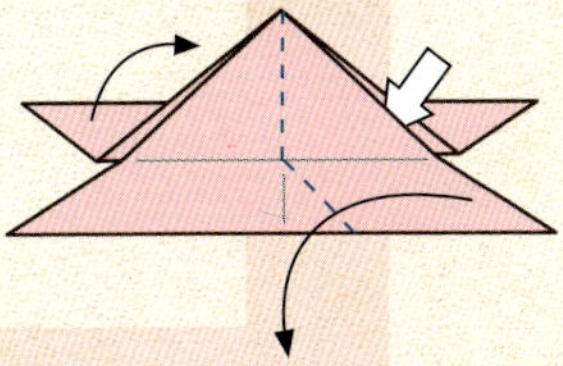

5 4を折って、上から見ています。☆の部分（作品の中心の芯）をピンセットでしっかりはさんで、手の中でねじります。

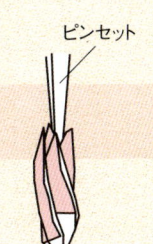

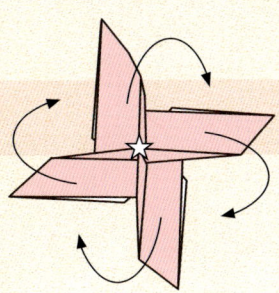

5を折っている途中のようすです。

ピンセット

しっかりねじったら、少しもどしてゆるめておきます。

6 ピンセットではさんでいた芯の部分が飛び出さないように、渦の中にしずめておきます。

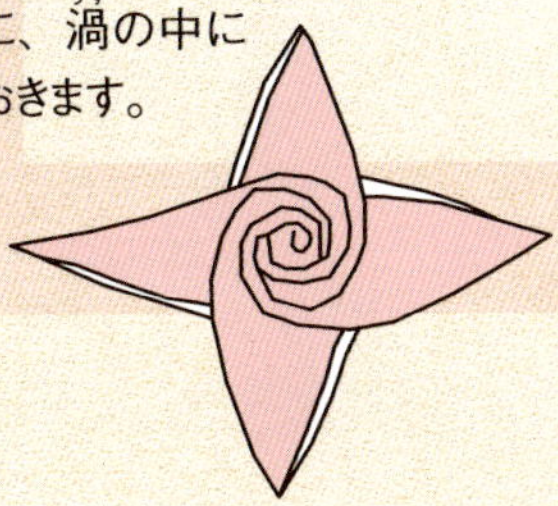

7 6をヨコから見ています。4枚の花びらの先にのりをつけて、折り返して接着します。

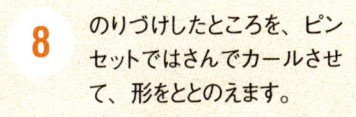

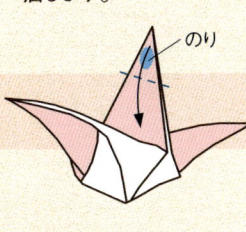

のり

8 のりづけしたところを、ピンセットではさんでカールさせて、形をととのえます。

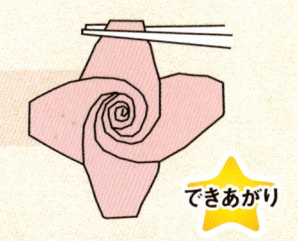

できあがり

4 花を咲かそう／ひまわり・バラ

99

56 もみじ

紙の形 ／ 正方形

ポイント／ おどろくほどリアルに仕上がります。だいだい色、黄色、山ぶき色などで作ると秋を、あざやかな緑で作ると夏を感じる作品になります。

1 対角線で半分に折ります。

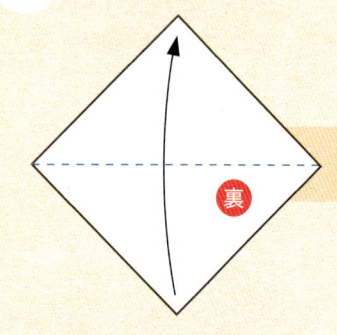

2 全体を半分に折ります。

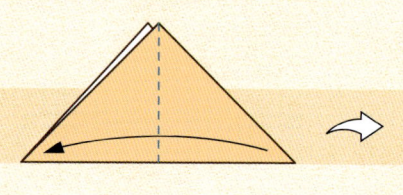

3 表と裏で折りすじをつけて、4の図の形にひらきます。

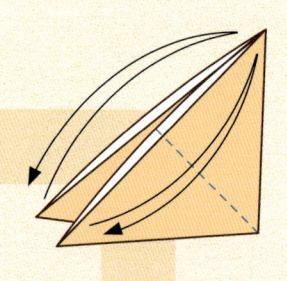

4 谷折り、山折りを連続して行う段折りを1、2、3の順で、5の図の形にたたみます。

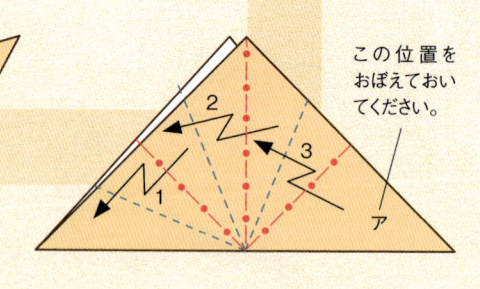

この位置をおぼえておいてください。

5 裏返して、回転させて、向きをかえます。

6 上の部分を少し残して、アに切り込みを入れます。裏返して、回転させて、向きをかえます。

少し残します。

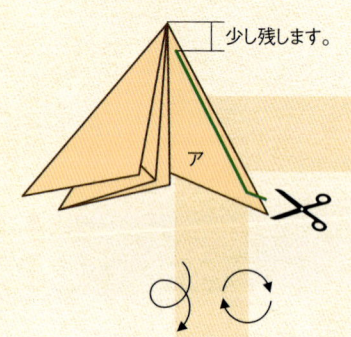

7 ★の部分はイの辺と平行に切り、そのあと、裏にある☆の折り目をまたぎながらカーブを描き切り進みます。このとき、折り目の上部にある角より下に少し内側で切ります。最後の角を出たら、まっすぐ進み切りはなします。

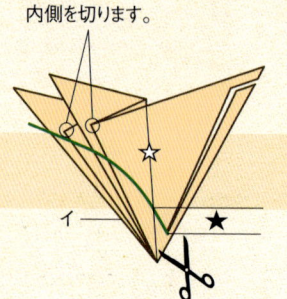

この角より内側を切ります。

8 切ったあと、ひらきました。

できあがり

57 ポインセチア

紙の形 / 赤：長方形 大（5×9cm）×**6枚**、中（4×8cm）×**6枚**、小（3×5cm）×**5枚**、緑：長方形（6×10cm）×**6枚**

ポイント / 赤と緑の紙を、いろいろな大きさで作ります。折り方はどれも同じです。

4 花を咲かそう／もみじ・ポインセチア

1 全体を半分に折ります。

2 葉の形に切ります。

3 谷折り、山折りを連続して行い、折りすじをつけて、ひらきます。

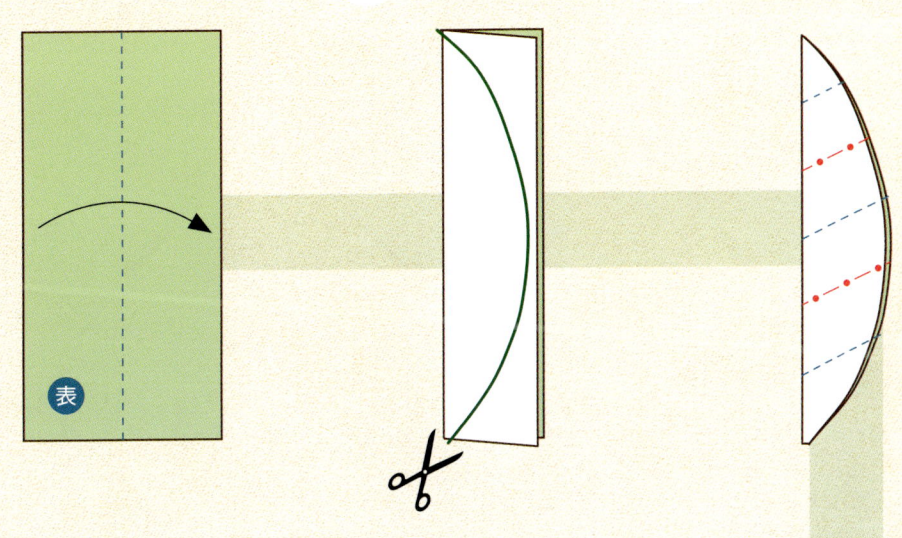

4 部品のできあがり。赤、緑、大きさ違いを作りましょう。

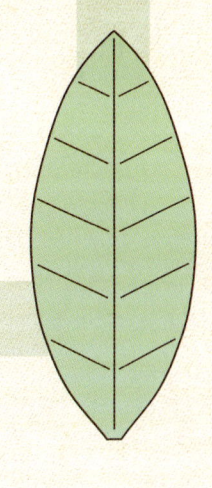

5 大きな部品（緑）を裏で台紙（3×3cm）にのりで貼って、その上に赤の大、中、小を重ねて貼り組み上げました。まん中に丸いシールを貼って、華やかに仕上げます。

できあがり

裏から見ています。

台紙（3×3cm）

小さな紙片を台紙として使って、重ね合わせると作業がしやすいでしょう。

101

58 ポインセチアのかべ飾り

原案・中島進

紙の形／緑：正方形・2枚（18×18cm）、赤：正方形・2枚（12×12cm）

ポイント／緑、赤でそれぞれ2つの部品を作り、のりづけして仕上げます。
紙の大きさはちがっても、折り方はすべて同じです。

1 四角折り（14p参照）で紙をたたんだあと、上下を入れかえて向きを変えました。上の1枚だけに、まん中を少し折って、印をつけます。

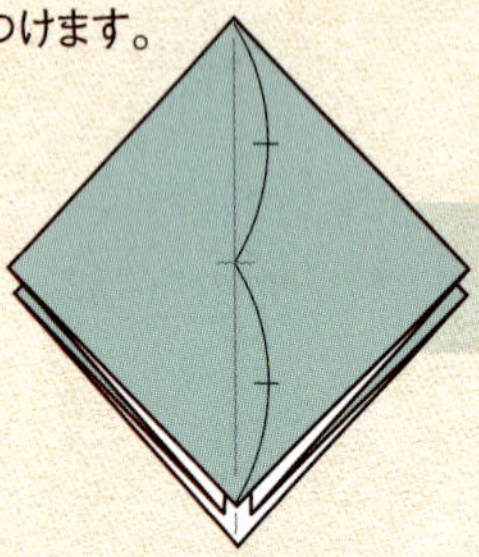

2 1の印に合わせて、上の1組の左右の角を折り、折りすじをつけます。

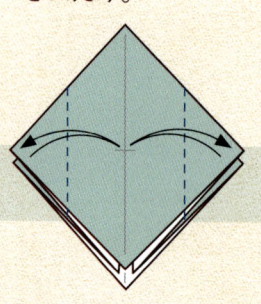

3 2の折りすじを使って、中わり折りをします。裏の1組も1～3と同じように折ります。

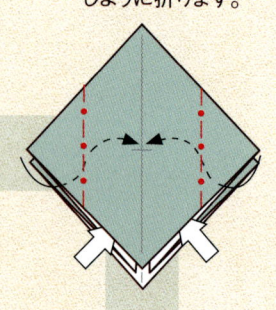

4 全体をひらきます。

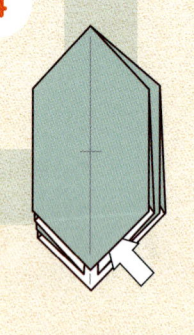

5 切り込みを入れて、それで下部にできた左右の角の裏にのりをつけて山折りをして、接着します。

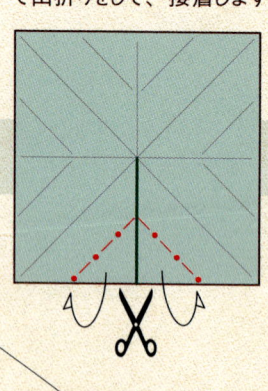

6 折りすじを使ってたたみます。7の図を見て、○で囲んだ部分をつぶさないようにします。

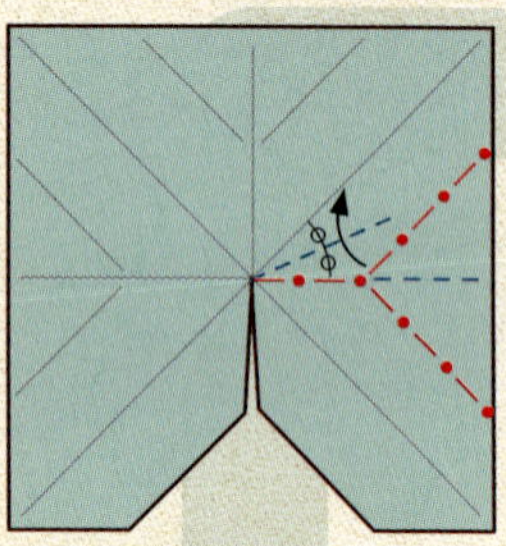

7 残りの2か所も6～7と同じように折ります。

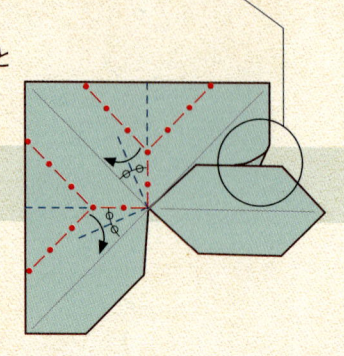

8 7を折りました。できたら、裏返します。

12 緑と赤を組み合わせて、のりで貼ります。

できあがり

11 赤と緑で、同じものを2つずつ作り、☆と☆、★と★を合わせて、のりづけします。

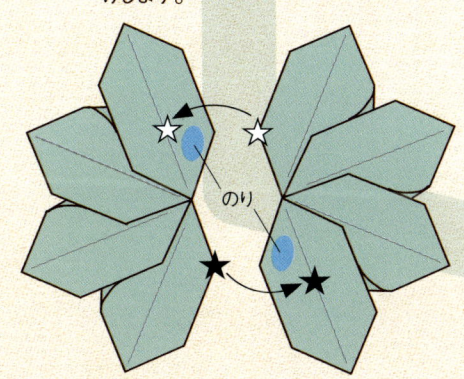

のり

10 9を折りました。同じものを緑で2枚、赤で2枚、大きさちがいの紙で作ります。できたら、裏返します。

9 それぞれ、⇨のところでひらき、倒しながらつぶします。

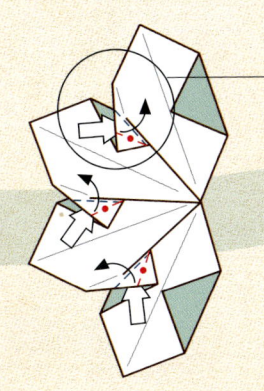

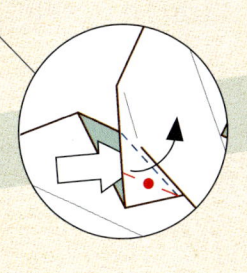

9の部分拡大図です。

4 花を咲かそう／ポインセチアのかべ飾り

103

第5章
食べ物がいっぱい

59 リンゴ・ポット

アレンジ・湯浅信江

■紙の形／正方形・2枚

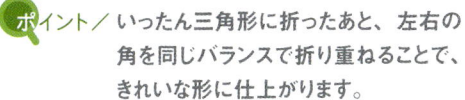

■ポイント／いったん三角形に折ったあと、左右の角を同じバランスで折り重ねることで、きれいな形に仕上がります。

1 リンゴを作ります。対角線で、全体を半分に折ります。

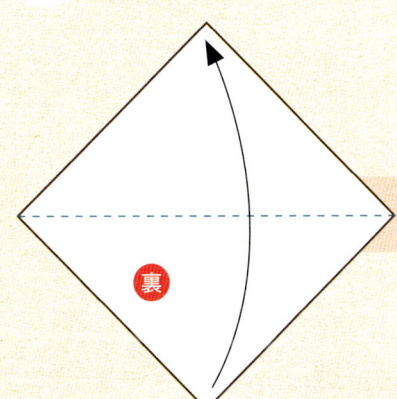

2 2枚いっしょに角を折ります。

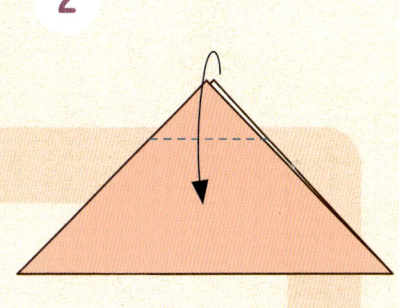

3 アは2枚をいっしょに折り、角を上に飛び出させます。イ、ウは同じバランスで、まん中で重なるように折ります。

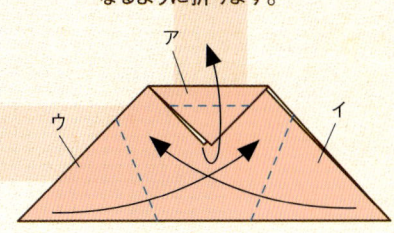

4 3を折りました。裏返します。ポットを作るときは、6へ進みます。

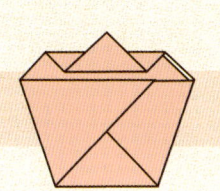

5 できあがり

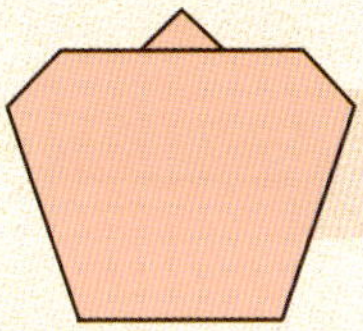

6 4の状態から、ポットを作ります。上の1組だけを左に折ります。できたら、裏返します。

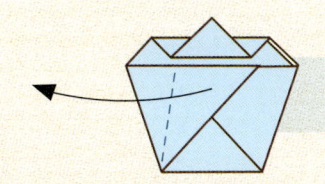

7 できあがり

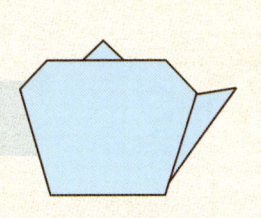

5 食べ物がいっぱい／リンゴ・ポット

105

60 プリン・スプーン

■紙の形／プリン：正方形（18×18cm）
　　　　　スプーン：長方形（正方形を4等分したもの）

●ポイント／プリンは皿にのっています。表、裏、それぞれの色ができあがりにどのように配置されるのかをよく見て、両面折り紙で作ってみましょう。

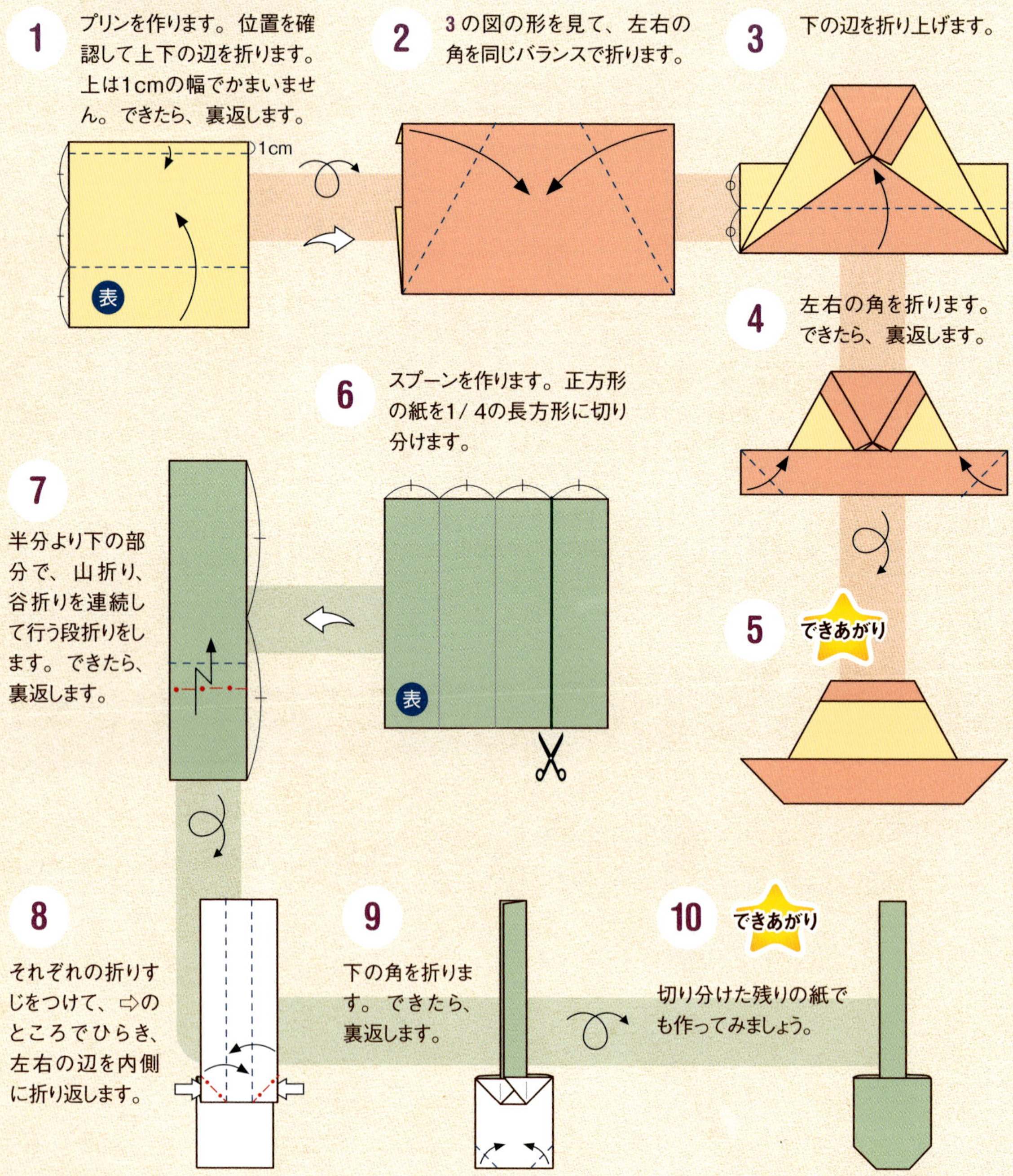

1 プリンを作ります。位置を確認して上下の辺を折ります。上は1cmの幅でかまいません。できたら、裏返します。

2 3の図の形を見て、左右の角を同じバランスで折ります。

3 下の辺を折り上げます。

4 左右の角を折ります。できたら、裏返します。

5 できあがり

6 スプーンを作ります。正方形の紙を1/4の長方形に切り分けます。

7 半分より下の部分で、山折り、谷折りを連続して行う段折りをします。できたら、裏返します。

8 それぞれの折りすじをつけて、⇨のところでひらき、左右の辺を内側に折り返します。

9 下の角を折ります。できたら、裏返します。

10 できあがり
切り分けた残りの紙でも作ってみましょう。

61 串だんご

原案・中島進

■紙の形／長方形（正方形を4等分したもの）

●ポイント／紙を4等分した長方形のうち、2枚を使って1つの作品を作ります。両面折り紙で、表裏の使い方を逆にして、色ちがいを作ってみましょう。

1 正方形の紙を、半分に折り、紙のまん中に折りすじをつけます。その折りすじに合わせて左右の辺を折り、折りすじをつけます。この折りすじを使って、紙を1/4の長方形に切り分けます。

2 だんごを作ります。4等分に折って、折りすじをつけたあと、上の1/4を切りはなします。

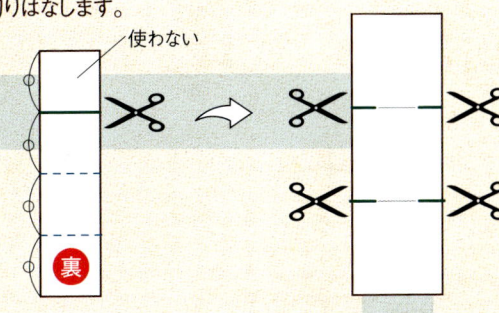

3 折りすじに沿って、切り込みを少しずつ入れます。

4 3の切り込みを使って、角を折ります。だんごのできあがり。

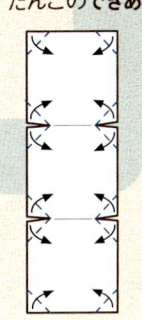

5 くしの部品を作ります。1で切り分けた1/4の長方形の紙を半分に折って、折りすじをつけます。

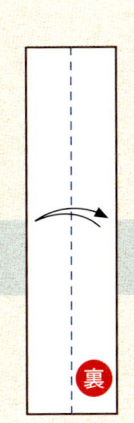

6 5でつけた折りすじに合わせて、左右を折ります。

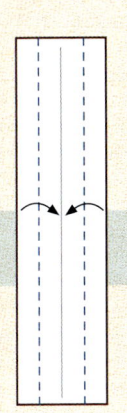

7 5でつけた折りすじで折ります。

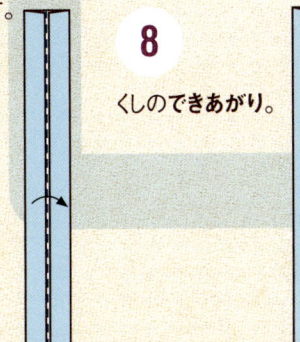

8 くしのできあがり。

9 だんごの裏に串をのりづけします。できたら、裏返します。

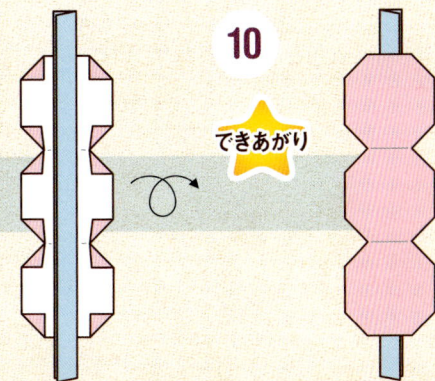

10 できあがり

62 ソフトクリーム

■紙の形／正方形
■ポイント／クリームの部分は段折りで作ります。山折りと谷折りの間の幅は、少なくていいでしょう。

1　対角線で、全体を半分に折り、折りすじをつけます。

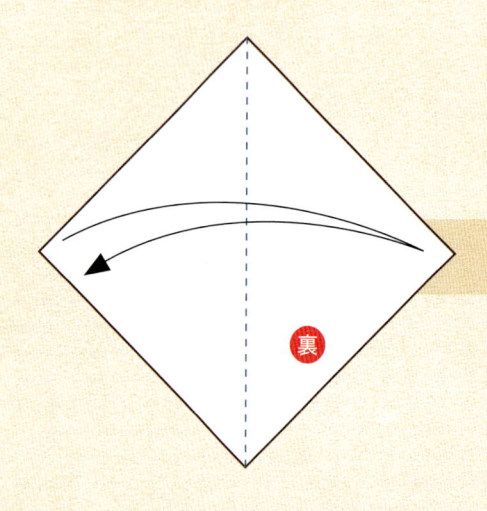

裏

2　下の直角を3等分して折ります。

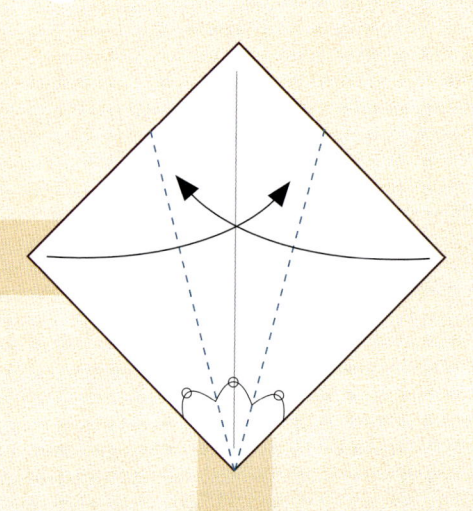

3　位置を確認して、山折り、谷折りを連続して行う段折りを、2回します。

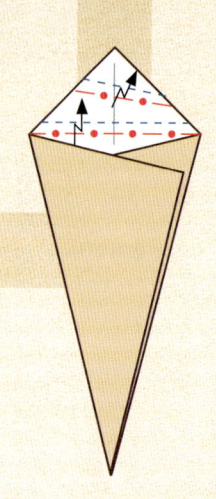

4　できあがり

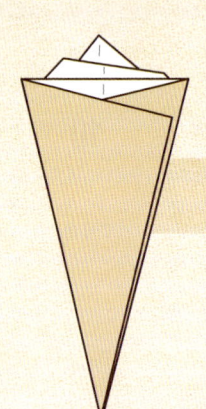

63 クロワッサン

原案・湯浅信江

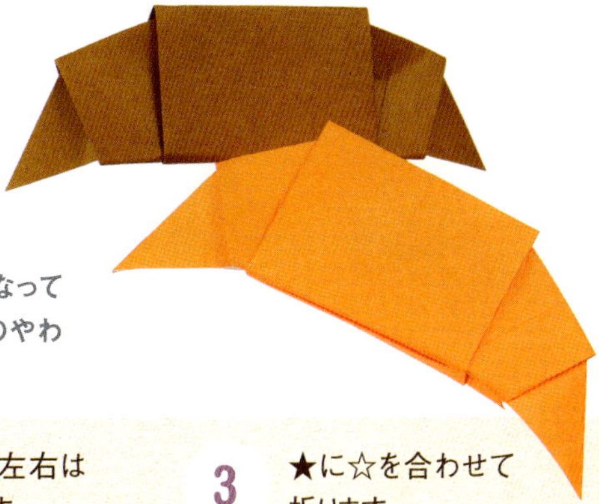

紙の形 / 正方形

ポイント / えび（66p参照）と同じ要領で、段折りになっている部分を引き出して曲線を作ります。紙のやわらかさをいかしましょう。

5 食べものがいっぱい／ソフトクリーム・クロワッサン

1 それぞれの対角線で、全体を半分に折り、折りすじをつけます。

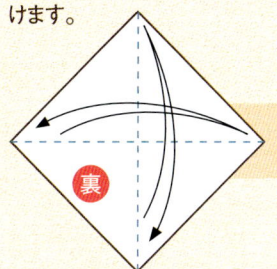

2 上下は谷折り、左右は折りすじをつけます。

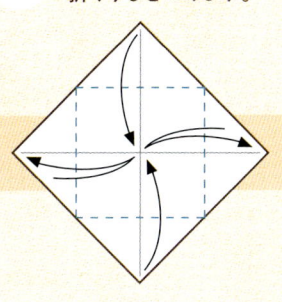

3 ★に☆を合わせて折ります。

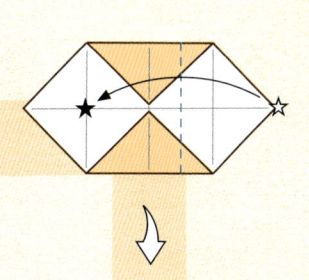

4 ○の折りすじが、●の辺につくように、谷折りをします。

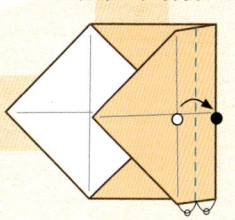

5 ○を●に合わせて折ります。

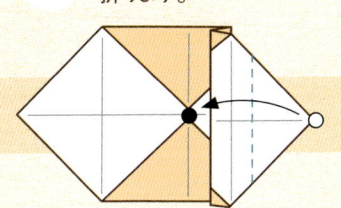

6 位置を確認して、角を右側へ折り返します。

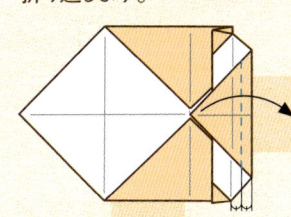

7 6を折りました。左半分も3〜6と同じように折ります。

8 7を折りました。全体を半分に折ります。

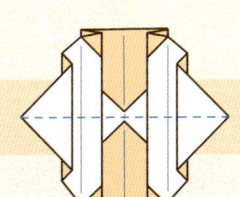

9 上の部分をしっかりつまんで持ちながら、左右でア、イの上の部分を引き出して、クロワッサンの曲線を表現します。

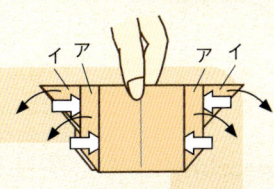

10 ⇨のところでひらいて、山折りで底の部分を作ります。重ねてのりづけしましょう。

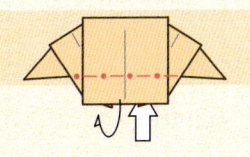

11 できあがり

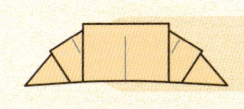

64 ショートケーキ

原案・中島進

紙の形 ／ ケーキの側面：正方形（18×18cm）
上のクリーム部分：長方形（18×8.5cm）

ポイント ／ のりづけや差し込みなど、つなぎが多い作品です。
折りすじをしっかりつけて、折り進みましょう。

1 ケーキの側面を作ります。正方形の紙を、半分に折り、紙のまん中に折りすじをつけて、ここに沿って切ります。

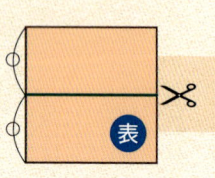

2 1でできた2枚の長方形をのりづけしてつなぎます。
1cm

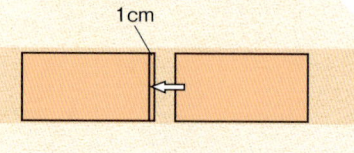

3 全体を半分に折り、折りすじをつけます。

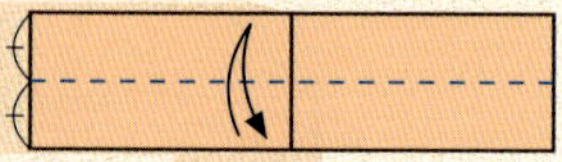

4 3の折りすじに合わせて下の辺を折り上げます。上では、3の折りすじまでを3等分した幅だけを折り下げます。

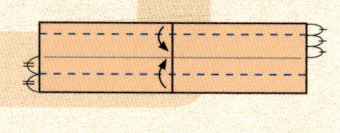

5 のりづけしたあたりで折ります。
こちらが少し短くなります。

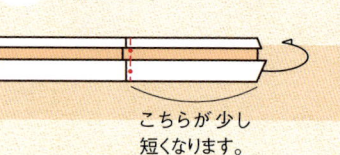

6 左側ではみ出している部分を山折りして、7の図の形にひらきます。

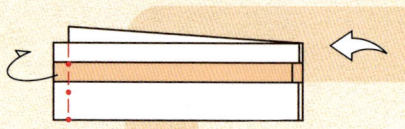

7 右はしから1cmのところに6でつけた折りすじがあります。位置を確認して、折りすじをつけます。

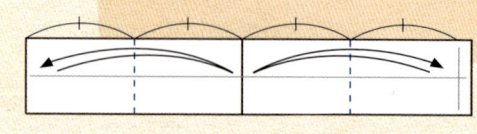

8 ア、イ、ウ、エの順に面を作り、直方体を作ります。

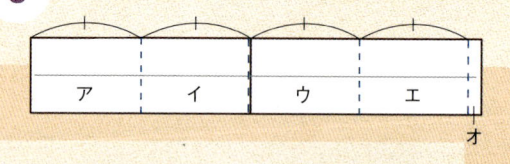

9 アにオを差し込んで、のりづけします。

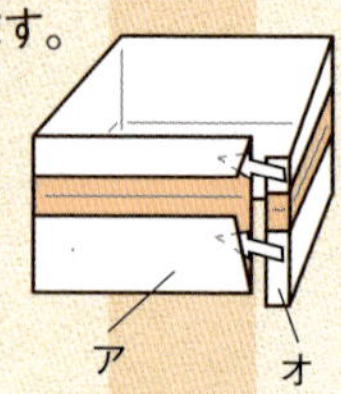

10 ケーキの側面の**できあがり**。

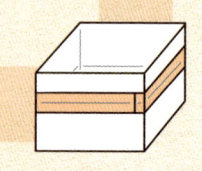

11 上のクリーム部分を長方形（18×8.5cm）の紙で作ります。最初と最後が谷折りになるように、長い辺を12等分して、谷折り、山折りを繰り返して行います。

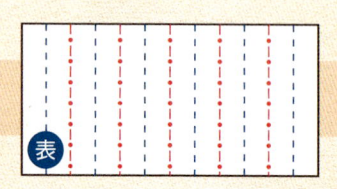

12 左右のはしの面をのりしろとして、ケーキの側面の部品の上・内側に接着します。
裏側にのりをつけます。
裏側にのりをつけます。

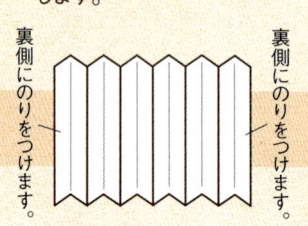

13 **できあがり**
イチゴなど、デコレーションをくわえてもいいでしょう。

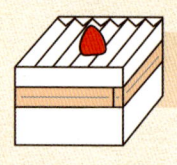

65 バナナ

紙の形 ／ 正方形

ポイント ／ 山折り、谷折りを連続して行う段折りでふさを作ります。山、谷の指示線をよく確認しながら、黄色の折り紙で作りましょう。

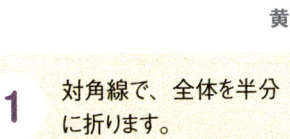

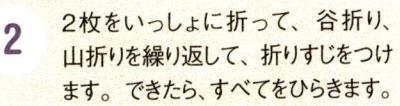

1. 対角線で、全体を半分に折ります。

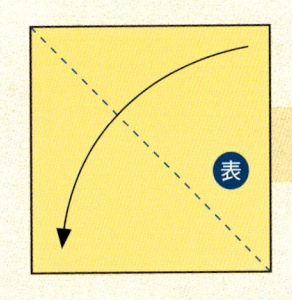

2. 2枚をいっしょに折って、谷折り、山折りを繰り返して、折りすじをつけます。できたら、すべてをひらきます。

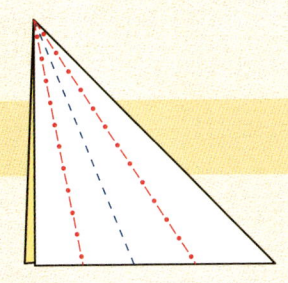

3. 2でつけた折りすじア、イの間に、谷折りをくわえて、アがイにつくように、折ります。

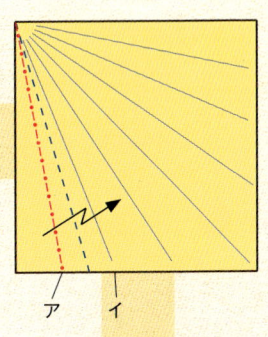

4. 2でつけた折りすじウ、エを使って、段折りをします。

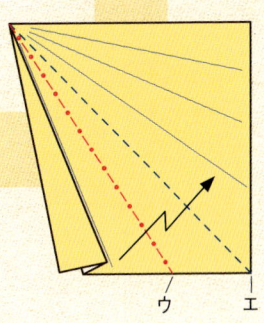

5. 2でつけた折りすじオ、カの間に谷折り線をくわえて、段折りをします。

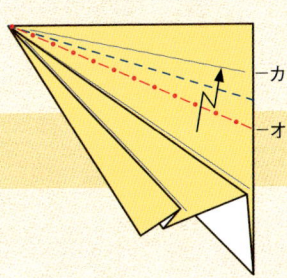

6. それぞれの角を山折りします。

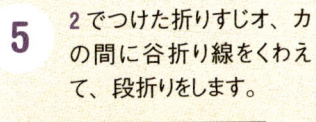

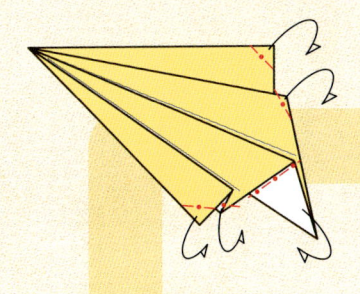

7. ななめに谷折りします。

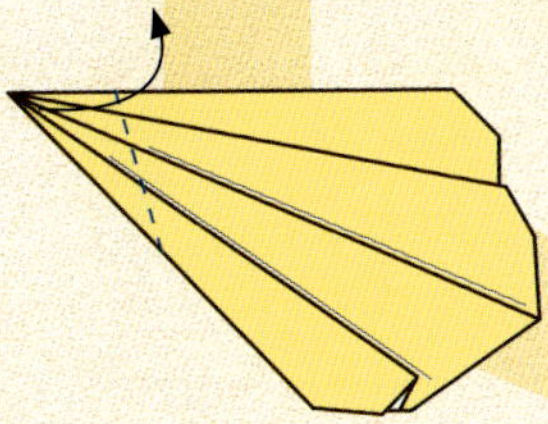

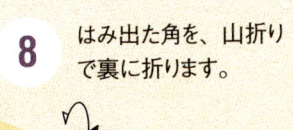

8. はみ出た角を、山折りで裏に折ります。

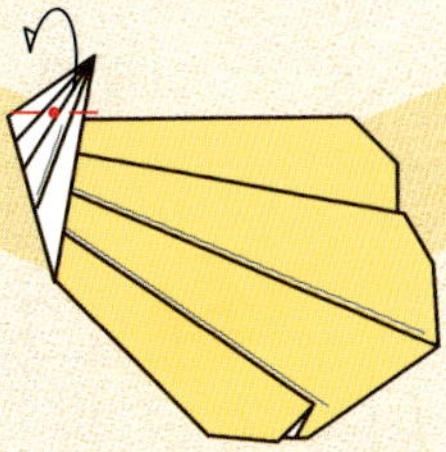

9. さらに、山折りします。

10. できあがり

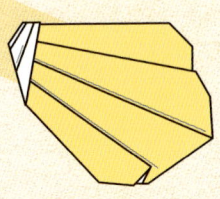

66 スイカ

原案・中島進

紙の形 / 正方形

ポイント / 途中で、小さく切り分ける前の大きなスイカの一片（いっぺん）ができあがります。これも作品と考えて、小さなスイカと合わせて飾ってみましょう。赤と緑、黄色と緑の両面折り紙を使ってみましょう。

1 全体を半分に折って、折りすじをつけてひらきます。できたら、裏返します。

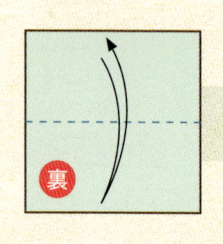

2 上下の辺を、少しずつ折り返します。

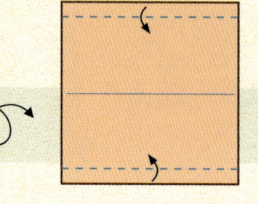

3 4つの角を、それぞれ谷折りします。

3の部分拡大図です。

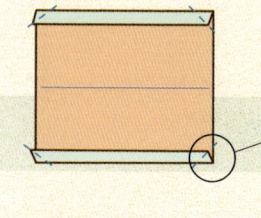

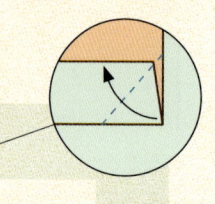

4 左右で折りすじをつけます。まん中では、上下で部分的に折りすじをつけます。

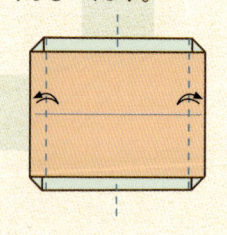

5 4でつけた上下の印の左右で、段折りをします。6の図の形をよく見てください。

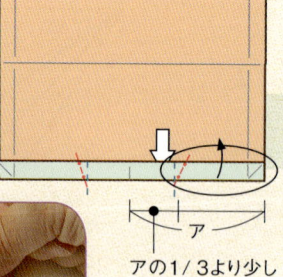

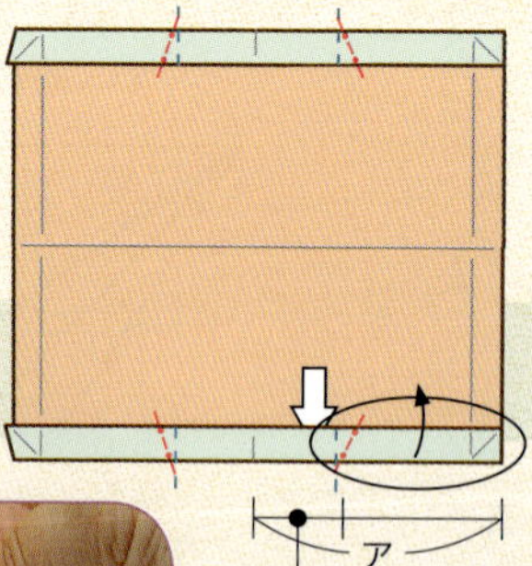

5の部分拡大図です。

アの1/3より少し短い位置で段折りします。

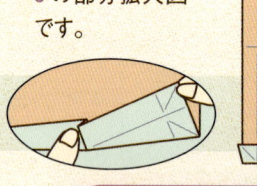

6 4でつけた左右の折りすじで折ります。

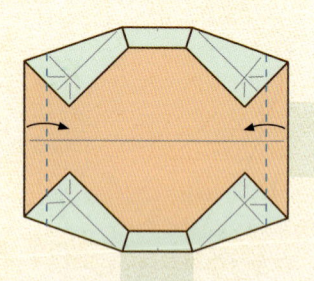

7 1でつけた折りすじで、全体を山折りで半分に折ります。

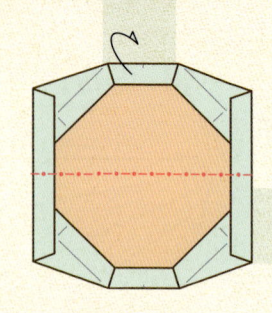

8 2でつけた折りすじで、山折りをします。

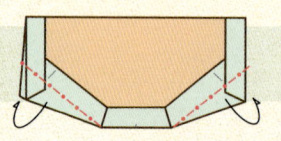

9 大きなスイカの形になりました。

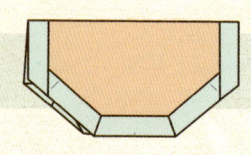

10 スイカを切り分けます。位置を確認して切ります。

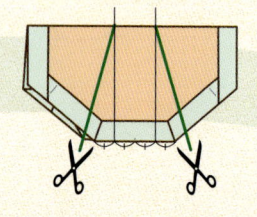

67 イチゴ・グレープフルーツ

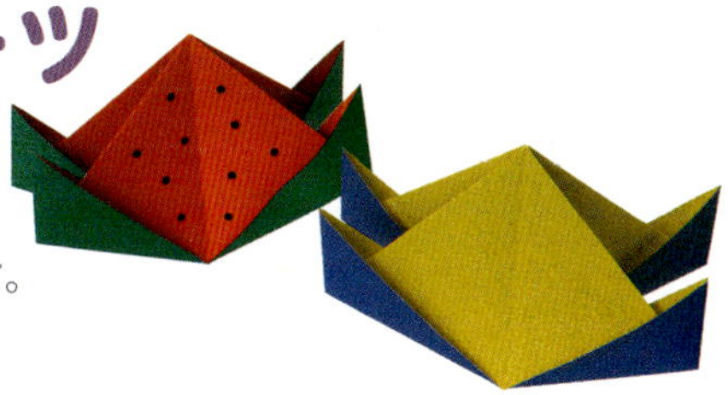

🟢 紙の形 ／ 正方形
🟢 ポイント／ 紙の色でイチゴとグレープフルーツを作り分けます。
イチゴには種を描き込んでみましょう。

1 三角折り（14p参照）で紙をたたんだあと、左右で上の1組だけを、☆の線を目安にして折り上げて、折りすじをつけてひらきます。裏も同じように折ります。

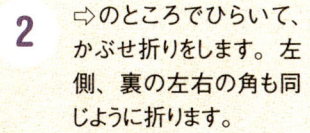

2 ➪のところでひらいて、かぶせ折りをします。左側、裏の左右の角も同じように折ります。

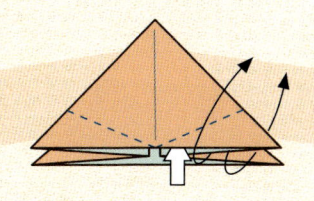

2を折っている途中のようすです。

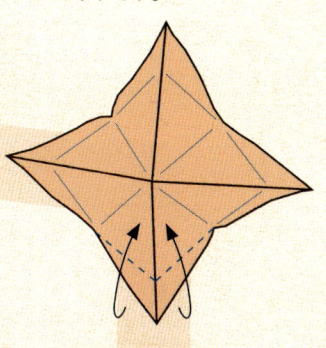

3 できあがり
イチゴに仕上げる場合は、種を描き込んでみましょう。

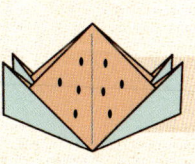

11 まん中の一片を作ります。山折りで2枚いっしょに折りすじをつけたあと、裏側の左右にある谷折り線を山折り線に変えます。

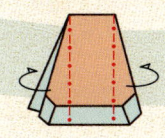

12 ➪のところでひらいて、反対側を差し込んでのりづけします。裏側ものりづけしましょう。

13 まん中の一片のできあがり。

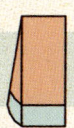

14 左はしの一片を作ります。8で折った部分をもどして、山折りで2枚いっしょに折りすじをつけたあと、裏側にある谷折り線を山折り線に変えます。

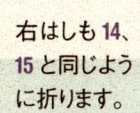

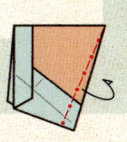

15 ➪のところでひらいて、反対側を差し込んでのりづけします。14でもどした下の部分を、内側に折り込んで、形をととのえます。

16 左はしの一片のできあがり。
右はしも14、15と同じように折ります。

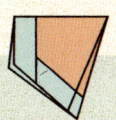

17 種を描き込んでみましょう。できあがり

68 おにぎり

🟩 紙の形 ／ 正方形

🔍 ポイント／ 黒い折り紙で作って、海苔のようすを表現しましょう。

1 下の角を少し折り上げます。

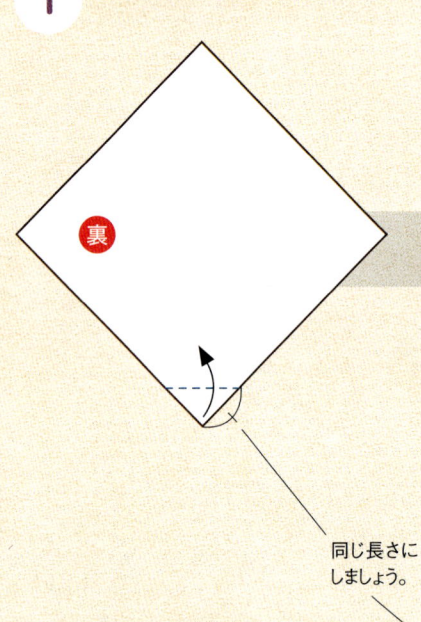

2 まん中の対角線より、少し下にひかえたところで折り上げます。

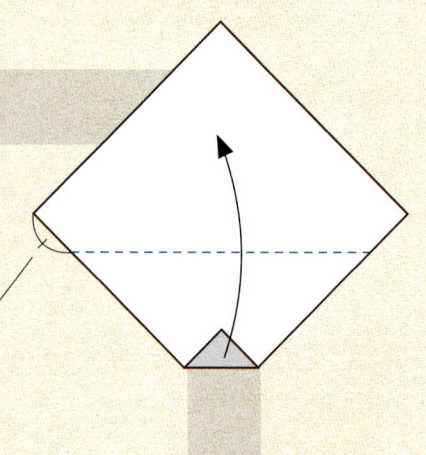

同じ長さにしましょう。

3 3つの角を、それぞれ山折りで裏に折ります。

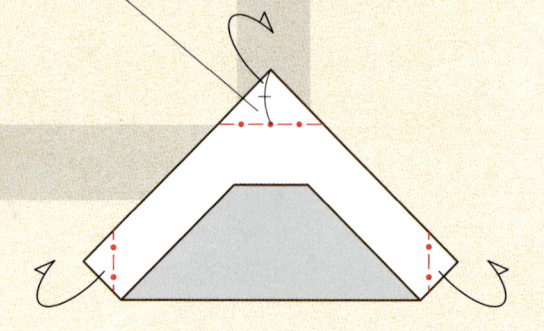

4 できあがり

69 ペットボトル

- 紙の形／正方形
- ポイント／できあがりに、ラベルを描き込んでみましょう。

1 全体を半分に折って、折りすじをつけてひらきます。

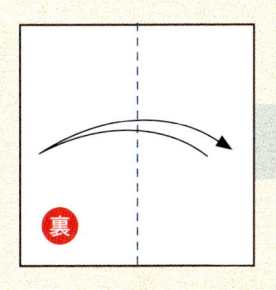

2 1でつけたまん中の折りすじに合わせて、左右の辺を折ります。

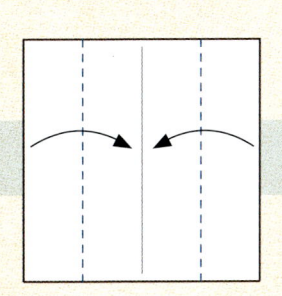

3 下の左右の角を、三角形に折ります。

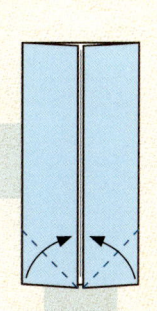

4 下の部分をまとめて山折りします。

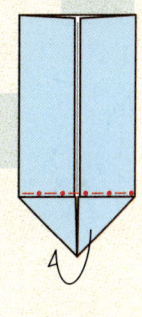

5 下の左右の角を、まとめて三角形に折ります。裏返します。

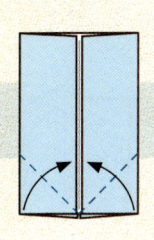

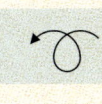

6 ○で囲んだ部分を折ります。

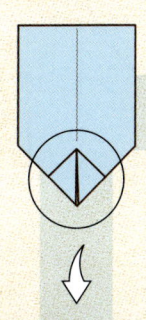

6の部分拡大図です。⇨のところでひらいて、下に引き出すようにして、紙をたたみます。

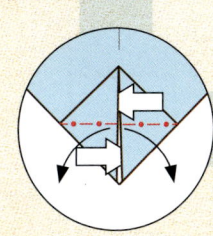

6を折っている途中のようすです。できたら、上下を入れかえます。

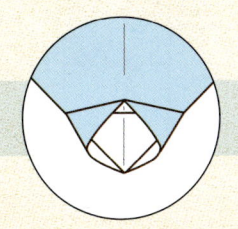

7 できあがり

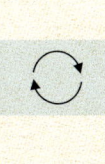

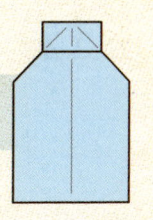

70 だいこん

🟩 紙の形／正方形

🟢 ポイント／にんじんとは大きさがちがうことを考えて、少し大きな紙で作ってもいいでしょう。

1 対角線で、全体を半分に折り、折りすじをつけます。

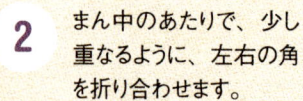

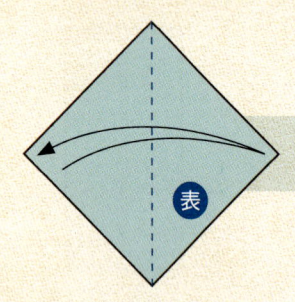

2 まん中のあたりで、少し重なるように、左右の角を折り合わせます。

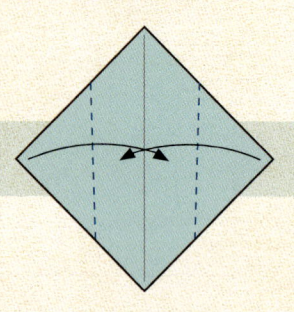

3 折りすじをつけます。できたら、裏返します。

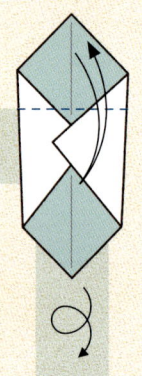

4 3でつけた折りすじのところまで、上の角から切り込みを入れます。

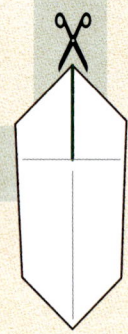

5 上の1枚だけに切り込みを入れます。アの部分も同じように切り込みを入れます。できたら、左右に広げます。

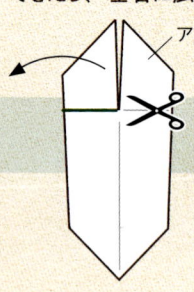

6 左右で山折りをします。

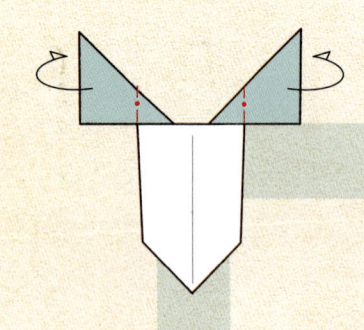

7 ☆の線を目安にして、左右に折り広げます。

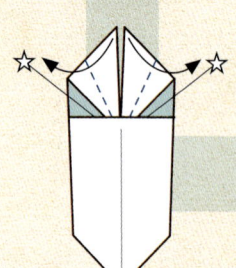

8 ★の近くではみ出している葉の先を、⇨のところ（上の1枚）をひらいて、内側に折り込みます。

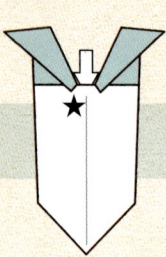

9 できあがり

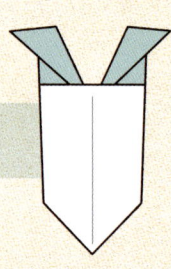

71 にんじん

原案・湯浅信江

紙の形／正方形

ポイント／オレンジ色と緑色の両面折り紙で作ってみましょう。

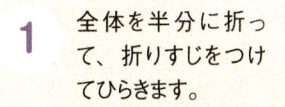

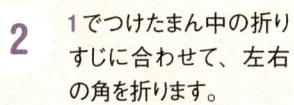

1 全体を半分に折って、折りすじをつけてひらきます。

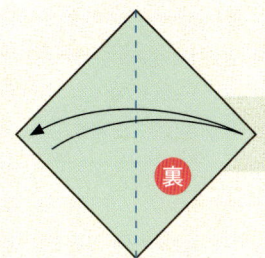

2 1でつけたまん中の折りすじに合わせて、左右の角を折ります。

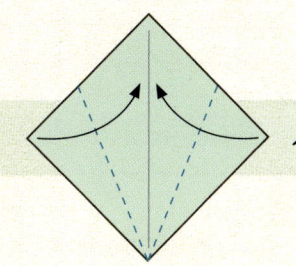

3 上の三角形を折り下げて、折りすじをつけます。

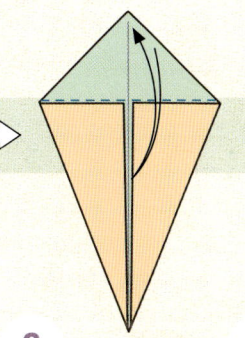

4 まん中に合わせて、左右の角を折ります。

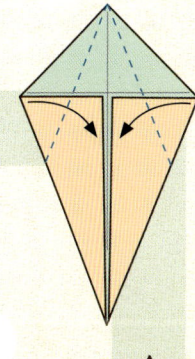

5 さらに、まん中に合わせて、左右の角を折ります。

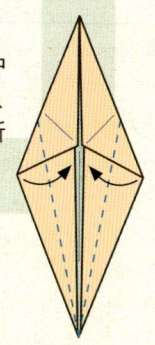

6 5を折りました。裏返します。

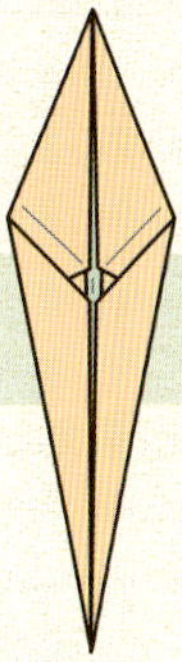

7 3でつけた折りすじの少し上で折り、折りすじをつけます。

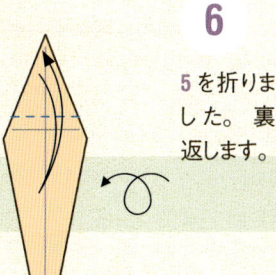

8 7でつけた折りすじのところまで、上の角から切り込みを入れます。

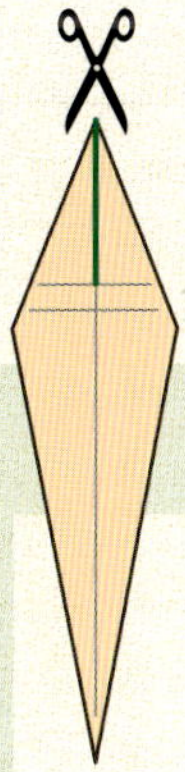

9 上の1枚だけに切り込みを入れます。アの部分も同じように切り込みを入れます。できたら、左右に広げます。

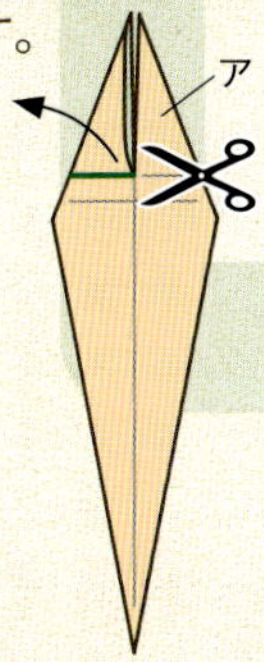

10 左右、それぞれを山折りにします。

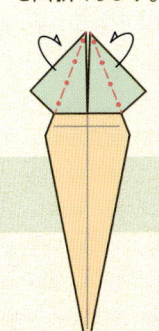

11 3でつけた折りすじを使って、上の左右の三角形のつけ根のところで、山折り、谷折りを連続して行う段折りをします。

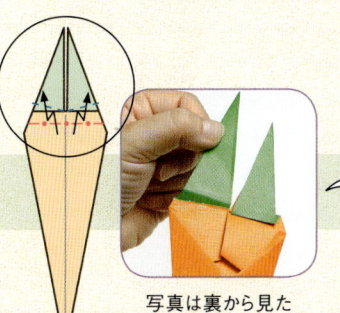

写真は裏から見たようすです。

11の部分拡大図です。

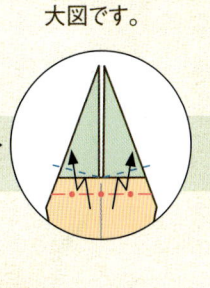

12 できあがり

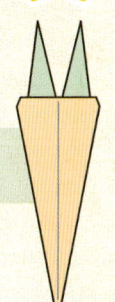

72 かぶ

紙の形 ／ 正方形

ポイント／ 葉を細かく折り込んで作ります。どことどこを合わせるのか、確認しながら進めましょう。

1 それぞれの対角線で、全体を半分に折り、折りすじをつけます。

2 図の分量で、紙をまるめて、部分的に折りすじをつけます。

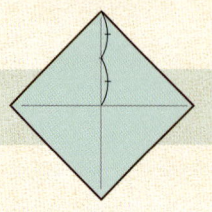

3 2の印のところに、下の角を合わせて折ります。

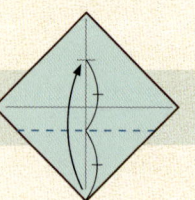

4 3で折り上げた角を、山折りで内側に折り込みます。

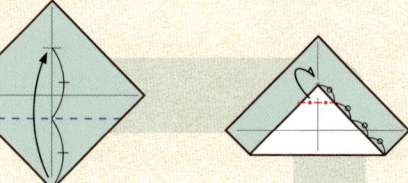

5 位置を確認して、切り込みを入れます。

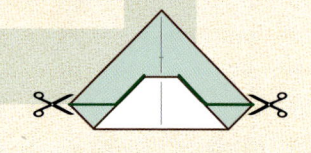

6 5の切り込みを入れました。裏返します。

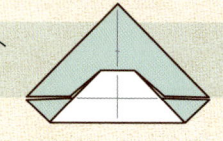

7 左右の☆を★に合わせて折ります。

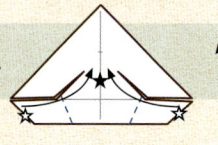

8 7を折りました。できたら、裏返します。

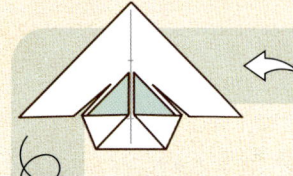

9 ☆が★につくように折ります。

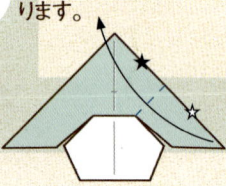

10 ☆の線を目安にして、○が●につくように折って、折りすじをつけます。

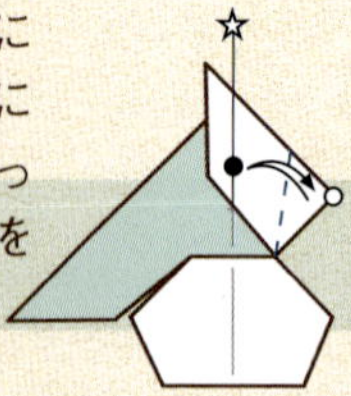

11 10でつけた折りすじで山折りをして、○が右側にひらくようにして折ります。

12 ひし形の部分を折ります。できたら、裏返します。

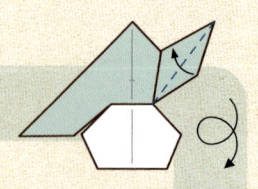

13 うしろの三角形を折らないようにして、谷折りします。

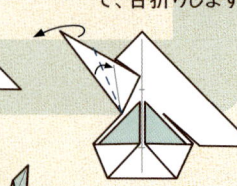

14 13を折りました。12、13で折ったところをひらき、裏返します。

15 折りすじを使って、葉を作ります。

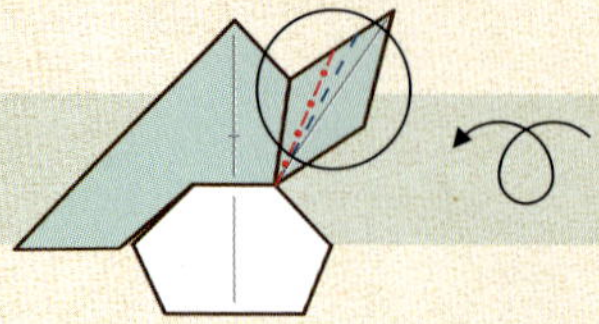

15の部分拡大図です。
アの山折り線をイの折りすじに合わせて折ります。 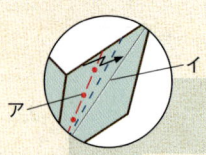

16 左側の葉も、9〜15までと同じように折ります。

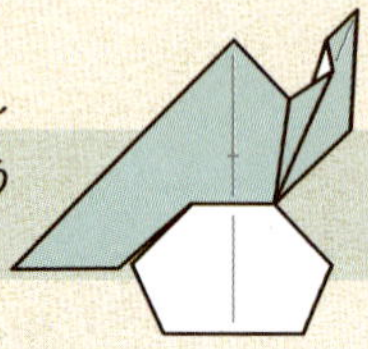

17 できあがり

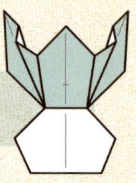

5 食べ物がいっぱい／かぶ

73 たけのこ

- 紙の形／正方形
- ポイント／大小を作って、並べて飾ってもいいでしょう。

1. 対角線で、全体を半分に折ります。

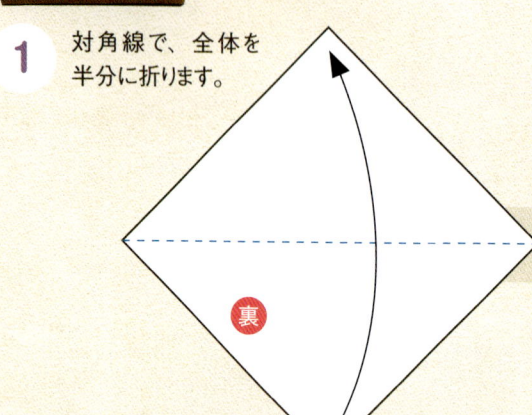

2. 上の1枚だけを谷折りします。

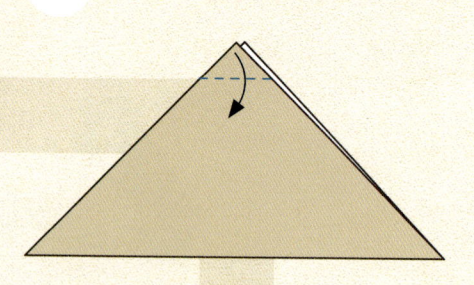

3. 2を折りました。裏返します。

4. 左右の角を同じバランスで折り合わせます。

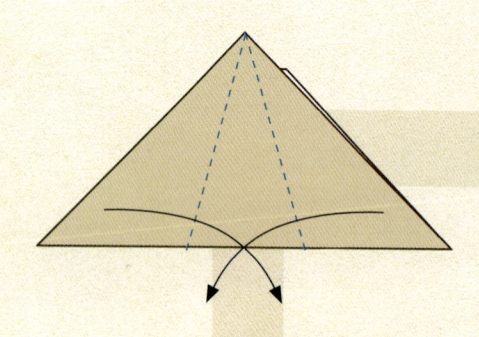

5. 角を、それぞれ折り上げます。できたら、裏返します。

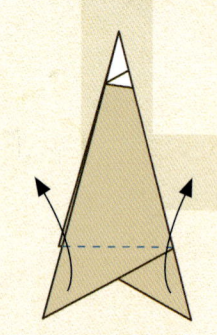

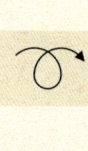

6. できあがり

74 かぼちゃ

紙の形／正方形

ポイント／ハロウィンの時期に、こうもり（44p参照）といっしょに飾ってみましょう。

1 四角折り（14p参照）で紙をたたんだあと、上下を入れかえて向きを変えました。上の1組だけを右に折ります。

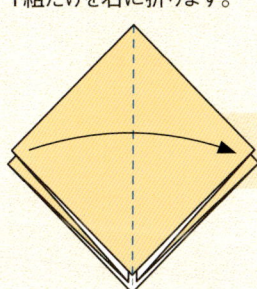

2 ⇨のところでひらいて、☆を★に合わせて折ります。 少しあける（残す）。

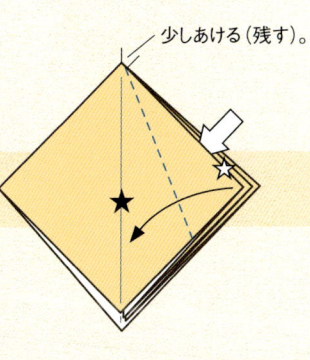

3 ⇨のところでひらいて、☆を★に合わせて折ります。 少しあける（残す）。

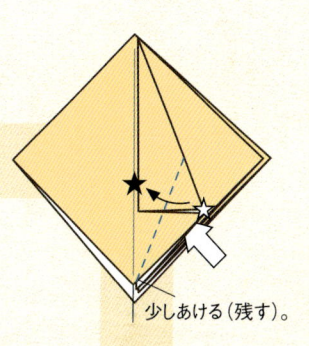

4 2、3で折った部分を左に折ります。

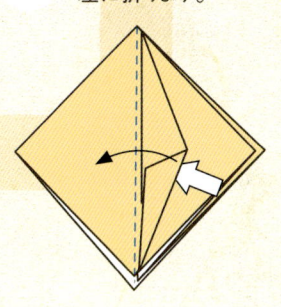

5 アを左に折り、2、3と同じように折ります。できたら、折った部分を右へ折ります。

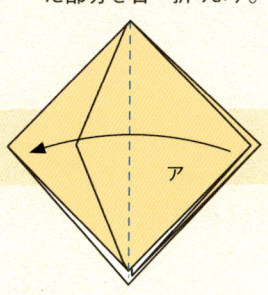

6 5を折りました。裏返します。

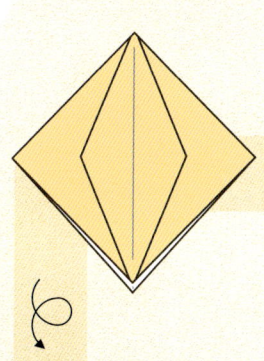

7 上の1組だけに折りすじをつけます。

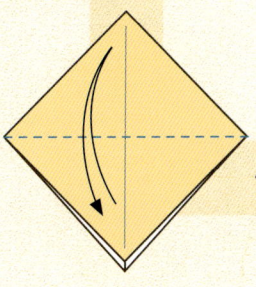

8 位置を確認して、4つの角をまとめて折ります。できたら、裏返します。

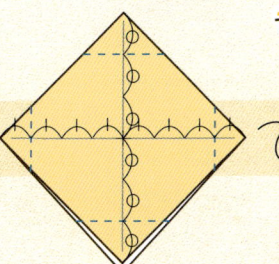

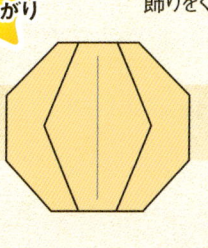

9 黒い紙を使って切り紙をして、ぼうしやかおを作りました。ハロウィンの飾りをくわえましょう。

できあがり

75 しいたけ

アレンジ・湯浅信江

紙の形／正方形
ポイント／切り込みを入れるところに気をつけて、裏まで切らないようにしましょう。

1 対角線で、全体を半分に折り、折りすじをつけます。

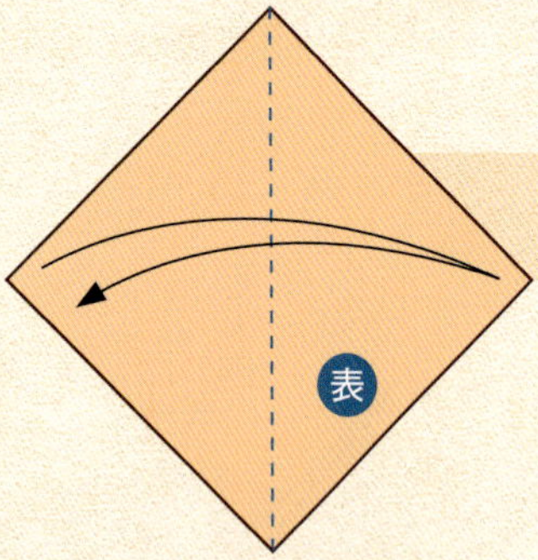

2 まん中に合わせて、左右の角を折ります。できたら、裏返します。

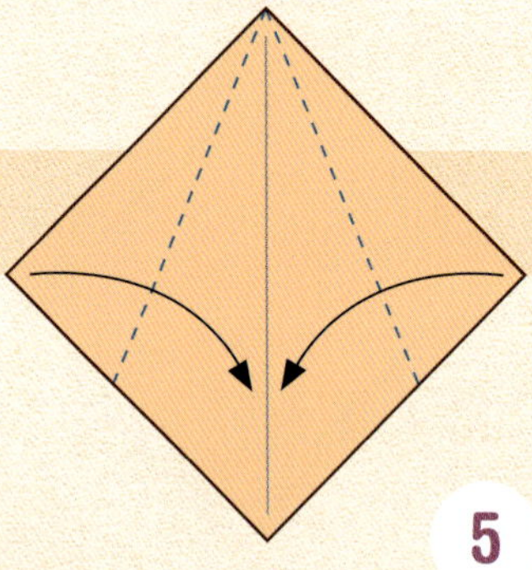

3 上の角を下の角に合わせて折ります。

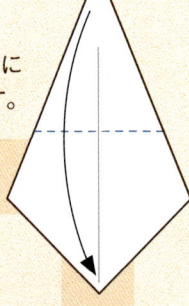

4 3を折りました。すべてをひらきます。

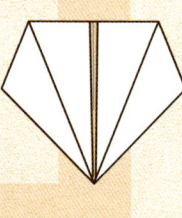

5 下の角を、まん中の線に合わせて折り上げます。

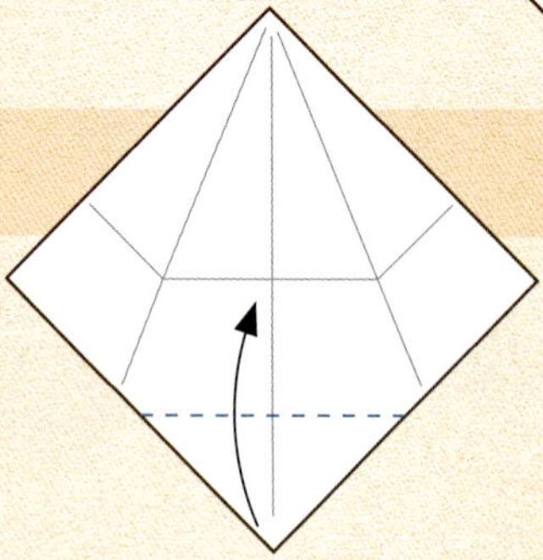

6 折り線の指示を確認して、紙をたたみます。

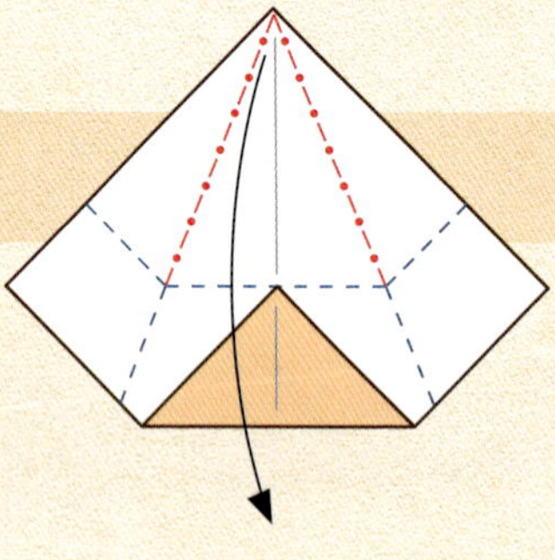

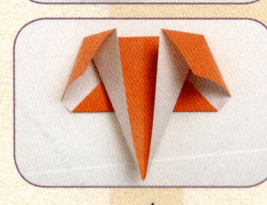

7 ⇨のところをひらいて、上の1枚だけに切り込みを入れます。右側の部分も同じように切り込みを入れます。できたら、左右に広げます。

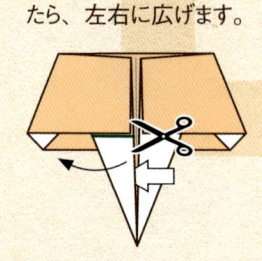

8 さらに、左右で、少し切り込みを入れます。

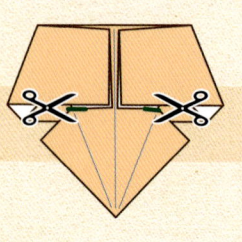

9 左右では、切り込みを使って、ななめに折ります。下の角は折り上げましょう。できたら、裏返します。

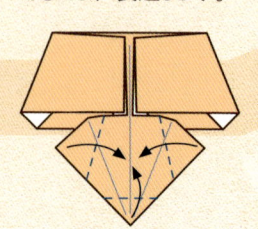

10 できあがり

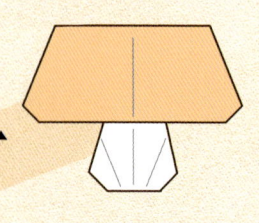

76 まつたけ

- **紙の形 /** 長方形（正方形の紙を3等分したもの）
- **ポイント /** スプーン（106p参照）と同じような作り方です。折りすじをしっかりつけて、折り進みましょう。

1 正方形の紙を3等分します。

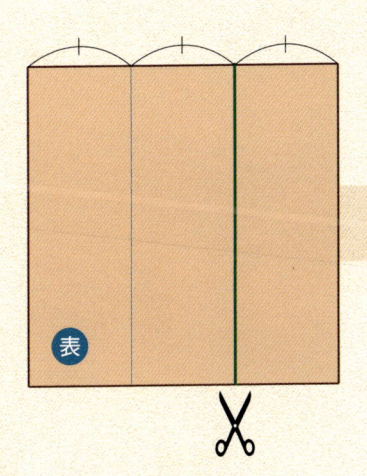

2 上から1/3のところで谷折りして、その少し下で山折りします。

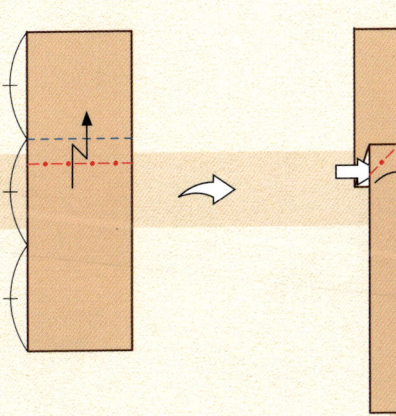

3 それぞれの折りすじをつけて、⇨のところでひらき、左右の辺を内側に折り返します。

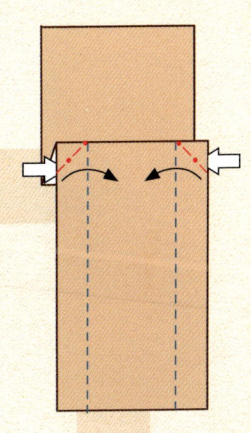

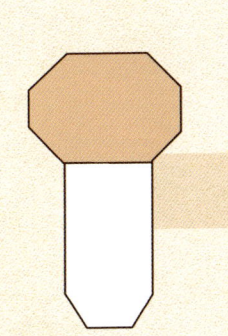

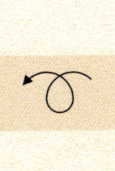

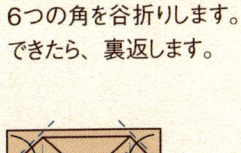

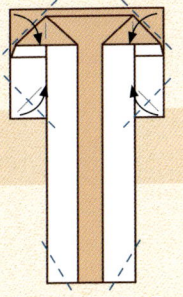

4 山折りで、裏に折ります。

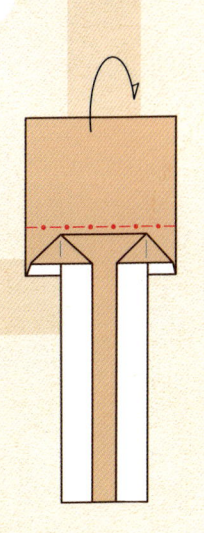

5 6つの角を谷折りします。できたら、裏返します。

6 できあがり

5 食べ物がいっぱい／しいたけ・まつたけ

123

第6章 おしゃれ大好き！

77 さいふ

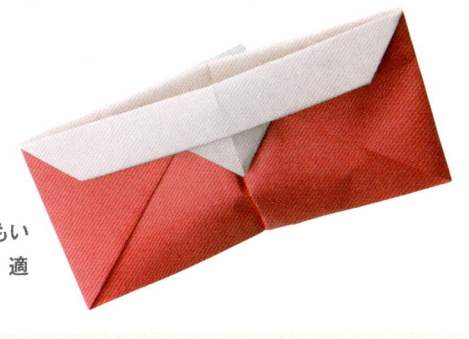

- 紙の形／正方形
- ポイント／紙袋をひらいて、折り紙として使ってみてもいいでしょう。色や柄がいかせるだけでなく、適度な紙の厚みがさいふにぴったりです。

1 全体を半分に折ります。

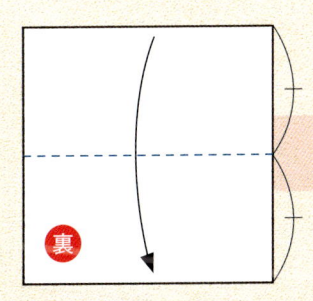

2 まずは全体を半分に折り、紙のまん中に折りすじをつけてひらきます。つぎに、その折りすじに合わせて左右の辺を折り、折りすじをつけます。

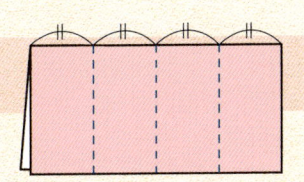

3 上の左右の角を、2でつけた折りすじに合わせて折り、折りすじをつけます。

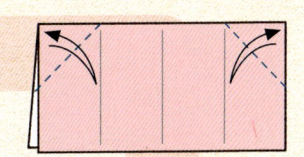

4 ⇨のところでひらいて、左右のはしの辺をまん中の折りすじに合わせて折り、紙をたたみます。

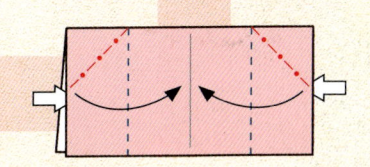

5 左右を山折りします。

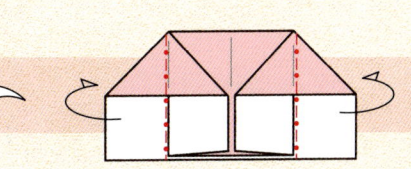

6 上の1組だけを折り上げます。

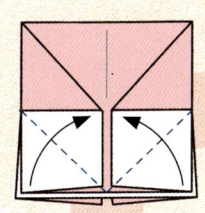

7 6を折りました。裏も同じように折ります。

8 上の1組だけを、☆を★に合わせて、折り上げます。

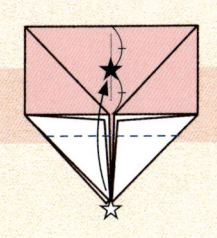

9 さらに、折り上げます。裏も8、9と同じように折ります。できたら、向きを変えます。

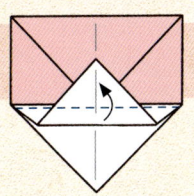

10 できあがり

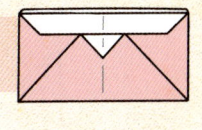

78 くちびる

原案・ドリス浅野・李瑛順・Vincent Palacios

紙の形／ 正方形

ポイント／ むずかしそうに見える手順ですが、左右や上下で同じことを繰り返していくので、おぼえやすいでしょう。折りすじをきっちりつけることで、立体的に組み立てやすくなります。

1 対角線で、全体を半分に折ります。

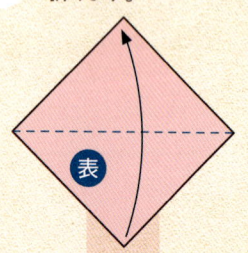

2 下の辺が3等分になるように、右、左の順で角を折ります。

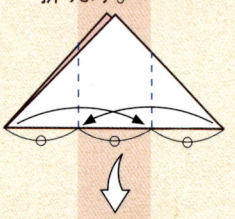

3 上の1組だけを折り上げます。

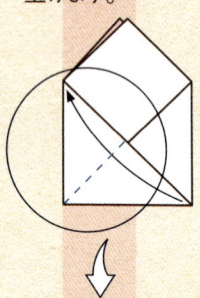

4 3の図の○で囲んだ部分の拡大図です。上の1組だけを折り下げます。

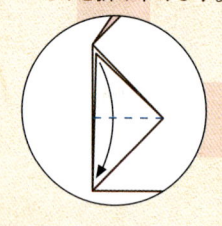

5 上の1組だけを折り、角を外に出します。

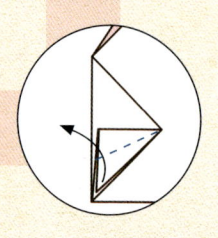

6 外に出た左はしの角を、すぐ下の角に合わせて折ります。これで、左側が折れました。反対の右側も3～6と同じように折ります。できたら、すべてをひらきます。

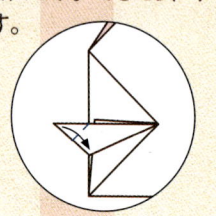

7 折りすじを使って、立体的に折り上げます。2でつけた折りすじで折ります。ここでは、右、左の順で折ります。

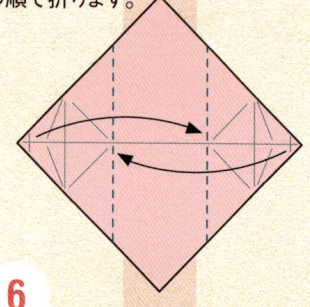

8 小さな三角形を折り返します。

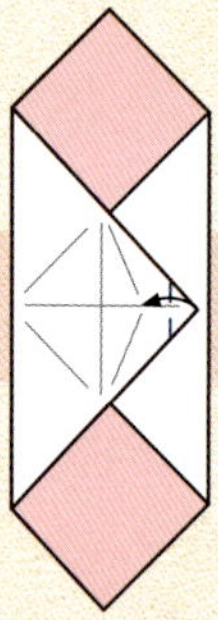

9 ななめの谷折り線を使って、紙を起こして折ります。

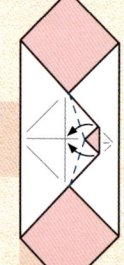

10 ☆の山折り線をつまみながら、立体的にくちびるの部分を起こします。できたら、反対側も8～10と同じように折ります。

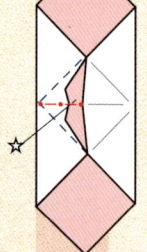

11 全体を半分に折ります。

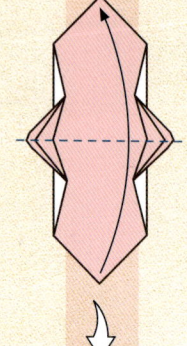

12 位置を確認して、折り下げます。

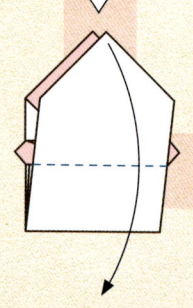

79 くちべに

原案・湯浅信江

🟩 紙の形／正方形

🟩 ポイント／まるめるときに、ちょうどいい太さの円柱（棒）をあてがってもいいでしょう。

1 対角線で折って、折りすじをつけます。

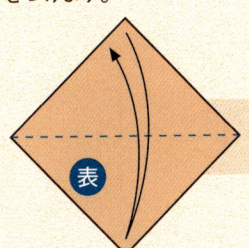

表

2 1でつけた折りすじに、角が合うように折り上げます。

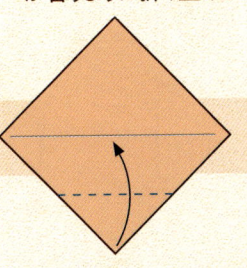

3 1でつけた折りすじで折ります。

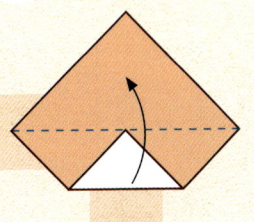

4 位置を確認して、山折りします。

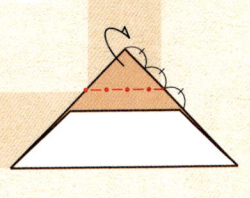

5 右側から紙をまるめていき、アを山折りしてのりしろとして使い、円柱状に形をととのえたら、のりで接着します。

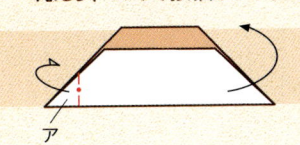

6 できあがり

13 下の角を折り上げます。

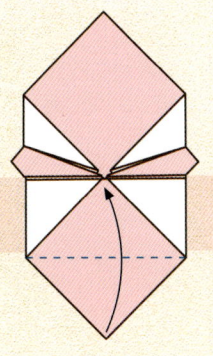

14 さらに、半分に折ります。

15 14で折った部分を⇨でひらいて、左右の角を山折りで内側に折り込みます。裏側も12～15と同じように折ります。

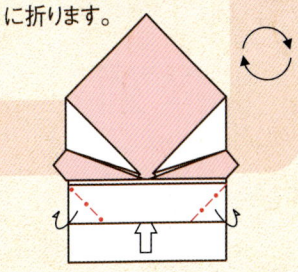

16 表裏にある★のところをつまんで持ち、17の図の形に広げます。

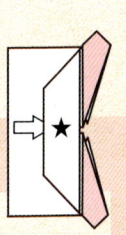

17 できあがり

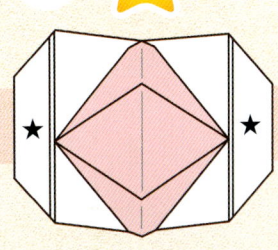

18 左右の★をつまんで、くちびるを閉じたり、ひらいたりして、遊んでみましょう。

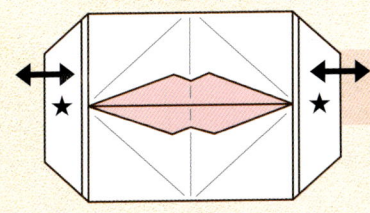

6 おしゃれ大好き！／くちびる・くちべに

127

80 ワンピース

🟥 紙の形 / 正方形

🔍 ポイント / 折る位置をところどころでしっかり確認してください。ほんの少しまん中からひかえて折るなど、注意点がいくつかあります。

1 全体を半分に折ります。

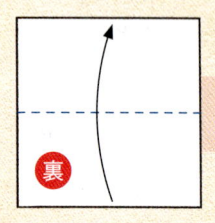

2 上の辺を、少しだけ折り返します。裏も同じように谷折りします。

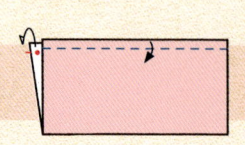

3 ➡のところでひらいて、表を上にします。

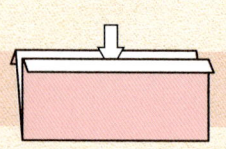

4 全体を半分に折ります。

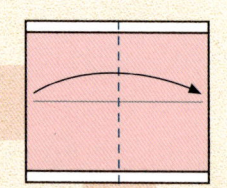

5 上の1組だけを半分に折ります。裏も同じように折ります。

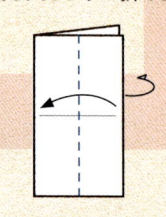

6 5と同じように折ります。

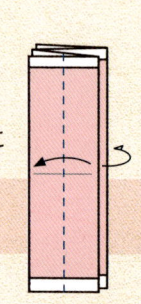

7 上の1組だけを、上下でななめに折ります。裏も同じように折ります。

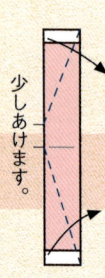

8 上の1組だけを、角をななめに折ります。折る位置が、すぐヨコの折り目を少しはなれていることに注意してください。裏も同じように折ります。できたら、9の図の形にひらきます。

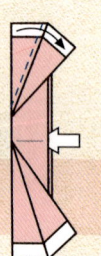

9 まん中とその下を折って、段折りをします。できたら、裏返します。

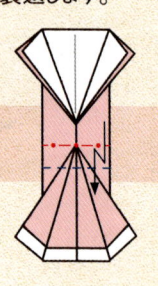

10 位置を確認して折ります。11の図の形をよく見てください。

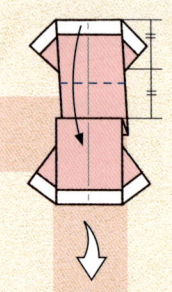

11 ➡のところでひらいて、★を☆の内側に差し込みます。

12 11を折りました。裏返します。

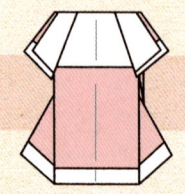

13 できあがり

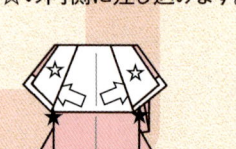

81 指輪(ゆびわ)

原案・田中雅子

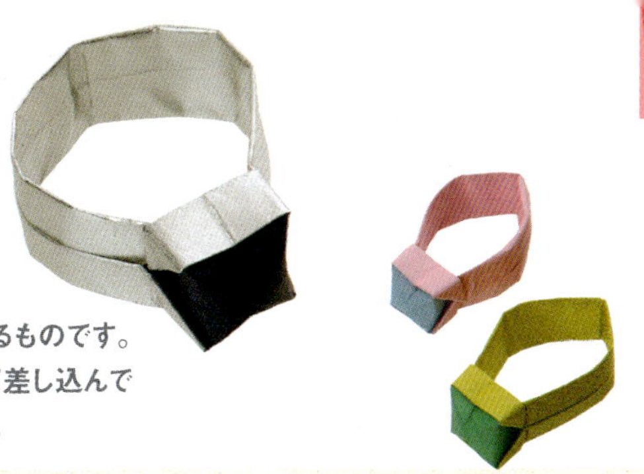

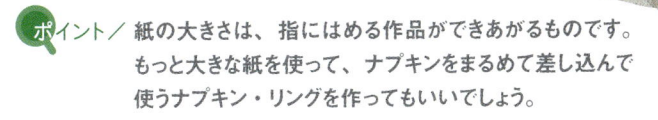

- 紙の形 / 長方形（4×9cm）
- ポイント / 紙の大きさは、指にはめる作品ができあがるものです。もっと大きな紙を使って、ナプキンをまるめて差し込んで使うナプキン・リングを作ってもいいでしょう。

6 おしゃれ大好き！／ワンピース・指輪

1 全体を半分に折って、折りすじをつけます。

2 1でつけた折りすじに合わせて折り、折りすじをつけます。

3 2でつけた折りすじのあいだを半分に折り、さらに、まくように谷折りします。

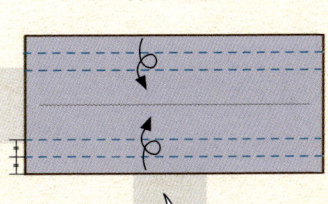

4 位置を確認して折ります。

指のまわりの長さ

5 左側の角で、折りすじをつけます。できたら、6の図の形にひらきます。

6 あいだに谷を作りながら、★と★、☆と☆を合わせて折りたたみます。

7 上の1組だけを折ります。

8 7を折りました。裏返します。

9 左側を谷折りします。

10 上下を折って、9で折った部分をつつみます。

11 折りすじをつけたあと、⇨のところでひらいて、形をととのえます。

12 できあがり

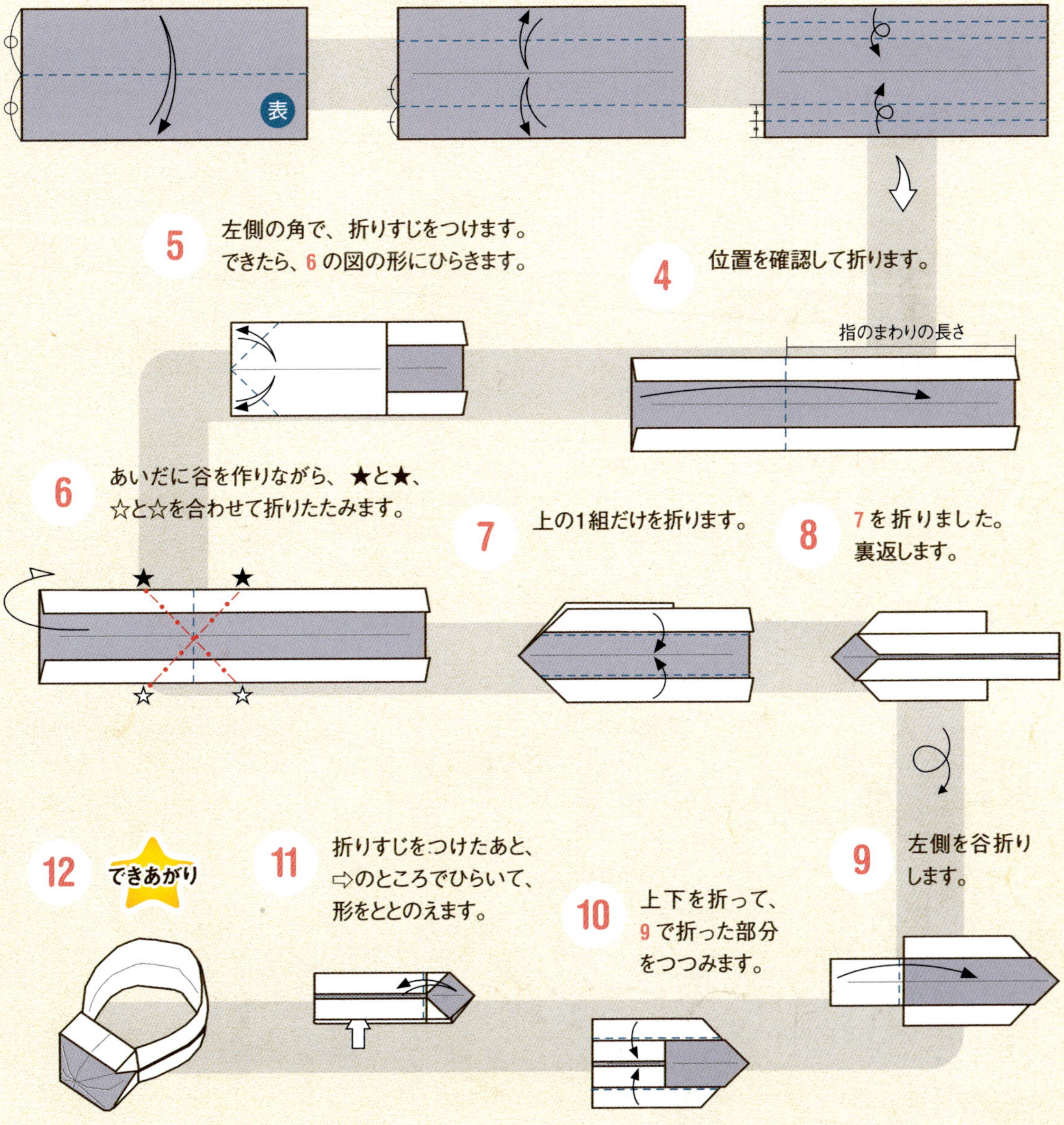

129

82 ハートの指輪

原案・湯浅信江

- 紙の形／長方形（3×13cm）
- ポイント／紙の大きさは、指にはめる作品ができあがるものです。

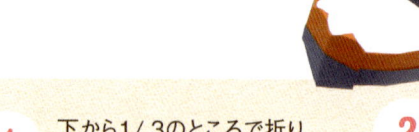

1 下から1/3のところで折り上げます。裏返します。

2 上下を0.5cmずつ谷折りして、折りすじをつけます。裏返します。

3 山折りで、半分に折ります。

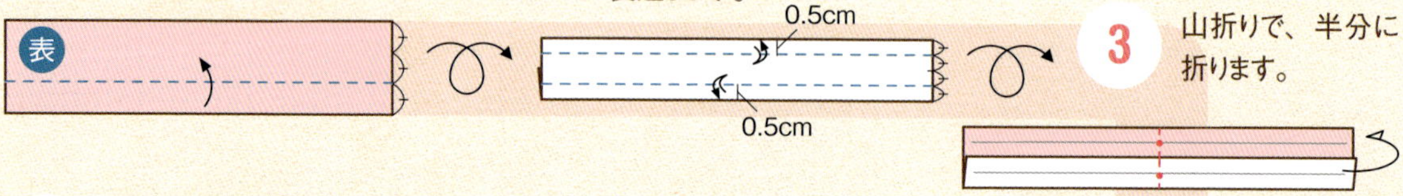

4 右側から1.5cmのところに折りすじをつけたあと、その折りすじとはしのあいだを半分に折り、折りすじをつけて、5の図の形にひらきます。

5 まん中のところに切り込みを入れます。6の図を見てください。

6 5の部分拡大図です。切り込みのようすをよく見てください。できたら、切り込みを使って、角を左右に折り広げます。

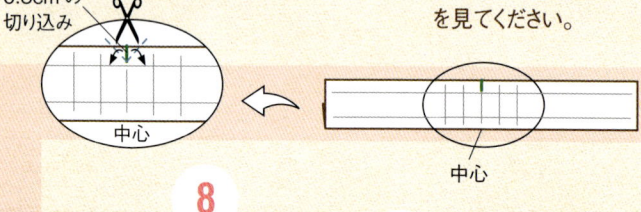

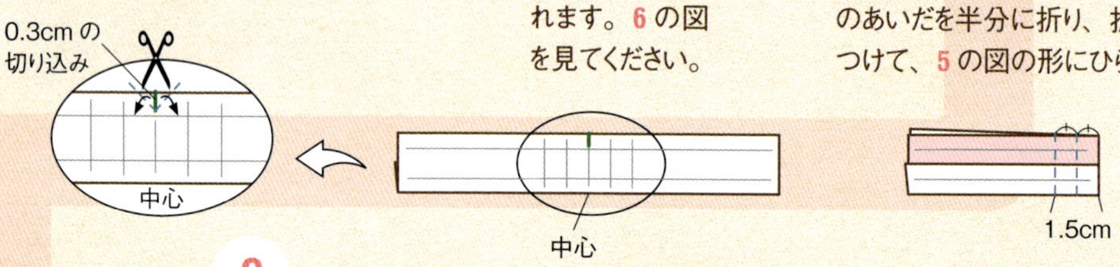

7 4でつけた折りすじを使って、段折りをします。反対の左側も同じように折ります。

8 7を折りました。裏返します。

9 ⇨のところでひらいて上の1組だけに折りすじをつけます。裏返します。

10 ⇨のところでひらいて、9でつけた折りすじを使って、たたみます。

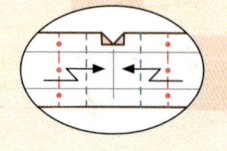

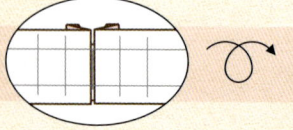

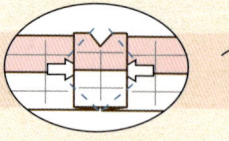

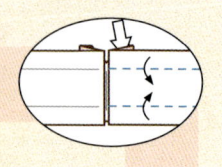

11 10を折りました。反対の左側も同じように折ります。

12 11を折りました。上の角を少し谷折りします。裏返します。

13 ハートの形ができあがりました。

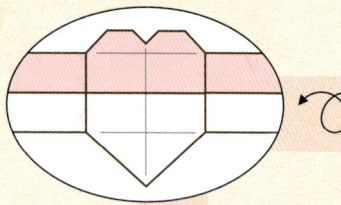

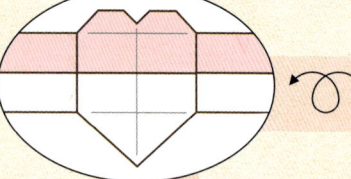

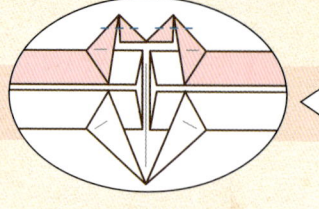

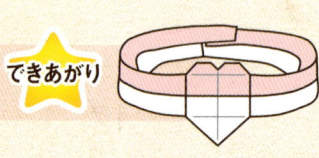

14 まるくして、うしろで両はしをつなぎます。片方のはしを、反対のはしに差し込んでください。

できあがり

83 リボン

■紙の形／長方形（正方形を半分にしたもの）
■ポイント／いろんな色、柄のリボンを作りくらべてみましょう。

6 おしゃれ大好き！／ハートの指輪・リボン

1 紙を半分に切ります。

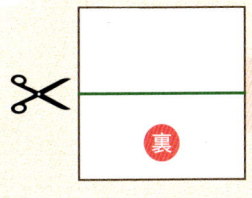

2 タテに全体を半分に折って、折りすじをつけます。

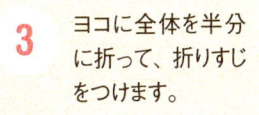

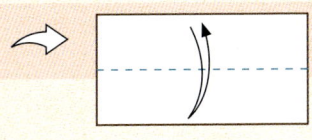

3 ヨコに全体を半分に折って、折りすじをつけます。

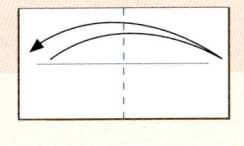

4 4つ角を折ります。

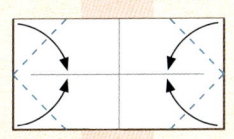

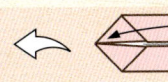

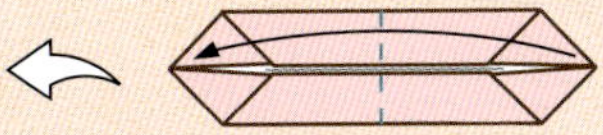

7 まん中の折りすじに合わせて角を折って、折りすじをつけます。

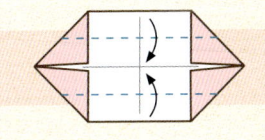

6 全体を半分に折ります。

5 まん中の折りすじに合わせて、上下の辺を折ります。

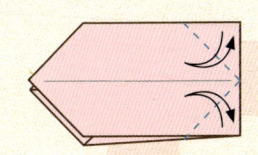

8 7でつけた折りすじを使って、中わり折りをします。

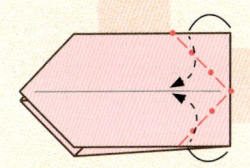

9 左の角を右に折ります。裏も同じように折ります。

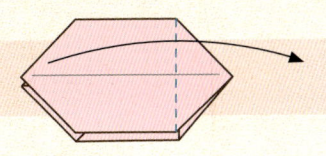

10 ⇨のところでひらいて、上の1組だけを三角形に折ります。

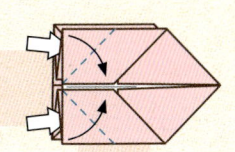

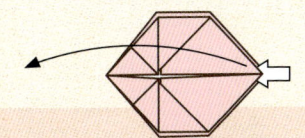

13 広げて上から見ています。突き出た角を指でおして、四角形になるようにつぶします。

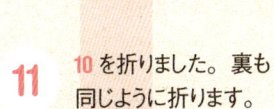

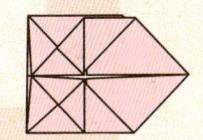

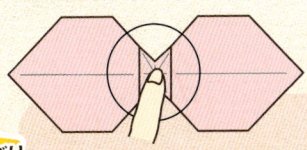

12 ⇨のところでひらいて、リボンを広げます。

11 10を折りました。裏も同じように折ります。

14 できあがり

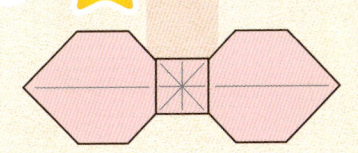

84 かさ

紙の形／かさ：正方形（18×18cm）、かさの柄：長方形（1.5×18cm）

ポイント／あやめ（94p参照）と同じような作り方です。

1 四角折り（14p参照）で紙をたたんだあと、⇨のところでひらき、上の1枚を持ち上げてたたみます。

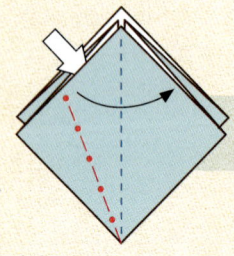

2 1を折りました。1と同じ形の面があと3か所あります。そこも1と同じようにひらいてたたみましょう。

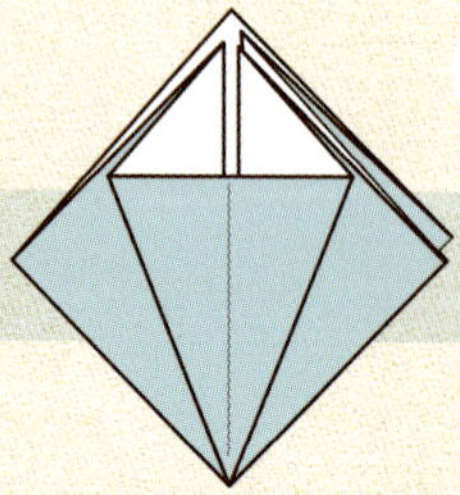

3 上の1組を左へ折ります。裏も同じように折ります。

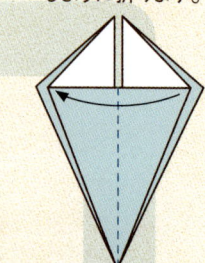

4 折りすじをつけます。あと3か所ある面も、3、4と同じように折ったあと、上の部分を少しひらきます。

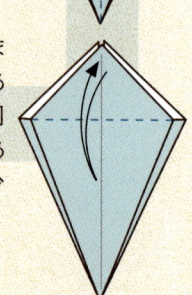

5 内側のようすの図です。4でつけた折りすじを使って、アを☆の上にかぶせます。イも同じように折ります。残りの2か所も同じように折りましょう。

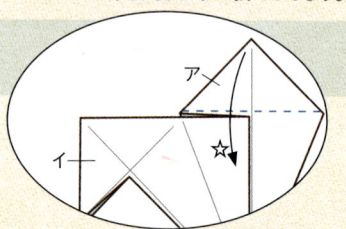

6 折りすじを使って、7の図の形にたたみます。

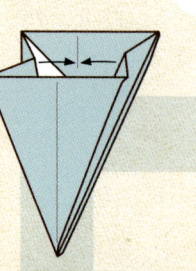

7 角を山折りして、折りすじをつけたあと、⇨のところでひらいて、紙をたたみます。

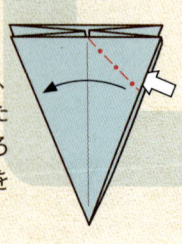

8 7を折りました。残りの3か所も同じように折りましょう。

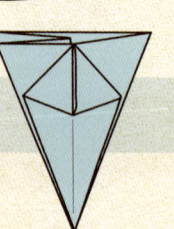

9 上の1組を右側に折ります。裏も同じようにして、立体的に形をととのえます。

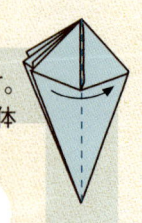

10 下の角を、少し切り取ります。切り取った部分に、上から下へ通すように、つぎに作る「かさの柄」を取りつけてください。

11 かさの柄を作ります。3等分に折って、内側にのりをつけて、接着します。

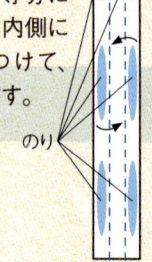

12 さらに、タテに山折りで半分に折って、かさの柄が用意できました。

13 かさの柄を中心に通しました。上の部分を折ります。

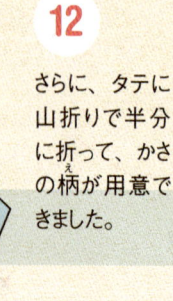

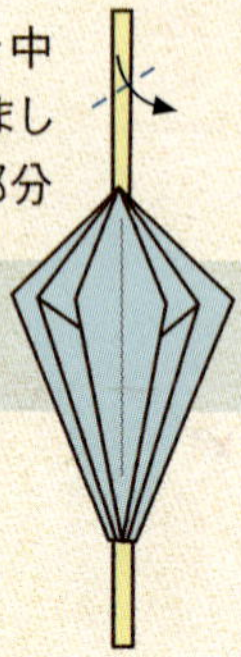

14 できあがり

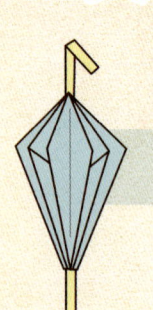

6 おしゃれ大好き／かさ

85 ハンドバッグ

アレンジ・湯浅信江

紙の形／正方形

ポイント／くちびる（126p参照）をアレンジして考えられた作品です。きっちりとした折りすじをつければ、立体的になります。

1. 対角線で、全体を半分に折ります。 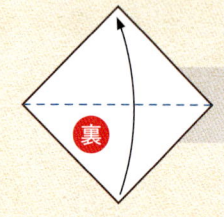
2. 下の辺が3等分になるように、右、左の順で角を折ります。 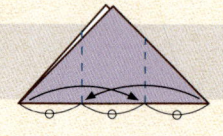
3. 上の1組だけを折り上げます。 
4. 右側も、3と同じように折ります。 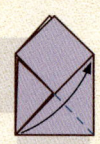
5. 全体を半分に折って、折りすじをつけます。できたら、すべてをひらきます。 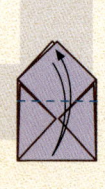
6. 左右の角を、それぞれ三角形に折ります。 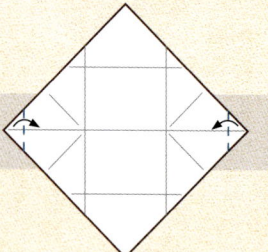
7. 折りすじを使って、立体的に左右を立ち起こします。
8. 角を○に差し込みながら折ります。 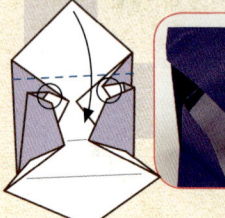  
9. 8を折りました。裏返します。 
10. ☆を★に合わせて折ります。 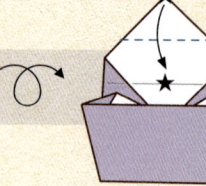
11. 上の1枚だけを半分に折って、折りすじをつけます。 
12. ○を●に合わせて折ります。 
13. 谷折りします。 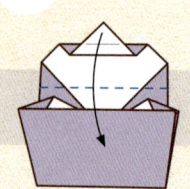
14. 三角形の部分を折り上げます。 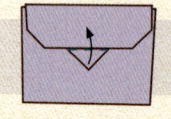
15. できあがり

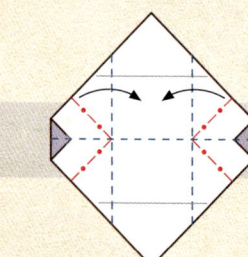

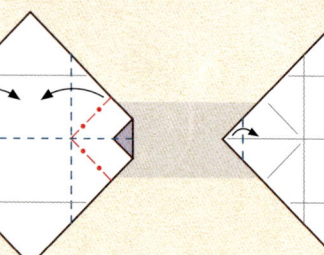

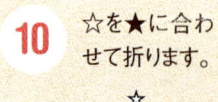

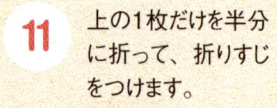

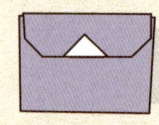

7を折っている途中のようすです。

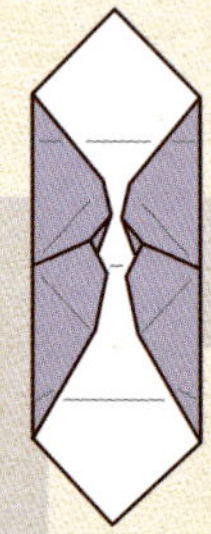

86 サングラス

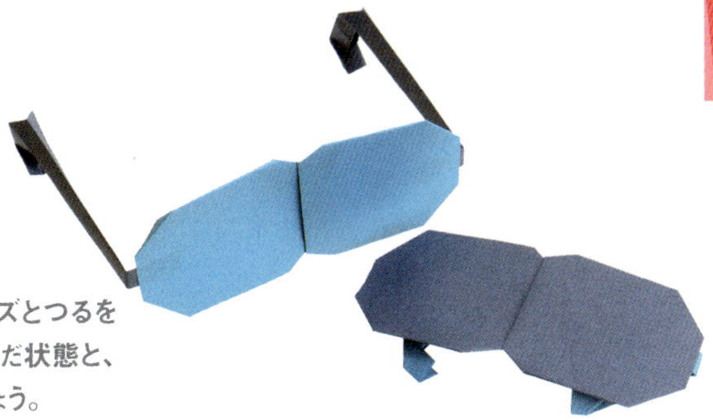

- **紙の形** / 長方形（15×15cmを切り分けます）
- **ポイント** / 1枚の紙を3つに切り分けて、レンズとつるを作り、組み合わせます。つるをたたんだ状態と、広げた状態を作り分けてもいいでしょう。

6 おしゃれ大好き！／ハンドバッグ・サングラス

1 紙を切り分けます。

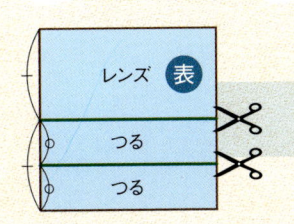

2 レンズを作ります。山折り、谷折りを連続して行う段折りをします。

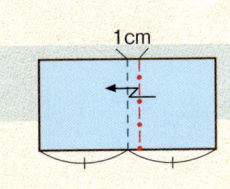

3 段になっている折り目に、切り込みを入れます。

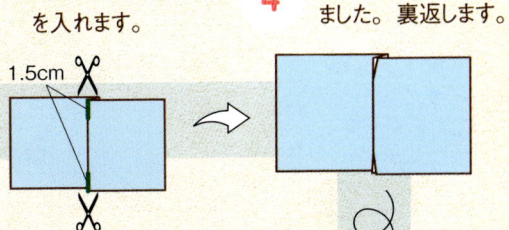

4 3の切り込みを入れました。裏返します。

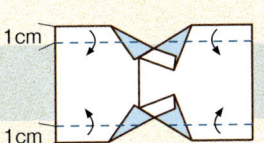

8 2.5cmくらいの間隔をあけて、4つの角を折ります。

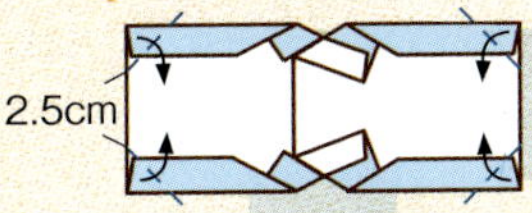

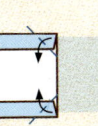

7 上下の辺を、それぞれ1cmずつ折ります。

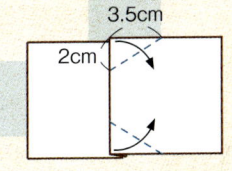

6 さらに、上下の角を折ります。

5 位置を確認して、上下の角を折ります。

9 裏から見ているレンズのできあがり。

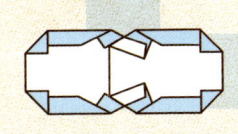

10 つるを作ります。全体を半分に折って、折りすじをつけます。

11 10でつけたまん中の折りすじに合わせて、左右の辺を折ります。

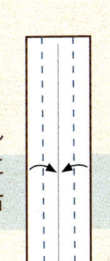

12 さらに、半分に折ります。

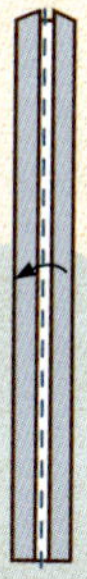

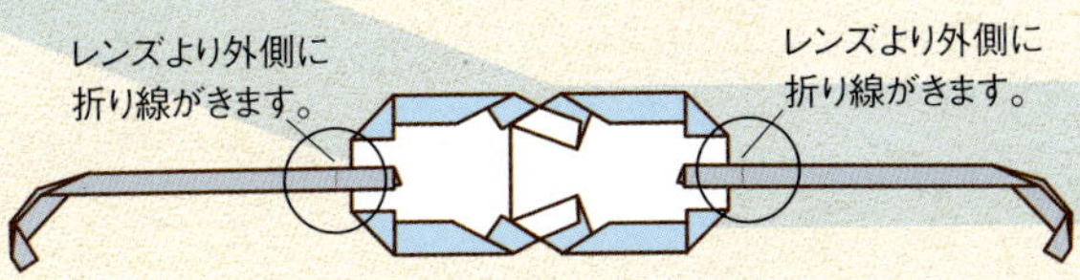

15 13でつけた谷折り線で折って、形をととのえます。

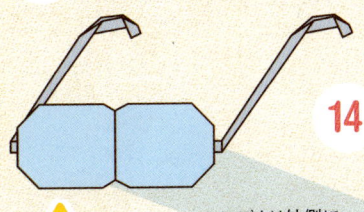

13 左では谷折りで折りすじをつけておきます。アは中わり折り、イはかぶせ折りをします。つるは10〜13の手順で、同じものを2つ作ってください。

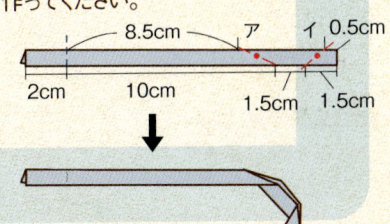

14 レンズの外側に、つるを折る折りすじが出るように、2本のつるを接着します。

できあがり

レンズより外側に折り線がきます。

87 手ぶくろ

紙の形 / 正方形・2枚

ポイント / 右手と左手は、4からあとの手順をすべて、左右を入れかえた逆の図として見て作ります。

1 対角線で、全体を半分に折ります。

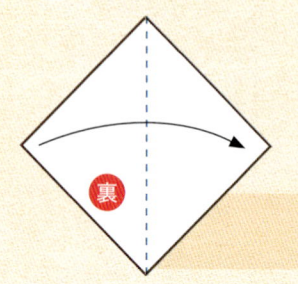

2 角度の1/3の位置で谷折りします。

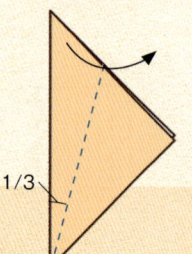

1/3

3 まとめて折って、折りすじをつけます。できたら、表を上にして、すべてをひらきます。

4 1～3でつけた折りすじを使って、たたみます。アは○を●に合わせて折ります。

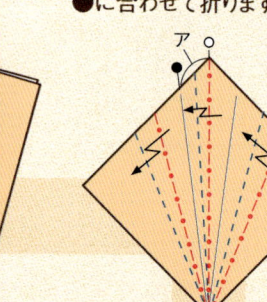

5 位置を確認して、山折り、谷折りを連続して行う段折りをします。

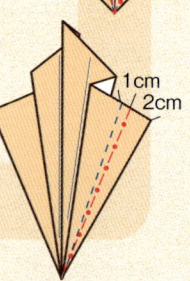

1cm
2cm

6 折りすじをつけます。

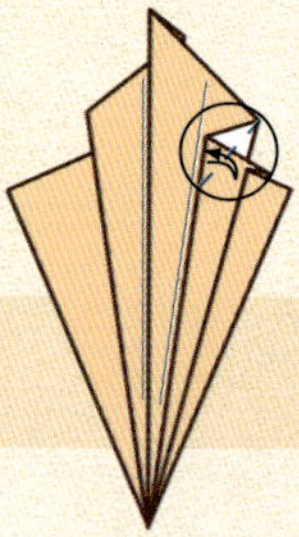

6の部分拡大図です。中わり折りをします。

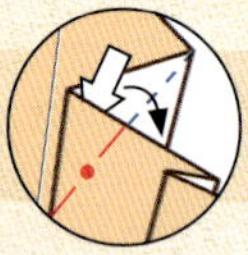

6を折りました。

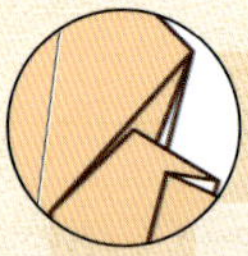

7 図のようになったら、裏返します。

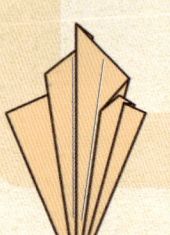

8 折りすじをつけます。

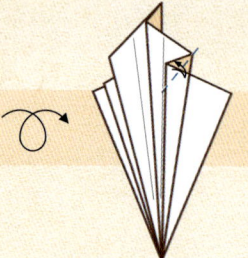

9 ⇨のところでひらいて、つぶすように紙をたたみます。

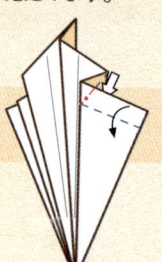

10 ○で囲んだ3つの角を、三角形に折ります。上では、⇨のところでひらいて、そこをななめに折りながら、上の角を折り下げます。

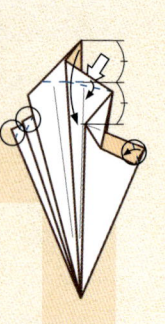

11 まとめて、谷折りします。できたら、裏返します。

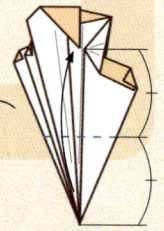

12 角を山折りして、形をととのえます。

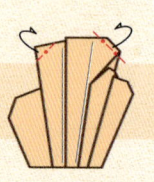

13 できあがり

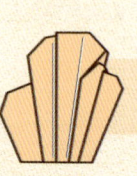

これは右手です。左手は、4からあとの手順をすべて、左右を入れかえた逆の図として見て作ります。

88 くつした

🟩 **紙の形** ／ 長方形（正方形を半分にしたもの）

🟢 **ポイント** ／ クリスマス・ツリーにつるす、オーナメントとしても使えます。

6 おしゃれ大好き！／手ぶくろ・くつした

1 全体を半分に折って、折りすじをつけます。できたら、裏返します。

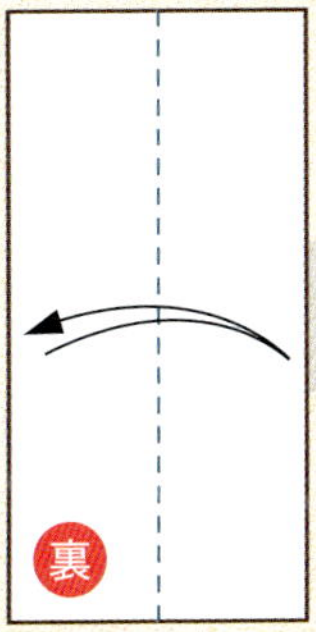

2 上の辺を、少し折り返したあと、全体を半分に折ります。

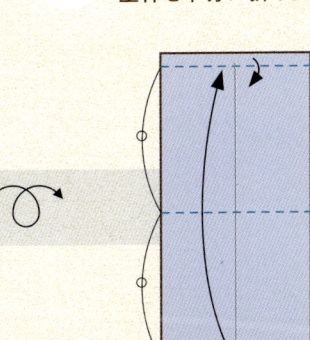

3 位置を確認して、上の1組だけを折り下げます。

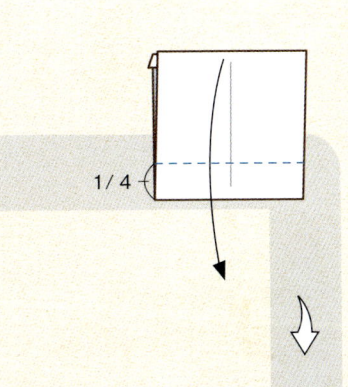

4 山折りで、全体を半分に折ります。

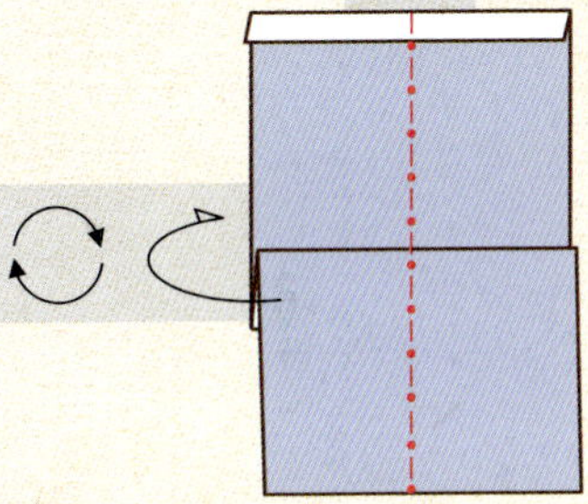

5 段になっているところを引き出して、くつしたがまがっているようすを表現します。

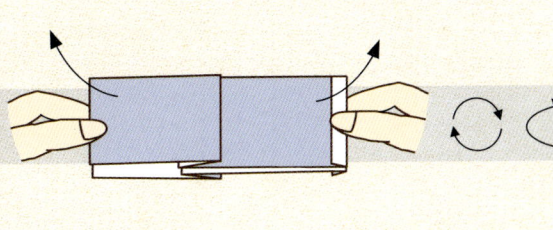

6 右の上下の角をそれぞれ山折りします。

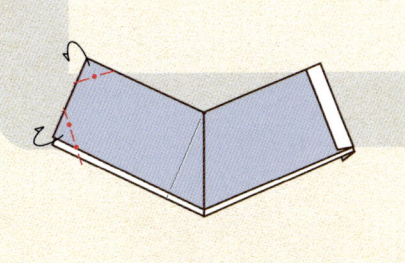

7 できあがり

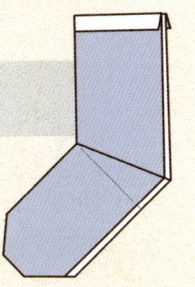

137

89 シャツ

紙の形 ／ 長方形（正方形を半分にしたもの。18×18cmを半分に切って使用）

ポイント ／ 紙のもようをシャツの生地に見たてて、いかしてみましょう。

1 全体を半分に折ります。

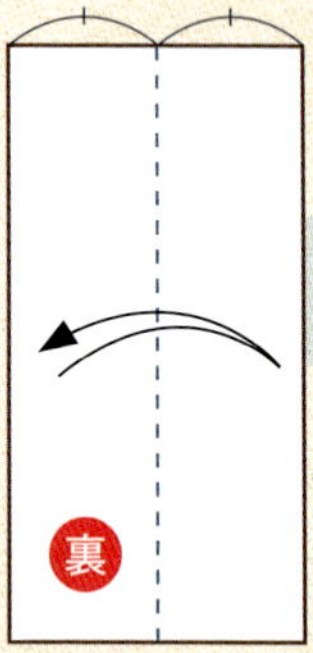

2 アは谷折りで、イは山折りで、折りすじをつけます。

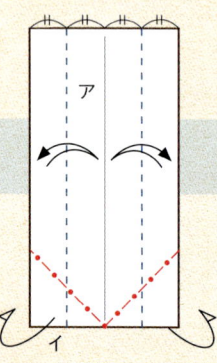

3 上から1cmのところで山折りします。下の左右の角は、2でつけた折りすじに角を合わせて折ります。

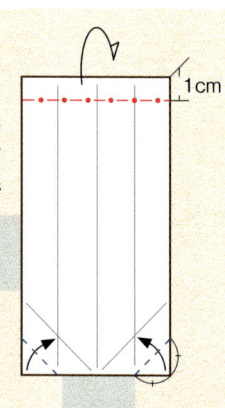

4 2でつけた折りすじで、左右の辺を折ります。

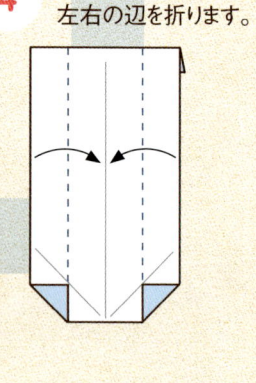

5 上は山折りで、裏に折ります。下は折りすじをつけます。

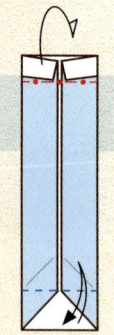

6 ★と★、☆と☆を合わせて折りたたみます。部分拡大図を見てください。

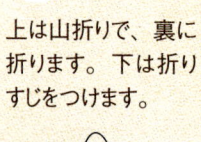

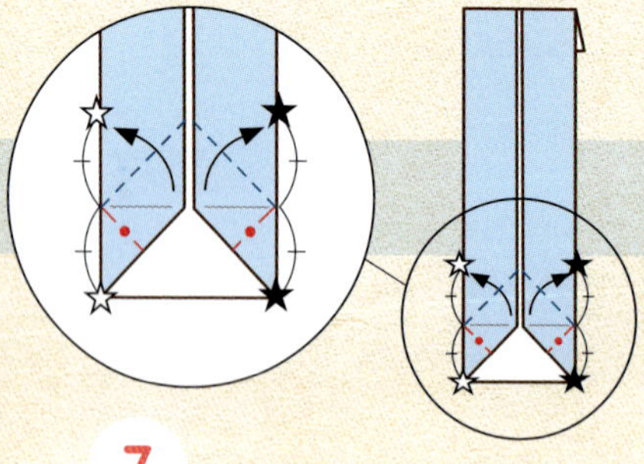

6を折っている途中のようすです。左右に広がってきます。

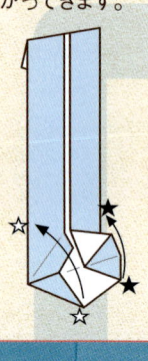

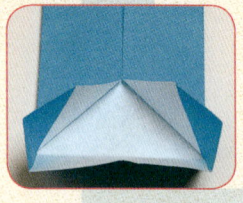

7 8のウのように、えりもととえりの外側が一直線になるように、上の左右の角を、ななめに折ります。

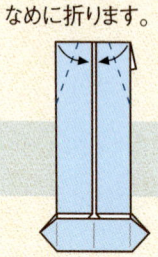

8 一番下の辺が、ウの位置にくるように、いったん折り上げて、折りすじをつけます。そのあと、一番下の辺をえりの下に差し込みます。

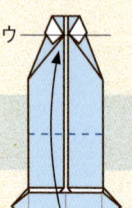

9 できあがり

90 ネクタイ

- 紙の形 / 正方形
- ポイント / 父の日のカードに貼ってみましょう。そのときは小さな紙で作るといいでしょう。

1 対角線で、全体を半分に折って、折りすじをつけます。

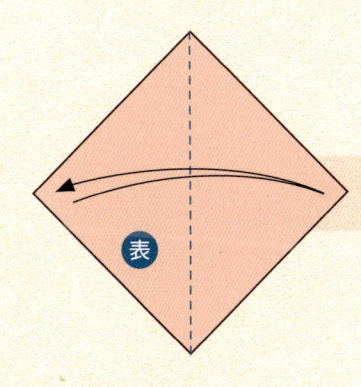

2 紙の中心にかるく印をつけて、そこに上の角を合わせて折り、折りすじをつけます。

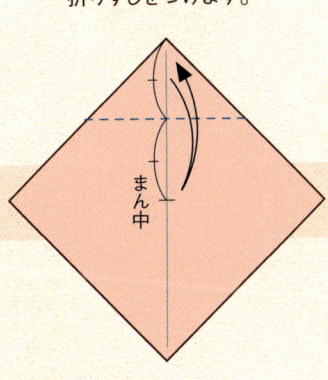

3 谷折りを2回します。

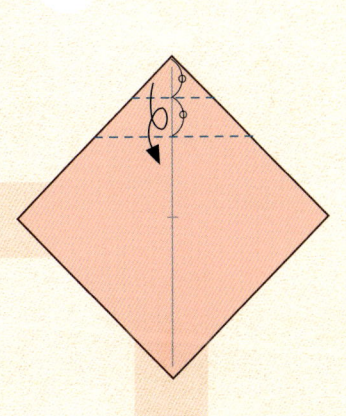

4 3を折りました。裏返します。

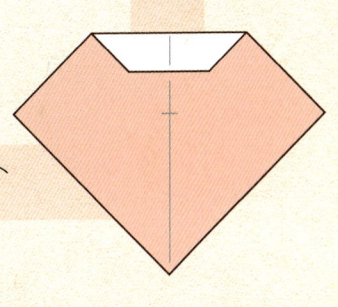

5 まん中の折りすじに合わせて、左右を折ります。

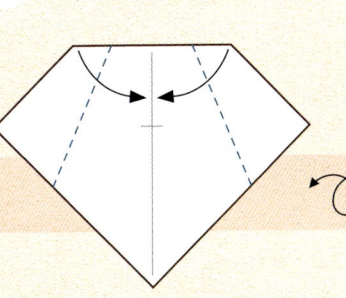

6 さらに、まん中の折りすじに合わせて、左右を折ります。

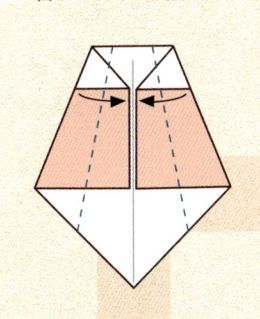

7 6を折りました。裏返します。

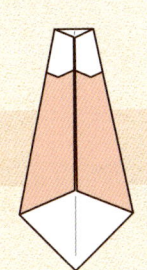

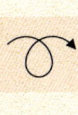

8 できあがり

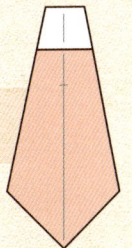

6 おしゃれ大好き！／シャツ・ネクタイ

91 かわいいくまちゃん

アレンジ・湯浅信江

紙の形 ／ かお：正方形（12×12cm）、体：正方形（15×15cm）

ポイント ／ やっこさん（199p参照）のアレンジで考えられた作品です。かわいいかおを描き込んで仕上げてください。

1 かおを作ります。それぞれの対角線で、全体を半分に折って、折りすじをつけます。

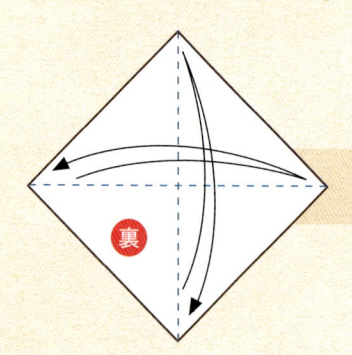

2 3つの角を、中心に合わせて折ります。できたら、裏返します。

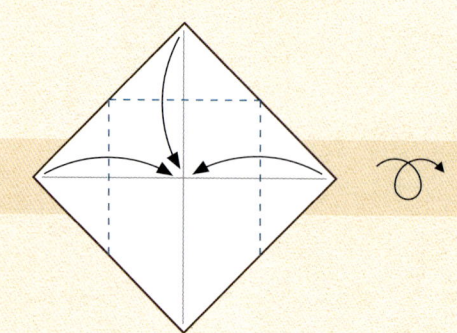

3 上の左右の角を、まん中の折りすじに合わせて折ります。

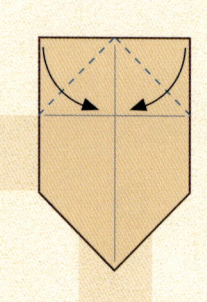

4 3を折りました。すべてをひらいて、裏返します。

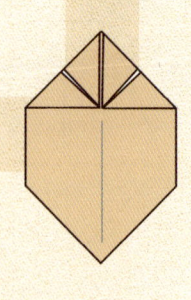

5 ☆を★に合わせて谷折りで折り上げたあと、3つの角を折ります。2、3でつけた折り線どおりに折って形をもどします。

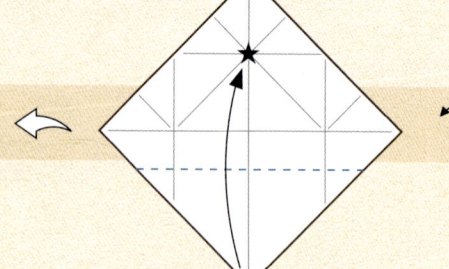

6 中心に合わせて折ります。できたら、裏返します。

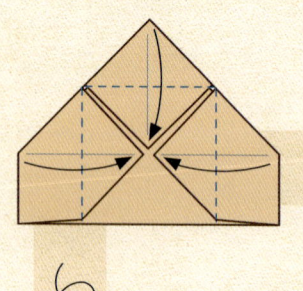

7 ⇨のところでひらいて、紙をつぶします。

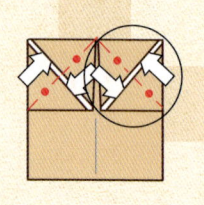

7を折っている途中のようすです。

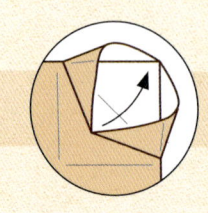

8 角を、それぞれ中わり折りします。

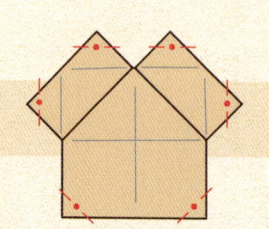

9 かおのできあがり。

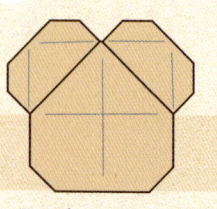

目、鼻、口を描き込みましょう。

17 残りの3つの角も、16と同じように折ります。

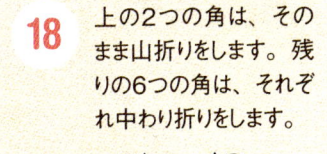

18 上の2つの角は、そのまま山折りをします。残りの6つの角は、それぞれ中わり折りをします。

19 体のできあがり。

20 かおの下部で体をはさみ、のりづけします。

⭐できあがり

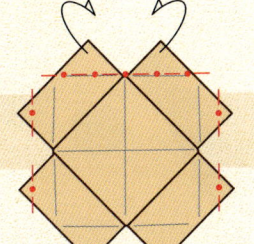

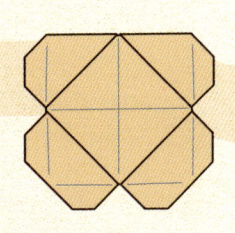

16を折っている途中のようすです。

16 ⇨のところでひらいて、紙をつぶします。

15 5を折りました。裏返します。

14 4つの角を中心に合わせて折ります。

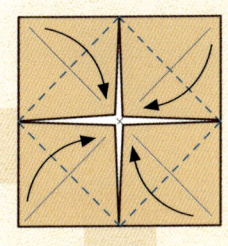

13 12を折りました。裏返します。

10 体を作ります。それぞれの対角線で、全体を半分に折り、折りすじをつけます。

11 4つの角を中心に合わせて折ります。できたら、裏返しします。

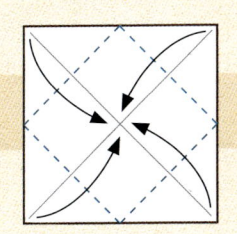

12 さらに、4つの角を中心に合わせて折ります。

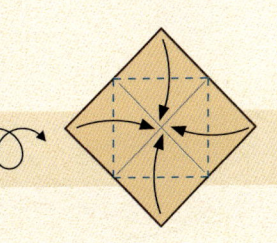

6 おしゃれ大好き！／かわいいくまちゃん

第7章　乗り物と風景

92 なぞの円ばん

原案・湯浅信江

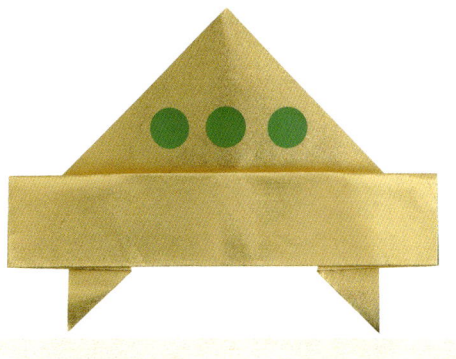

- 紙の形 ／ 正方形
- ポイント ／ 金や銀などの、いつもはあまり使わないピカピカ光る紙で作るのも楽しい作品です。

1. 対角線で、全体を半分に折ります。

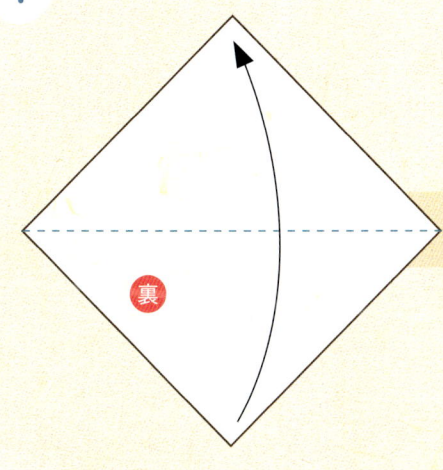

2. 下の辺の中点で左右の角が合うように折ります。

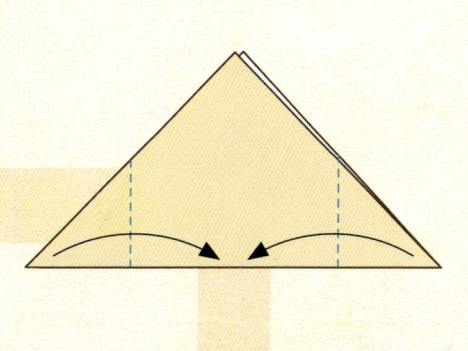

3. 同じバランスで、左右に折り広げます。

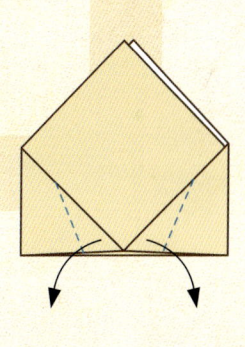

4. 山折りをしたあと、上下を入れかえて、向きを変えます。

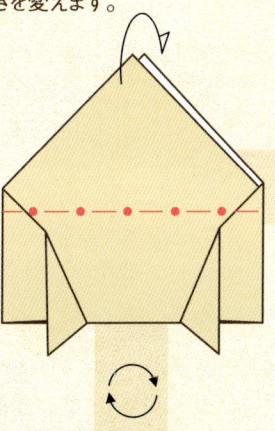

5. 上の1組だけを折り下げます。

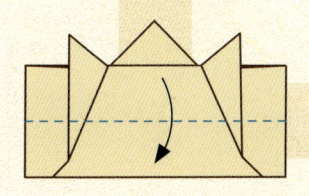

6. できあがり
まどを描き込みましょう。

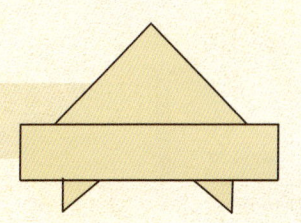

7 乗り物と風景／なぞの円ばん

93 スペースシャトル

紙の形 / 正方形

ポイント / 三角折りでたたんだ状態から、さらに小さく折り上げていきます。包装紙など大きな紙で作ってみましょう。

1 三角折り（14p参照）で紙をたたんだあと、まん中の折りすじに合わせて、左右の角を折り上げます。裏も同じようにします。

2 上の1組だけを折って、折りすじをつけます。

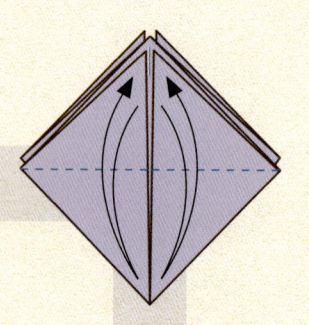

3 2の折りすじを使って、⇨のところでひらき、正方形にたたみます。

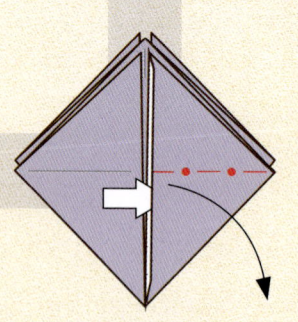

4 3を折りました。☆のある左側も3と同じように折ります。裏も2、3と同じように折ります。

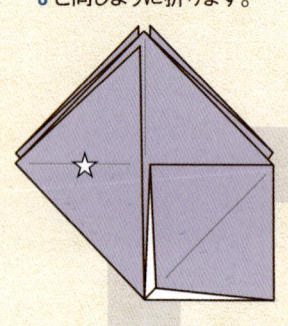

5 右側の1組を左側に折ります。裏も同じように折ります。

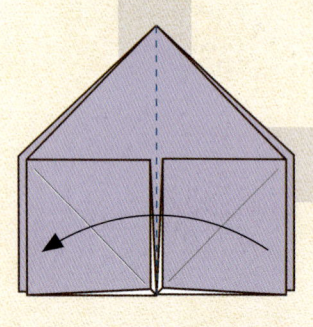

6 まん中の折りすじに合わせて、左右の上の1組だけを折ります。裏も同じようにします。

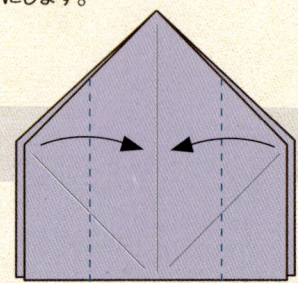

7 乗り物と風景／スペースシャトル

11 ☆と☆がくっつくようにたたみ、のりづけします。

12 できあがり

10 9を折りました。☆のある左側も9と同じように折ります。裏も8、9と同じように折ります。

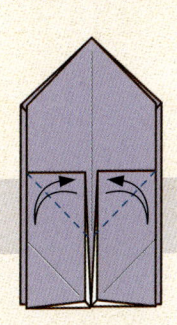

9 ⇨のところでひらき、10の図の形にたたみます。

7 ⇨のところでひらき、上の1組を左側に折ります。裏も同じように折ります。

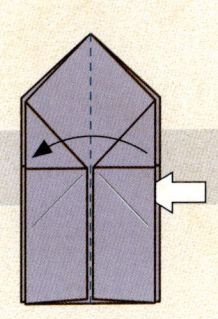

8 左右の角を折って、折りすじをつけます。

145

94 ロケット

紙の形 / 正方形（18×18cm）

ポイント / できあがりに、まどや乗組員のかおを描き込んで、親子でいっしょに物語を考えてみましょう。

1 対角線で、全体を半分に折ります。

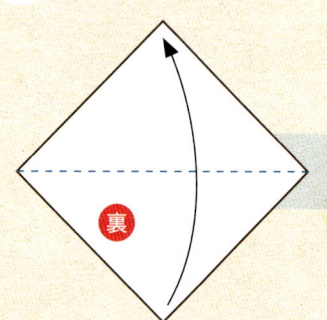

2 ☆の線を目安にして、右側の角を折ります。

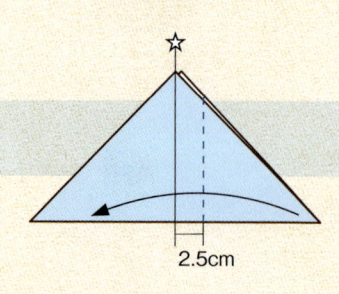

3 ☆の線の位置で、2で折った角を折り返します。

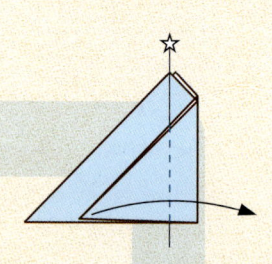

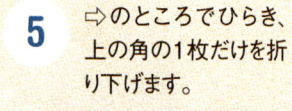

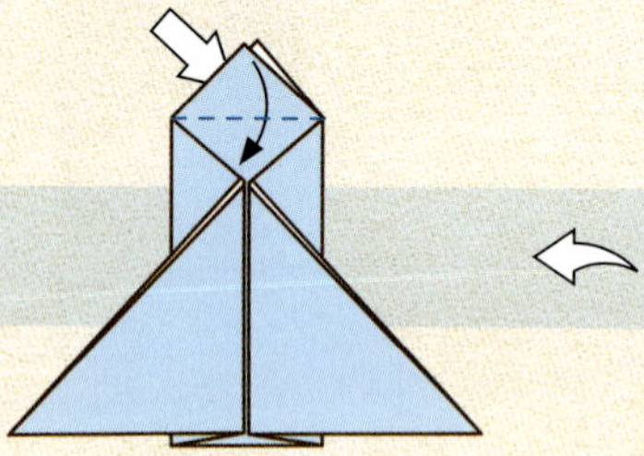

6 左右を、⇨のところでひらき、上の1枚だけに切り込みを入れて、下にひらきます。

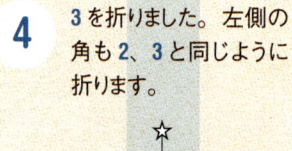

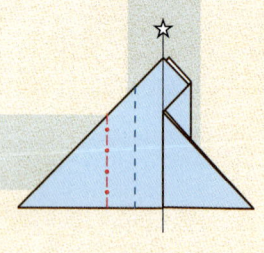

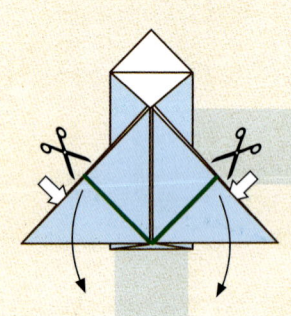

5 ⇨のところでひらき、上の角の1枚だけを折り下げます。

4 3を折りました。左側の角も2、3と同じように折ります。

7 左右の正方形を半分に折ります。

8 7を折りました。できたら、裏返します。

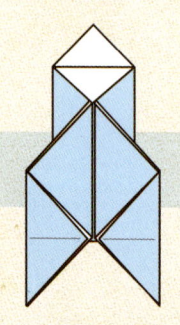

9 できあがり

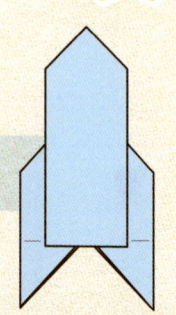

95 自動車 (じどうしゃ)

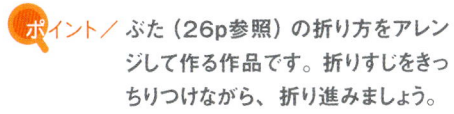

- 紙の形 / 正方形
- ポイント / ぶた（26p参照）の折り方をアレンジして作る作品です。折りすじをきっちりつけながら、折り進みましょう。

7 乗り物と風景／ロケット・自動車

1 ぶた（26p参照）の**1〜3**を折り、向きを変えました。つぎに、山折りで全体を半分に折ります。

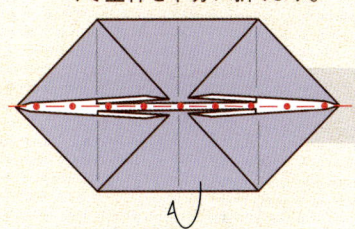

2 ⇨のところでひらいて、折りすじをつけます。

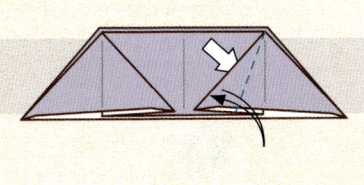

3 ⇨のところでひらいて、たたみます。

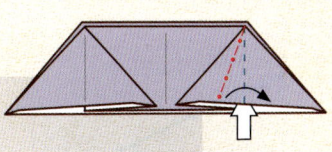

4 **3**を折りました。☆のある左側も**3**と同じように折ります。

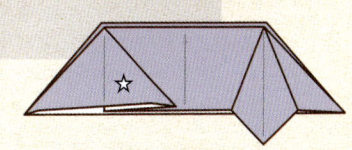

5 ⇨のところでひらきます。

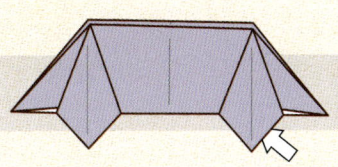

6 ひらいたところの左右で、山折り、谷折りを連続して行う段折りをします。

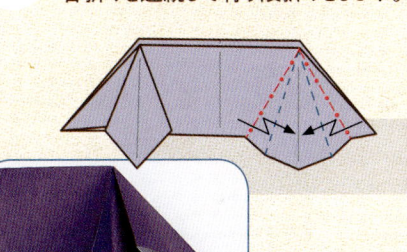

7 **6**を折りました。☆のある左側も**6**と同じように折ります。裏も**2〜6**と同じように折ります。

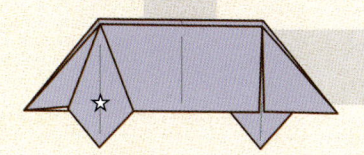

8 左側の角を、山折りで内側に折り込みます。できたら、裏も同じように折ります。

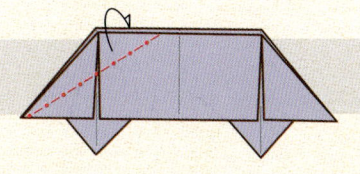

9 右側の角を、中わり折りで内側に折り込みます。

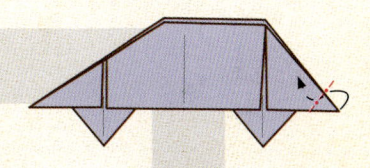

10 左側の角を、中わり折りで内側に折り込みます。

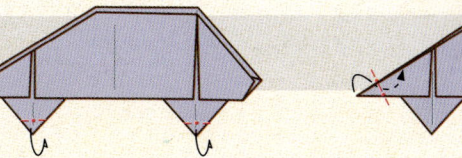

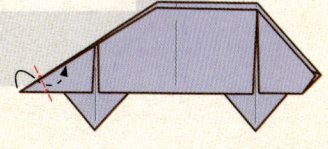

11 下の角を山折りで裏に折り、タイヤを作ります。裏も同じように折ります。

12 できあがり

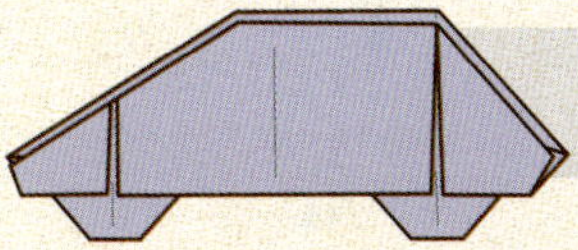

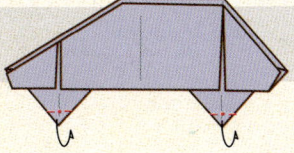

96 紙ひこうき1号

原案・湯浅信江

紙の形 / 正方形

ポイント / 左右のつばさを広げて、ヨコ一線(いっせん)に並ぶように、平らに形をととのえてから、飛ばしてみましょう。

1. 1/3のところで折ります。

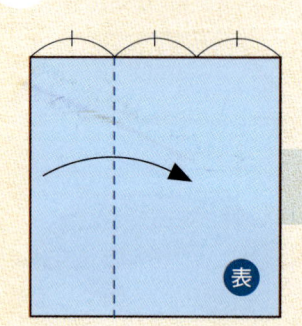

2. 全体を半分に折ります。

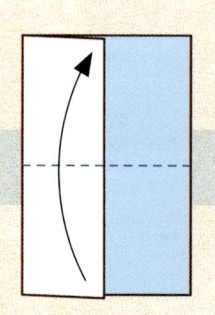

3. 上の1組だけを三角形に折ります。

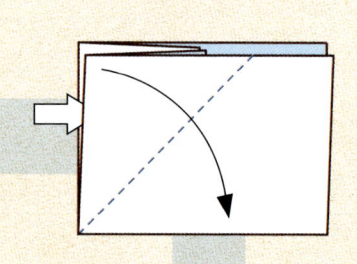

4. 裏も3と同じように折ります。

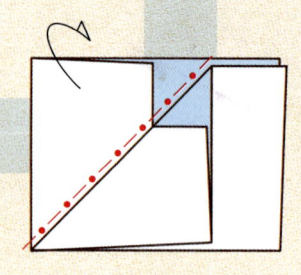

5. 角を折り上げます。裏も同じように折ります。

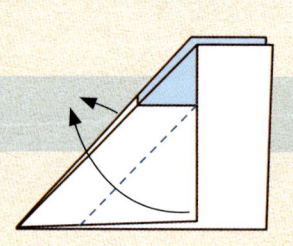

6. ⇨のところでひらき、位置を確認してつばさを折り下げます。できたら、裏も同じように折ります。

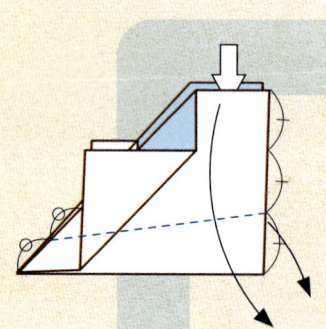

7. 左右のつばさを平らにして形をととのえましょう。

できあがり

97 紙ひこうき2号

アレンジ・湯浅信江

紙の形 / 正方形

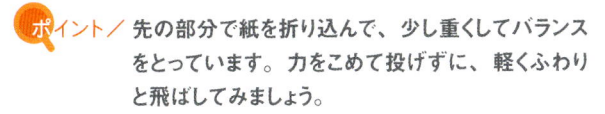

ポイント / 先の部分で紙を折り込んで、少し重くしてバランスをとっています。力をこめて投げずに、軽くふわりと飛ばしてみましょう。

1 折りすじをつけます。

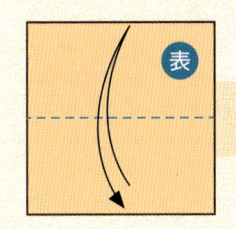

2 まん中の折りすじに合わせて、角を折ります。

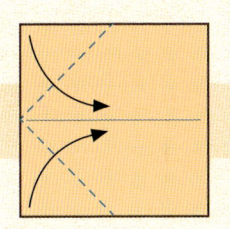

3 左側の角を2で折った角に合わせて折り返します。

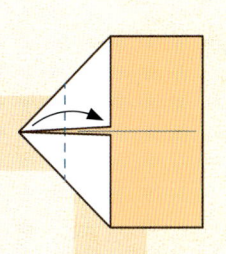

4 全体を半分に折ります。

5 ⇨のところでひらき、☆が★につくように谷折りをします。できたら、裏も同じように折ります。

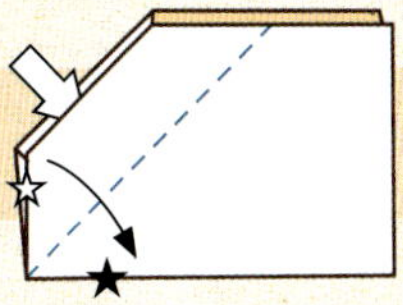

6 ⇨のところでひらき、つばさを折り下げます。できたら、裏も同じように折ります。

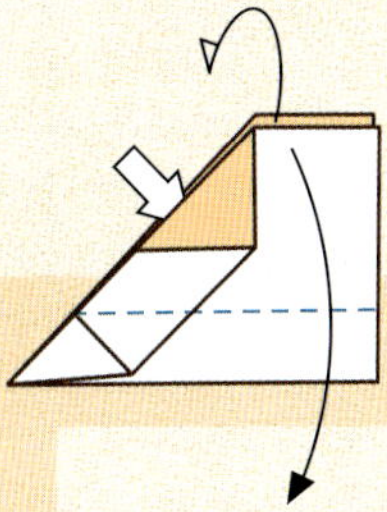

7 つばさのはしを折り上げます。裏も同じように折ります。

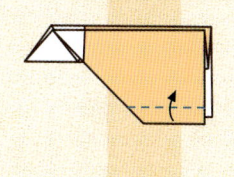

8 つばさを平らにして形をととのえます。

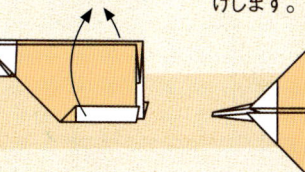

9 上から見ています。つばさの端を垂直に起こします。まん中の紙の谷間をのりづけします。

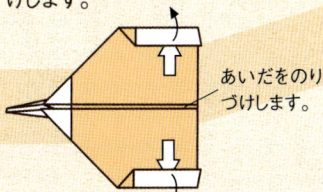

あいだをのりづけします。

10 できあがり

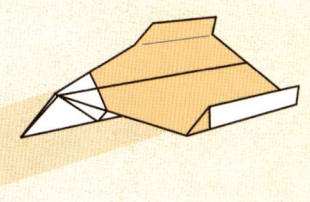

98 ヨット

原案・湯浅信江

🟧 紙の形 ／ 正方形

🔍 ポイント／ かぶせ折りで帆が舟に対してきっちり垂直になるようにすれば、きれいな形に仕上がります。

1 対角線で、全体を半分に折ります。

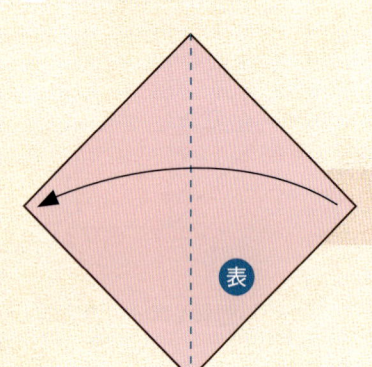

2 かぶせ折りをします。帆が舟に対して、垂直になるようにしましょう。

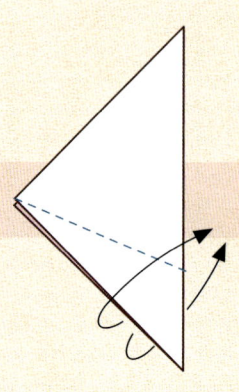

3 上の1枚だけを、☆の線を目安にして折ります。

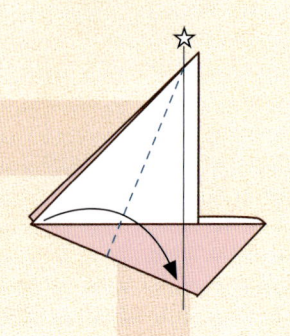

4 ⇨のところでひらいて、右側へ折ります。

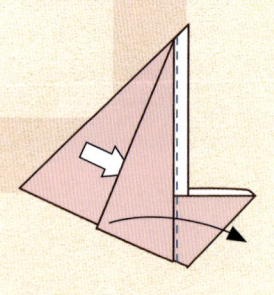

5 4で折った部分の下の角を折ります。

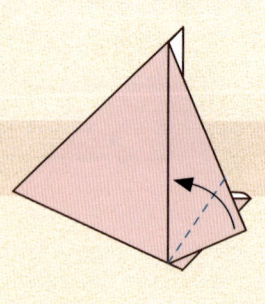

6 5を折りました。裏返します。

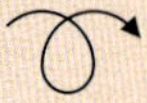

7 できあがり

99 汽船（きせん）

紙の形 / 正方形

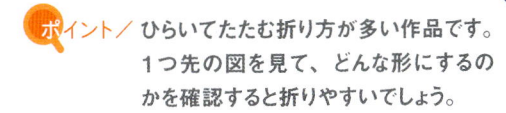

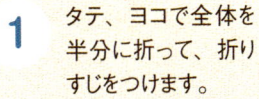

ポイント / ひらいてたたむ折り方が多い作品です。1つ先の図を見て、どんな形にするのかを確認すると折りやすいでしょう。

1. タテ、ヨコで全体を半分に折って、折りすじをつけます。

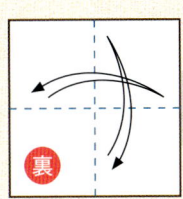

2. 折りすじに合わせて、下の辺を折り上げます。

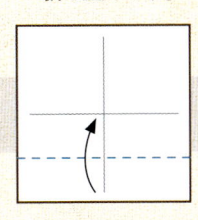

3. 折りすじに合わせて、左右を折り、折りすじをつけます。

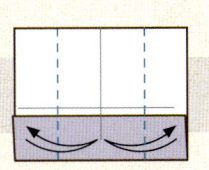

4. 角を折り、折りすじをつけます。

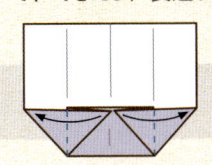

7. 折りすじに合わせて、左右を折ります。

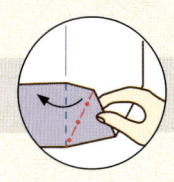

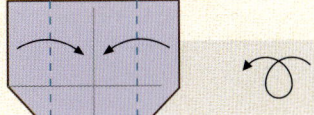

6. 5を折りました。折ったところの三角形を半分に折って、できたら、裏返します。

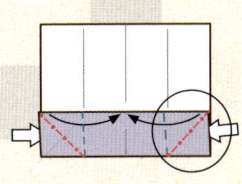

（5を折っている途中のようすです。）

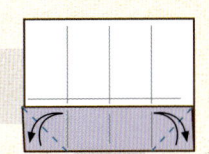

5. ⇨でひらいて、たたみます。

8. 山折り、谷折りを連続して行う段折りで上部をたたみます。

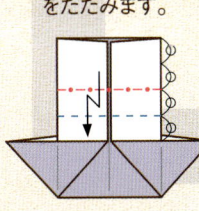

9. ⇨でひらいて、たたみます。

10. 9で折ったところを、左側に折ります。

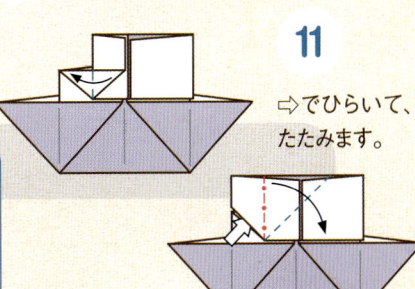

11. ⇨でひらいて、たたみます。

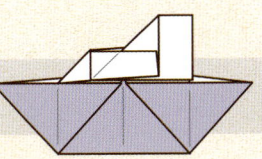

14. できあがり

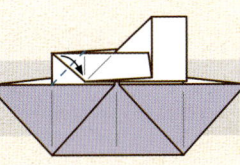

13. 12を折りました。できたら、裏返します。

12. 角をまとめて折ります。

7 乗り物と風景／ヨット・汽船

100 2つ屋根の家・えんとつ屋根の家

紙の形／ 正方形

ポイント／ いったん、2つ屋根の家を仕上げて、そのアレンジでえんとつ屋根の家を作ります。たくさん作って、色とりどりの屋根が並ぶまちにしてみましょう。

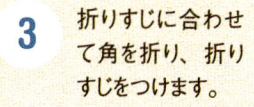

1. 2つ屋根の家を先に作ります。全体を半分に折ります。 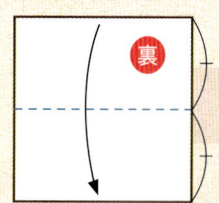
2. 全体を半分に折りまん中に折りすじをつけたあと、左右を折る順序で、長い辺を4等分にする折りすじをつけます。 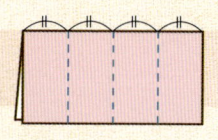
3. 折りすじに合わせて角を折り、折りすじをつけます。 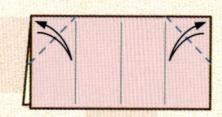
4. ⇨でひらいて、たたみます。 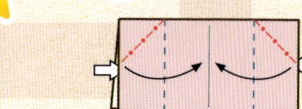
5. 2つ屋根の家のできあがり 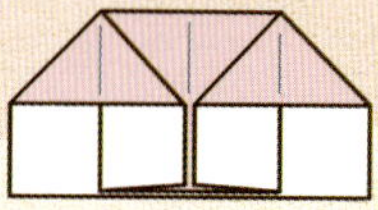
6. 2つ屋根の家を使って、えんとつ屋根の家を作ります。左右に広げて折ります。 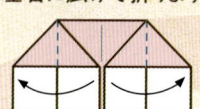
7. 全体を半分に折ります。 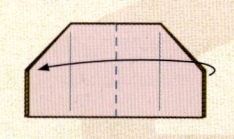
8. 位置を確認して、切り込みを入れます。 
9. 角をまとめて折ります。 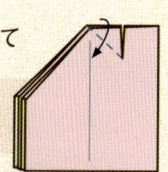
10. ⇨のところでひらいて、上の1組だけを、右側に折ります。 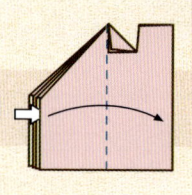
11. えんとつ屋根の家のできあがり

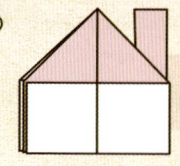

101 富士山

紙の形／ 正方形

ポイント／ 青い紙が似合う作品です。山頂に雪が見えるように、裏は白い紙がいいでしょう。

1. 対角線で、全体を半分に折ります。 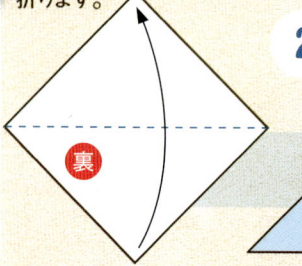
2. 上の1枚だけを折り下げます。

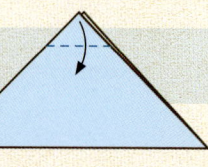

7 乗り物と風景／2つ屋根の家・えんとつ屋根の家・富士山

| 3 | 山折り、谷折りを連続して行う段折りをします。 | 3の部分拡大図です。 | 4 | 上の角を、山折りで裏に折ります。 | 5 | できあがり |

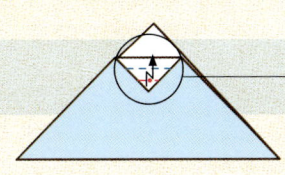

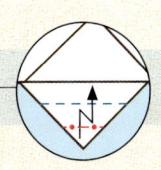

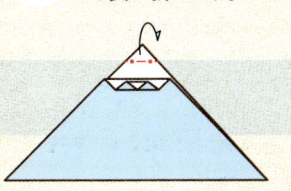

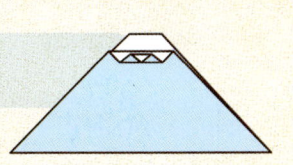

第8章 行事を彩る折り紙

102 こま

紙の形／こま：正方形（18×18cm）
こまの芯：長方形（3×15cm）

ポイント／大小を作り分けて、色紙などに貼って使ってみましょう。

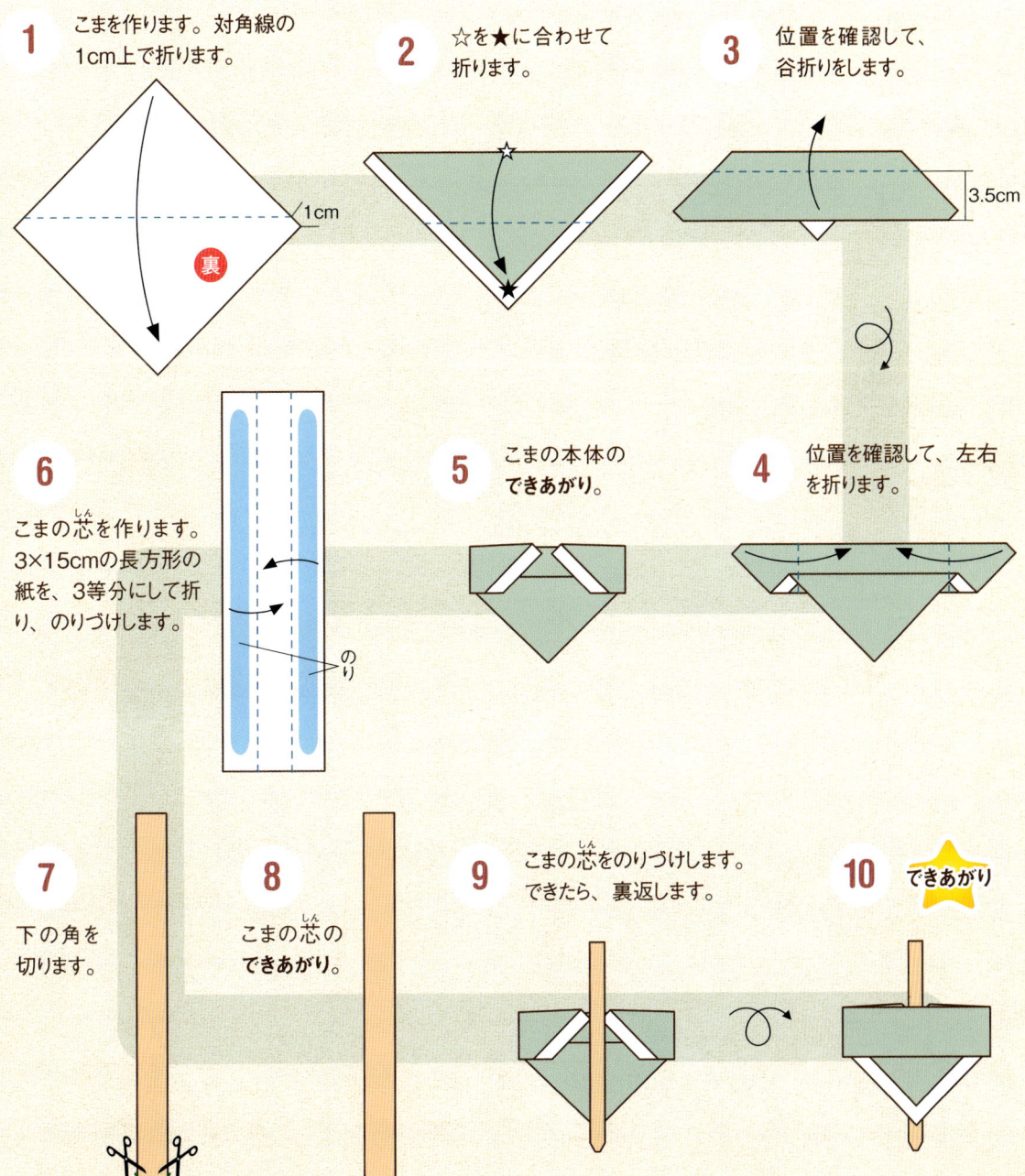

1 こまを作ります。対角線の1cm上で折ります。

2 ☆を★に合わせて折ります。

3 位置を確認して、谷折りをします。

3.5cm

4 位置を確認して、左右を折ります。

5 こまの本体のできあがり。

6 こまの芯を作ります。3×15cmの長方形の紙を、3等分にして折り、のりづけします。

のり

7 下の角を切ります。

8 こまの芯のできあがり。

9 こまの芯をのりづけします。できたら、裏返します。

10 できあがり

8 行事を彩る折り紙／こま

103 かがみもち

■ 紙の形 ／ 正方形（15×15cm）
■ ポイント ／ オレンジの紙をみかんの形に切って、かがみもちの上に合わせてもいいでしょう。

1 位置を確認して、折ります。

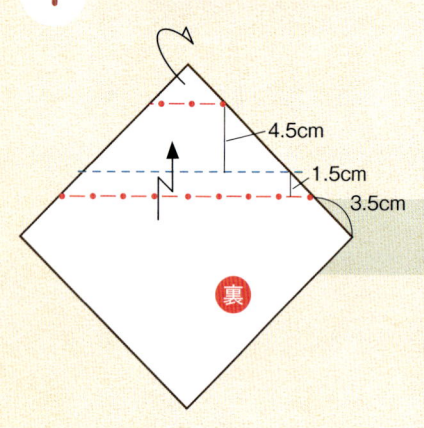

4.5cm
1.5cm
3.5cm
裏

2 ☆を★に合わせて折ります。

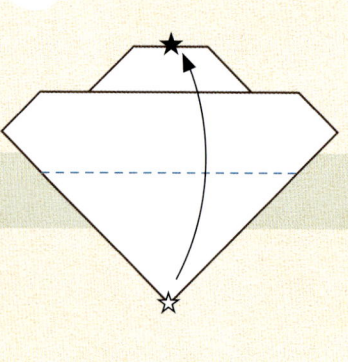

3 ○を●に合わせて上の1枚だけを折ります。

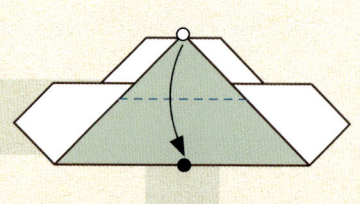

6 2でつけた折りすじに合わせて折ります。

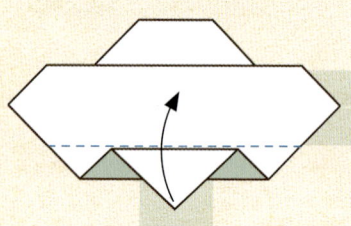

5 うしろにある三角形を折らないようにして、☆を★に合わせて折ります。

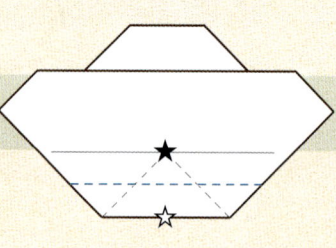

4 ⇨のところをひらきます。

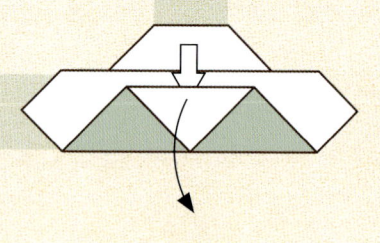

7 ⇨のところでひらいて、上の部分だけを半分に折ります。

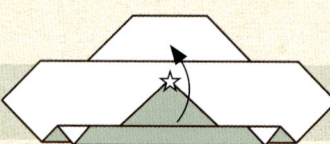

8 ☆の部分の三角形を上に引き出します。

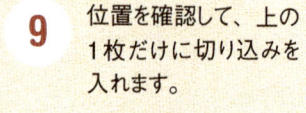

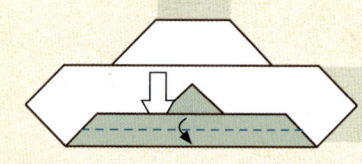

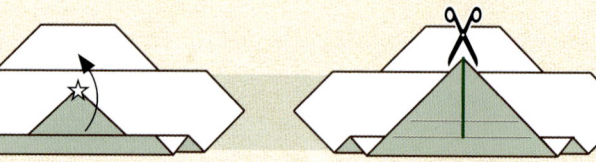

9 位置を確認して、上の1枚だけに切り込みを入れます。

156

8 行事を彩る折り紙／かがみもち

16 左右を折ります。

17 左右の角を、少しだけ山折りします。

18 できあがり

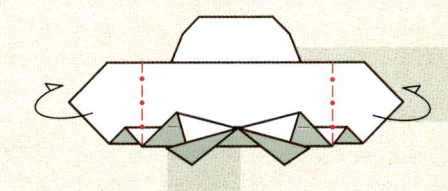

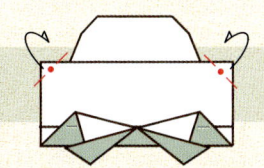

15 14 を折りました。できたら、裏返します。

14 ⇨のところでひらいて、段折りをします。15 の図の形をよく見てください。

13 ⇨のところでひらいて、折りすじをつけます。

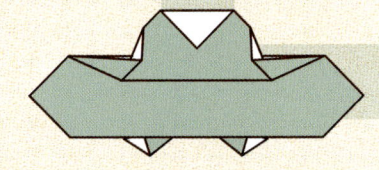

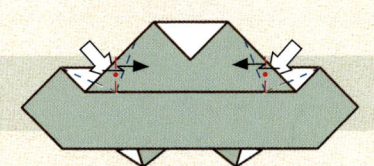

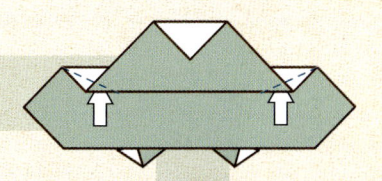

10 ななめに、折り広げます。

11 ななめに折り上げます。

12 11 を折りました。できたら、裏返します。

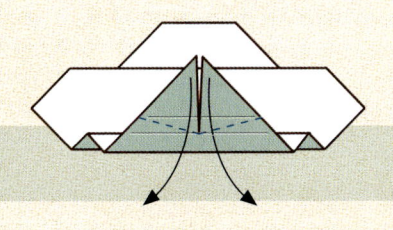

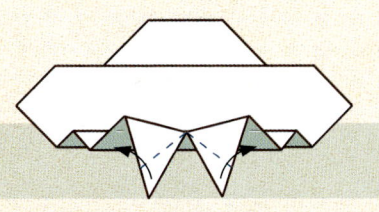

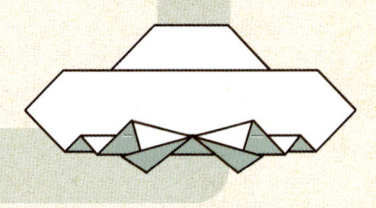

157

104 おに

紙の形 ／ 正方形

ポイント／ 左右、表裏で同じ折り方を繰り返すことが多い作品です。手順が多いわりには、一つ一つの作業は簡単です。

1 鶴（16p参照）の**1〜5**を折ります。つぎに、上の1枚だけを持ち上げ、☆のところから、左右の角まで、それぞれ切り込みを入れます。裏も同じように、切り込みを入れます。

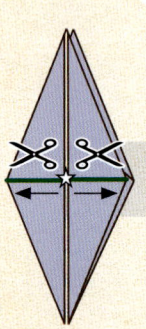

2 切り込みを使ってひらきます。裏も同じようにひらきます。

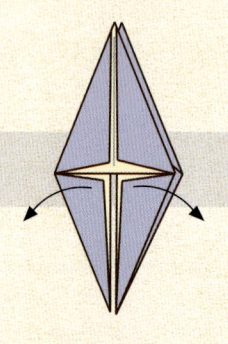

3 **2**でひらいた部分を、山折りで内側に折り込みます。裏も同じように折り込みます。

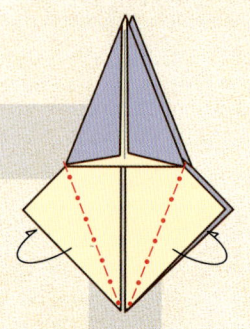

4 左右で中わり折りをして、ツノを折り上げます。

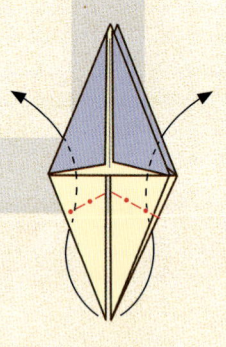

5 表は図の位置で谷折りします。裏はそのまま折り下げます。

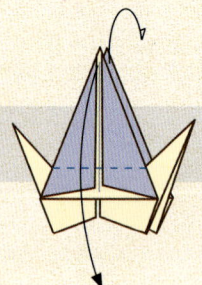

6 最初に下の角を折り上げて、つぎに、その上にかぶせて上の辺を折り下げます。

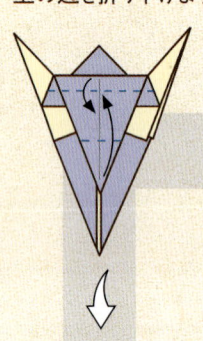

7 上の角は折り下げます。⇨のところでひらいて、左右で折り上げます。

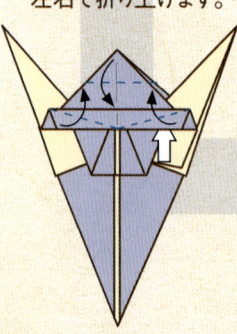

8 下の角で、谷折りを2回、連続して行います。

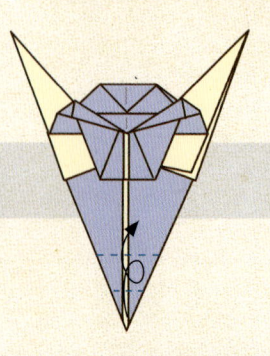

9 できあがり

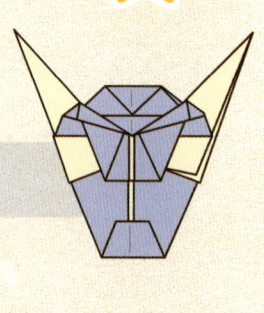

105 ハートのカード

原案・湯浅信江

紙の形 / **長方形**（正方形を3等分した長方形）

ポイント / メモ用紙なら小さな紙でもかまいませんが、メッセージカードとして使うなら大きな紙で作りましょう。10×30cmくらいの紙で作ると、使いやすい大きさに仕上がります。

1 正方形の紙を3等分にして、切り分けます。

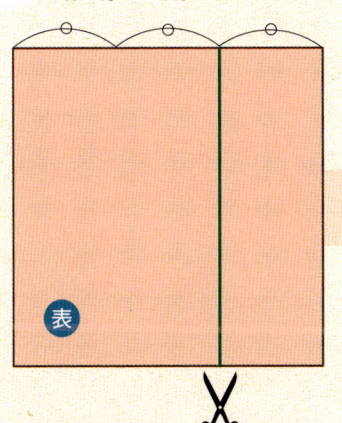

2 半分に折って、折りすじをつけます。

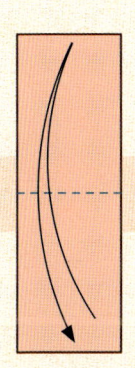

3 上半分の一部分を切り取ります。

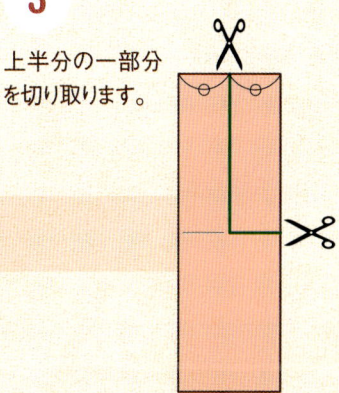

4 上の部分を半分に折ります。

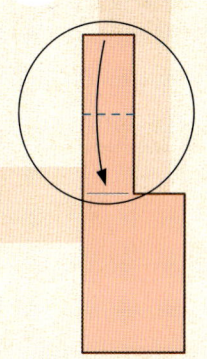

5 4の図で○で囲んだハートになる部分を拡大します。4の作業を拡大しました。

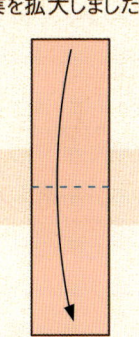

6 角を2枚いっしょに折ります。

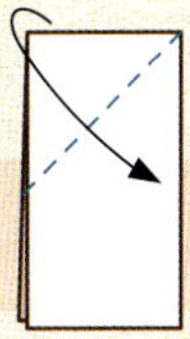

7 ⇨のところでひらいて、折り上げます。

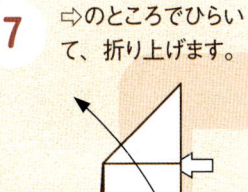

8 左はしの2つの角を折ったあと、ハートになる部分を山折りで裏へ倒します。できたら、裏返します。

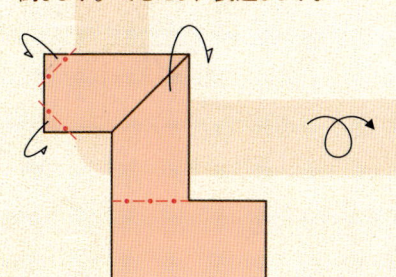

9 切り込みを入れたあと、2つの角を折ります。

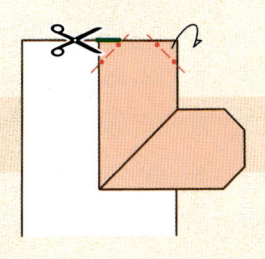

10 できあがり

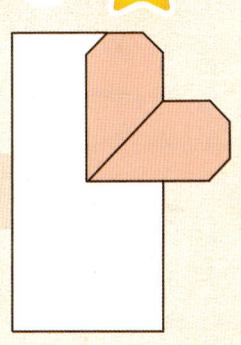

8 行事を彩る折り紙／おに・ハートのカード

106 天使のハート

原案・フランシス・オウ

紙の形 ／ 正方形

ポイント ／ 羽の部分は、山折り、谷折りを繰り返して行うじゃばら折りで作ります。折りすじをへらなどでおさえて、はっきりした線で折り上げましょう。

1 タテ、ヨコを半分に折って、折りすじをつけます。

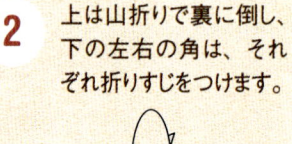

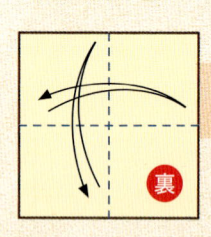

2 上は山折りで裏に倒し、下の左右の角は、それぞれ折りすじをつけます。

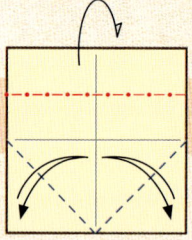

3 まん中の折りすじに合わせて、左右を折ります。

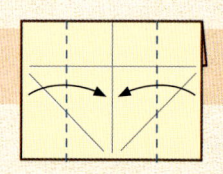

4 ⇨のところでひらいて、左右に広げてたたみます。

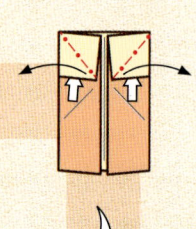

5 折りすじをつけます。

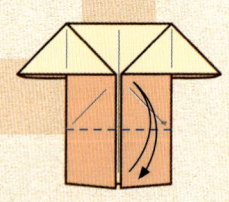

6 ⇨のところでひらきます。5でつけた折りすじは、山折りにします。

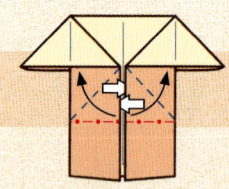

7 6でひらいたところです。★を☆に合わせて、紙をたたみます。

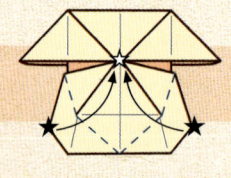

8 7を折りました。できたら、裏返します。

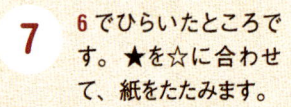

9 ●を○に合わせて折ります。

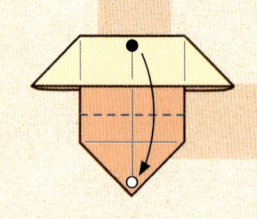

10 ⇨のところでひらいて、上に広げてたたみます。

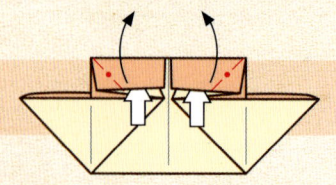

11 2つの角を折ります。下では折りすじをつけます。

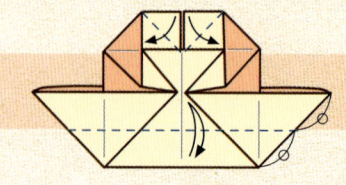

21 できあがり

20 左右で同じバランスになるように、羽をととのえます。できたら、裏返します。

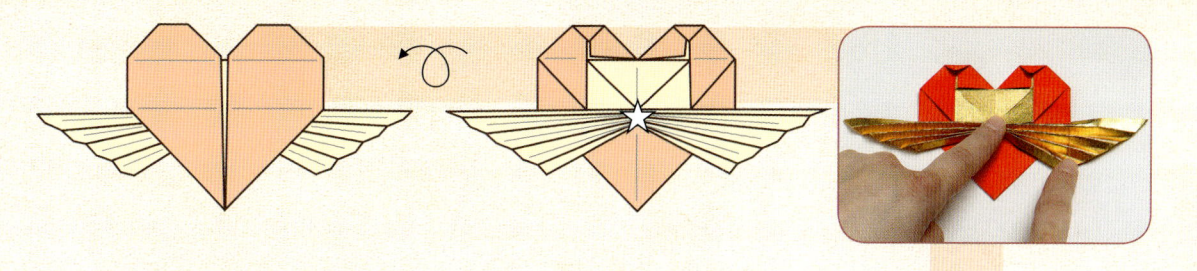

18 17 を折りました。☆のところを、指でおさえます。

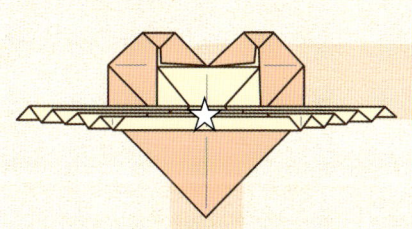

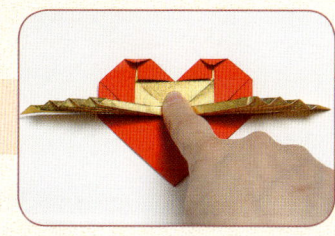

19 ☆を指でおさえたまま、左右を下に広げます。

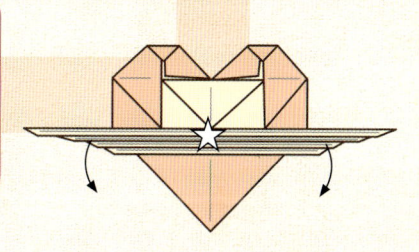

17 山折り、谷折りを繰り返して行うじゃばら折りをします。

16 折り下げます。

15 折り上げます。

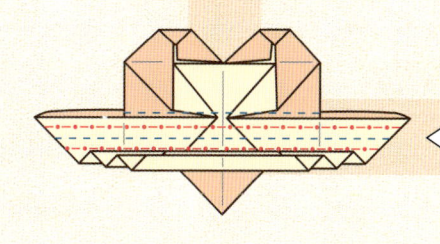

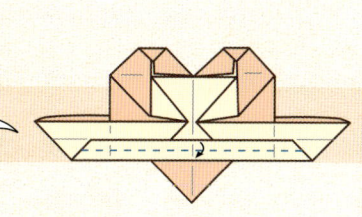

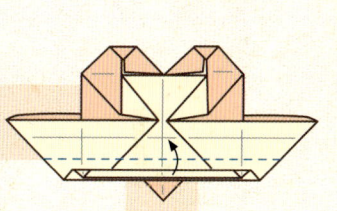

12 上では、2つの角を折ります。下では、位置を確認して、折りすじをつけます。

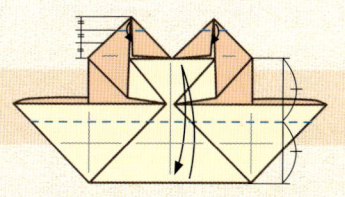

13 下の辺を折り上げます。

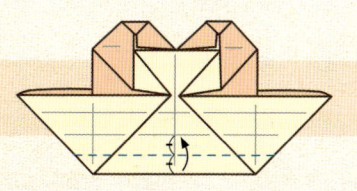

14 13 で折り上げた辺を折り下げます。

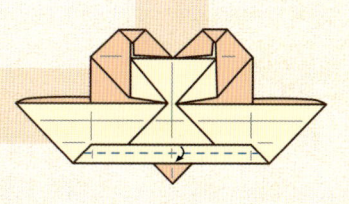

8 行事を彩る折り紙／天使のハート

107 ひな人形

■ 紙の形／正方形・2枚
■ ポイント／装束の柄や色を考えて、紙選びをしましょう。

1 めびなを作ります。対角線で折って、折りすじをつけてひらきます。

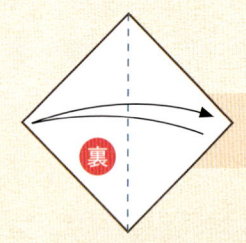

2 対角線で、全体を半分に折ります。

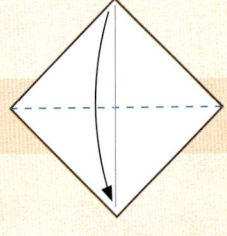

3 まん中の折りすじに合わせて、左右の角を折ります。

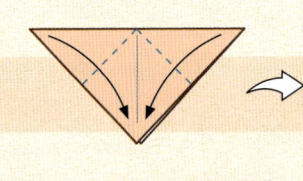

4 左右で、それぞれ上の1組だけを折り上げます。

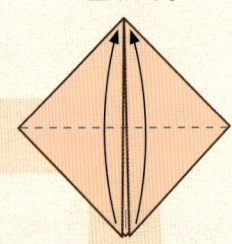

5 ⇨のところでひらいて、下に広げてたたみます。

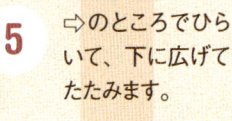

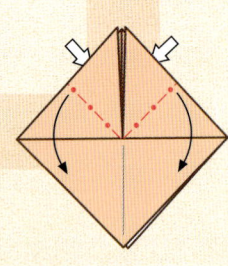

6 上の角を山折りで裏に倒します。できたら、裏返します。

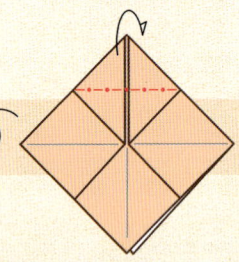

7 上の三角形の部分で、上から1/3のところで折り上げます。

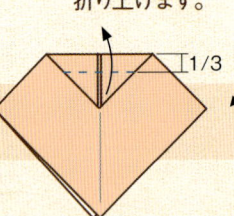

8 7で折った線に合わせて、下の角を、2枚いっしょに折り上げます。
※おびなを作るときは、8を折らずに、11へ進みましょう。☞

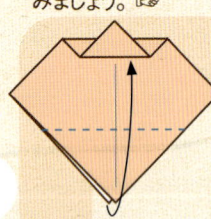

9 左右で、それぞれ上の1組だけを折ります。できたら、裏返します。

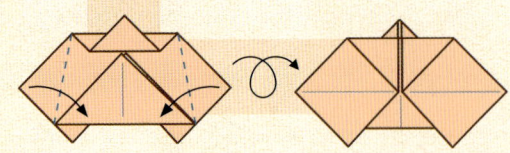

10 できあがり

11 おびなを作ります。めびなの8の状態まで折ります。できたら、左右で、それぞれ上の1組だけを折ります。

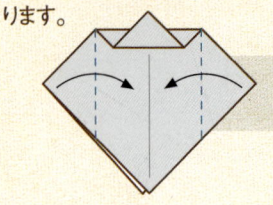

12 上の1枚だけを折り上げます。

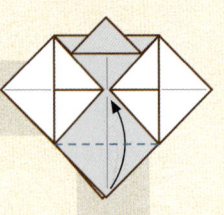

13 12を折りました。裏返します。

14 下の角を折り上げます。

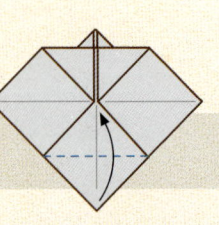

15 できあがり

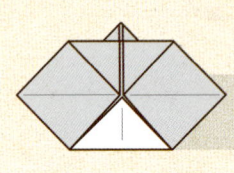

8 行事を彩る折り紙／ひな人形

108 清正のかぶと

紙の形 ／ 正方形（30×30cm）

ポイント ／ 加藤 清正（かとう きよまさ）は、安土桃山時代から江戸時代初期にかけての武将・大名で、肥後 国 熊本藩初代藩主です。清正は長身でしたが、長大な烏帽子かぶとを被ることでさらに背が高く見えたといわれています。そのかぶとを作品にしました。

1. 対角線で、全体を半分に折ります。

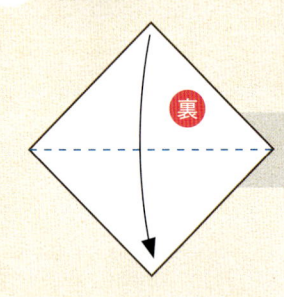

2. 折りすじをつけます。

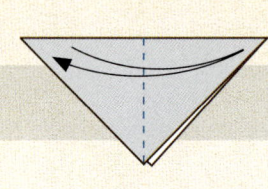

3. まん中の折りすじに合わせて、左右の角を折ります。裏返します。

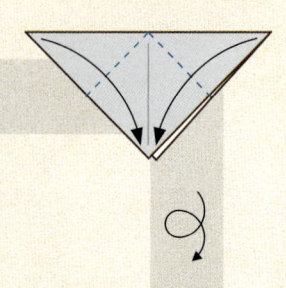

4. さらに、まん中の折りすじに合わせて、左右の角を折ります。

5. 裏にある紙を、左右に広げて、前に出してきます。

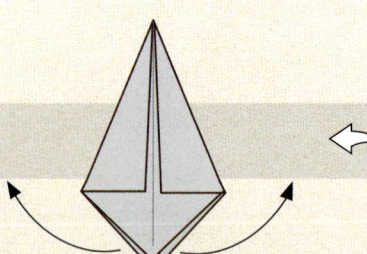

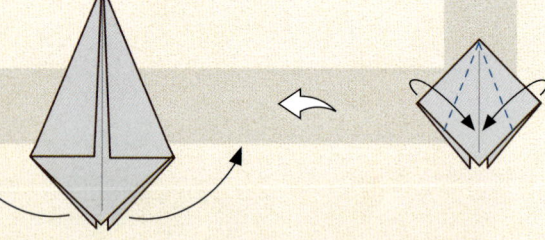

6. 左右を、それぞれ三角形に折ります。

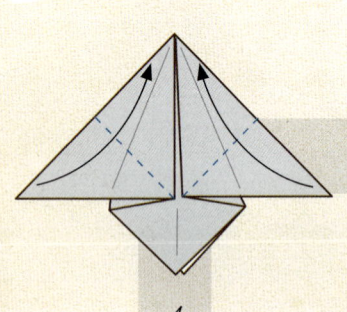

7. 上の角を、左右に折り広げます。

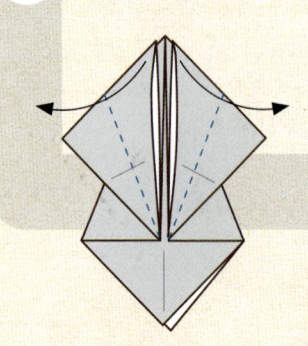

8. 左右で、それぞれ⇨でひらいて、谷折りします。

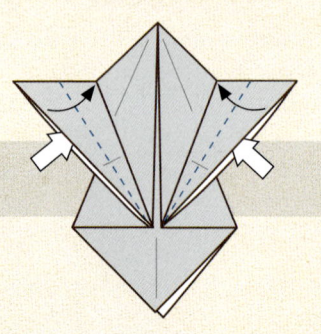

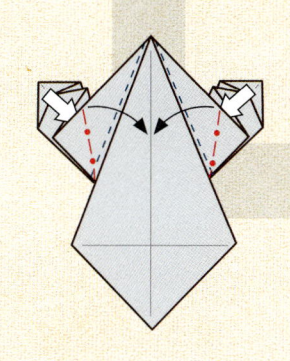

14 下の角を折り上げます。できたら、裏返します。

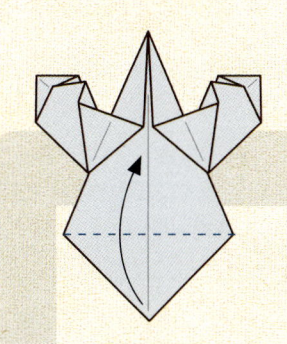

15 できあがり

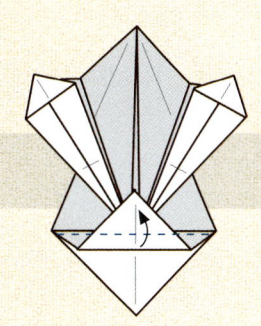

13 左右で、それぞれ⇨でひらいて、紙をたたみます。

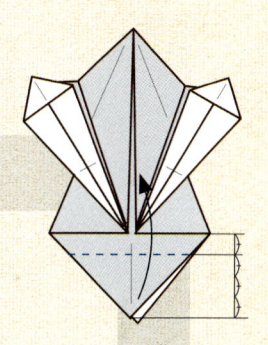

12 さらに、折り上げます。できたら、裏返します。

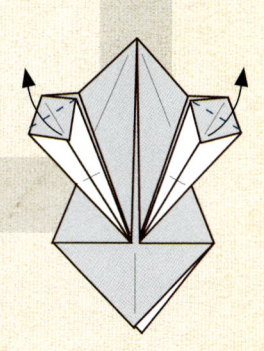

11 位置を確認して、上の1枚だけを折り上げます。

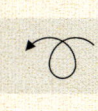

8 を折っている途中のようすです。

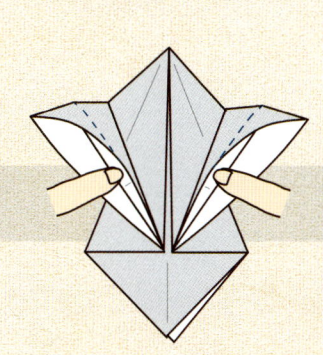

9 8でひらいた先を、前に倒して折ります。

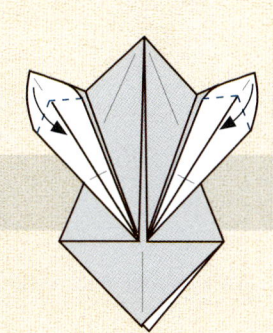

10 角を折ります。

8 行事を彩る折り紙／清正のかぶと

109 びょうぶ

- **紙の形 / 長方形（15×30cm）**
- **ポイント / ** ひな人形やかぶとのうしろに飾るびょうぶです。金の紙で作ると、作品の高級感が高まるでしょう。

1 4つの辺を、それぞれ少し折り、折りすじをつけます。できたら、裏返します。

2 4つの角で、それぞれ谷折りを2回ずつ行います。できたら、裏返します。

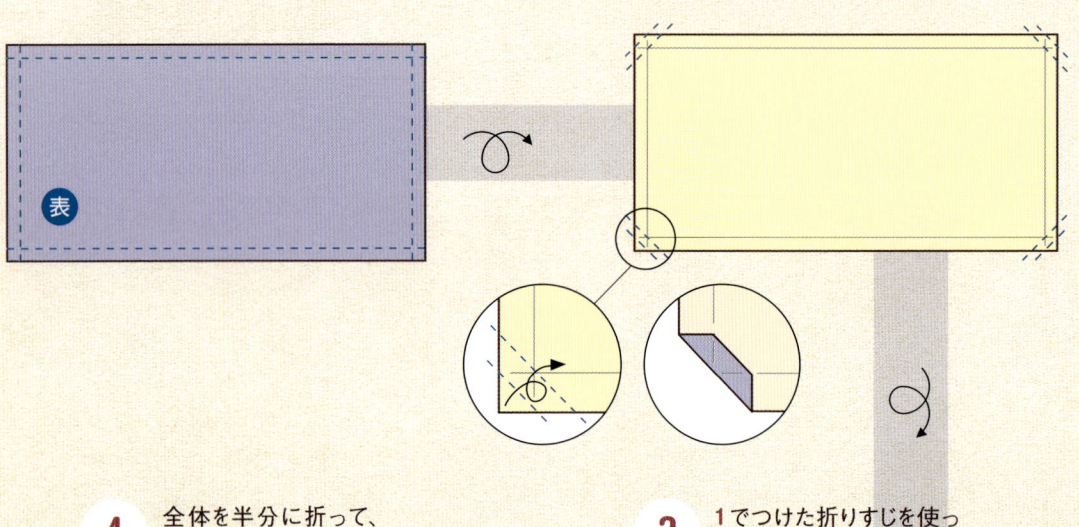

4 全体を半分に折って、ひらきます。

3 1でつけた折りすじを使って折ります。

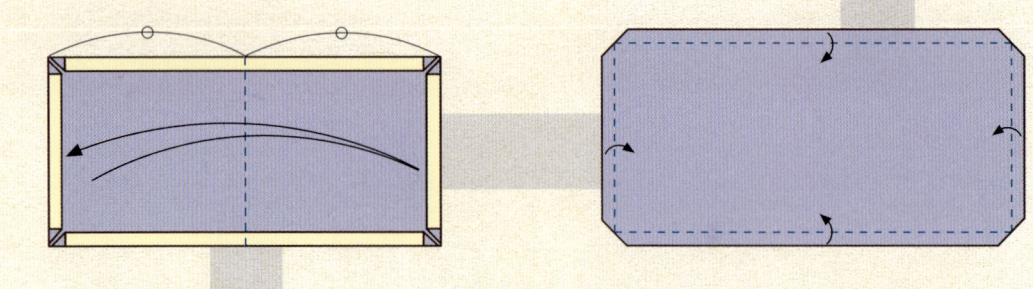

5 できあがり

4でつけた折りすじを使って、少し角度をつけて、立たせてみましょう。

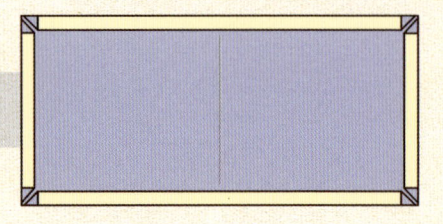

110 こいのぼり

- 紙の形／正方形
- ポイント／紙の大きさを変えて、親子のこいのぼりを作ってみましょう。

1 それぞれの対角線で、全体を半分に折り、折りすじをつけます。

2 まん中の折りすじに合わせて、左右の角を折り、折りすじをつけます。

3 部分的に折りすじをつけます。

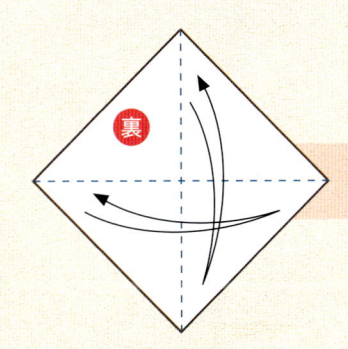

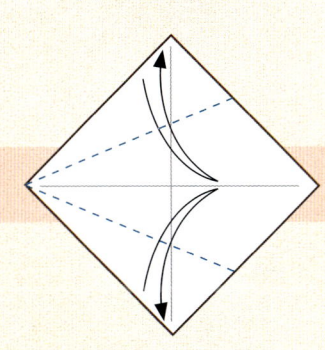

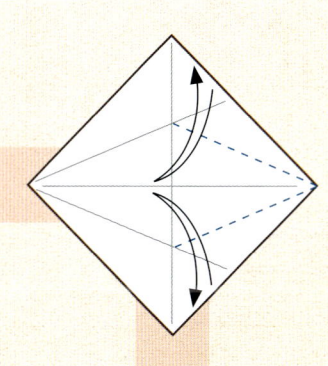

4 ☆をつまんで、まん中でよせ合わせるように折り、紙をたたみます。

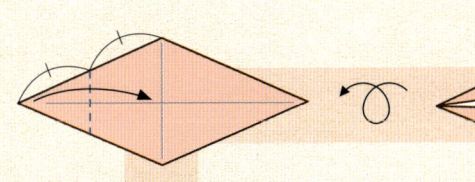

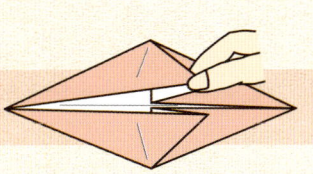

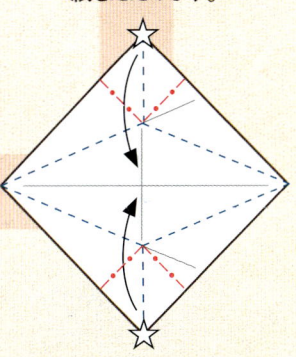

5 角を中心に合わせて折ります。

6 全体を半分に折ります。

7 アは谷折りで下に角を飛び出させます。裏も同じように折ります。イは中わり折りをします。

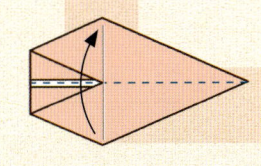

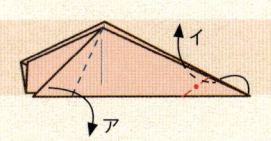

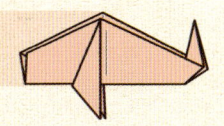

8 できあがり

8 行事を彩る折り紙／びょうぶ・こいのぼり

167

111 ちょうちん

🟩 紙の形／正方形（18×18cm）

🟩 ポイント／七夕の笹飾りに使える作品です。切り込みは、きれいな直線で入れましょう。

1 紙を半分に切ります。外側、内側の部品に分けて作ります。

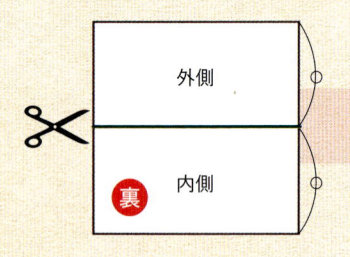

2 外側の部品の紙を、半分に折ります。

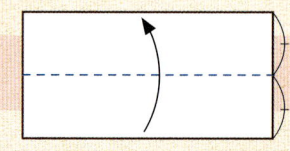

3 同じ間隔で切り込みを入れます。できたら、ひらきます。1cmは残す紙の幅です。

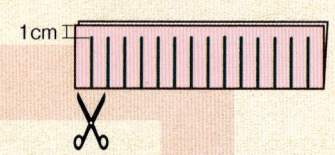

6 4で作った外側の部品の内側にギリギリ入る程度の直径に調節して、のりをつけて、まるく輪にして、接着します。

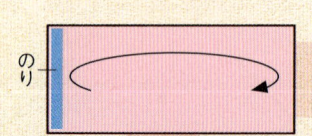

5 内側の部品の紙を、下の辺から1cmくらいのところで切ります。

4 のりをつけて、まるく輪にして、接着します。

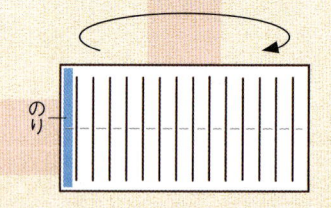

7 外側の部品に内側の部品を入れます。そのとき、外側の部品をの高さを、内側の部品に合わせて、少し低くすると、飾りが外に広がります。部品どうしを接着します。

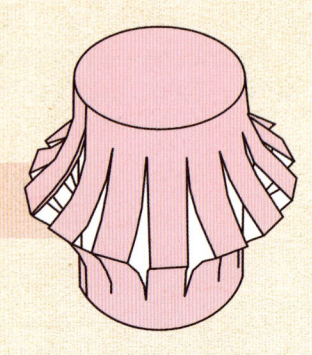

できあがり

168

112 星 (ほし)

- 紙の形 ／ 正方形（18×18cm）
- ポイント ／ ちょうちんと同じく、七夕の笹飾りに使える作品です。色ちがいをたくさん作ってみましょう。

1
折りすじをつけます。

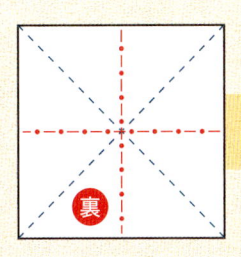

2
4つの角を中心に合わせて折ります。

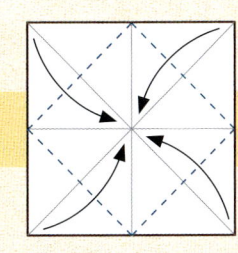

3
四角折りをします。

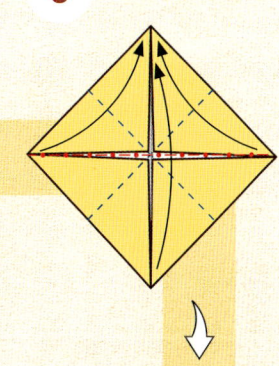

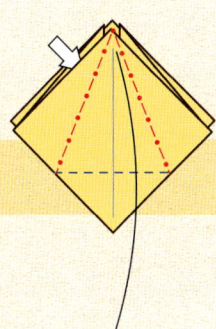

3を折っている途中のようすです。

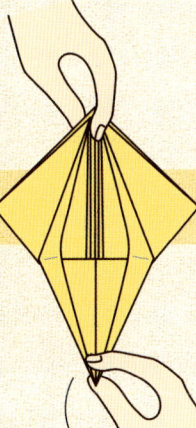

4
図のように、折りすじをつけたあと、⇨のところでひらいて、手前に引いて折ります。

5
4を折っている途中のようすです。裏も4と同じように折ります。

6
上の1組だけを折り上げます。裏も同じように折ります。

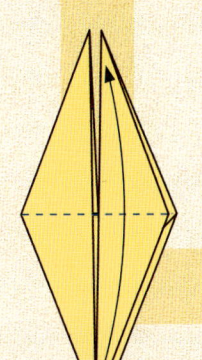

7
先を左右にひらきます。

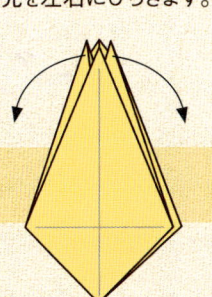

7をひらいている途中のようすです。左右に強く引きます。

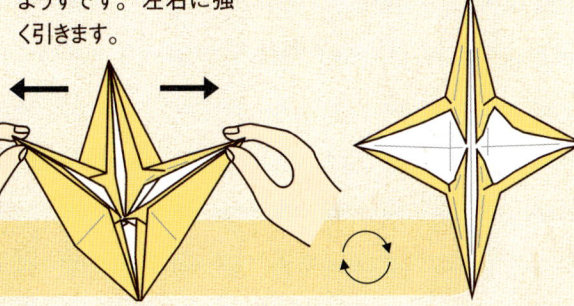

8 できあがり

113 えんぴつ

紙の形 ／ 長方形（正方形を4等分したもの）

ポイント ／ 芸術の秋です。色をたくさんそろえて、色紙やカードに貼って、にぎやかに飾りましょう。

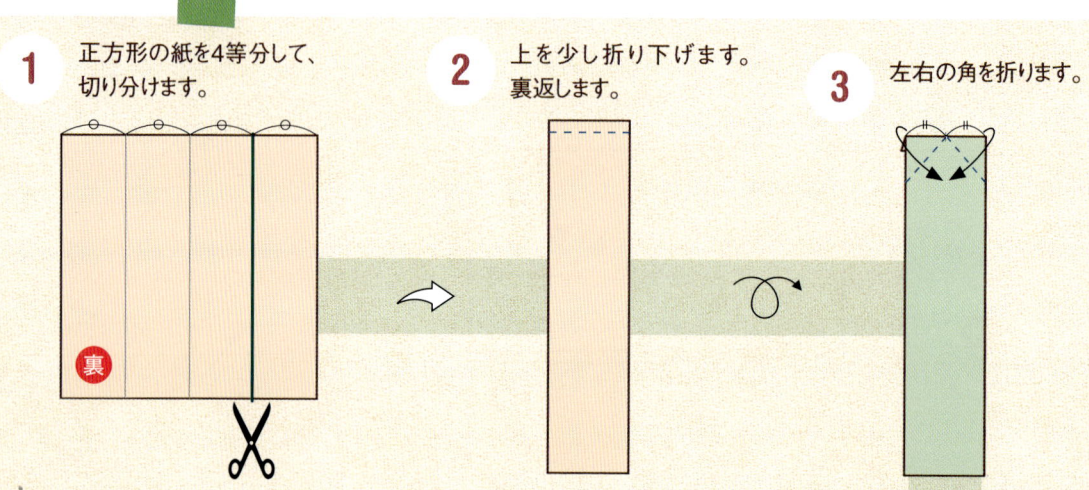

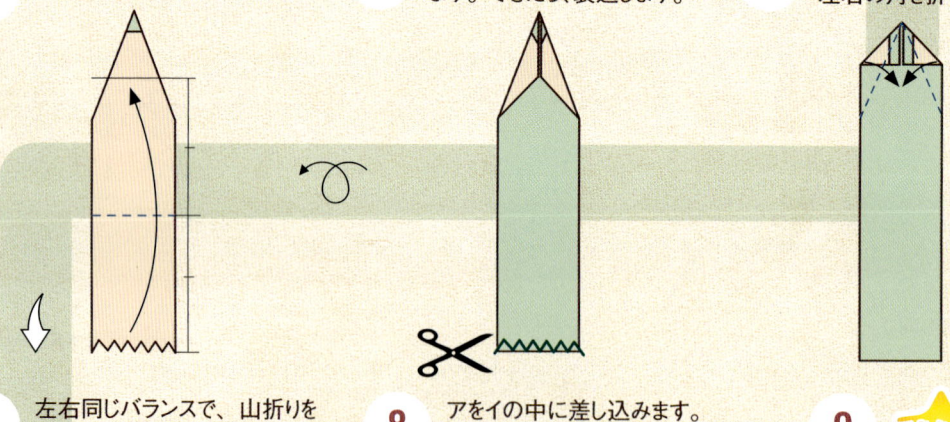

1. 正方形の紙を4等分して、切り分けます。
2. 上を少し折り下げます。裏返します。
3. 左右の角を折ります。
4. さらにまん中で合うように、左右の角を折ります。
5. 下の辺を、ギザギザに切ります。できたら、裏返します。
6. 位置を確認して、折り上げます。
7. 左右同じバランスで、山折りをします。できたら、裏返します。 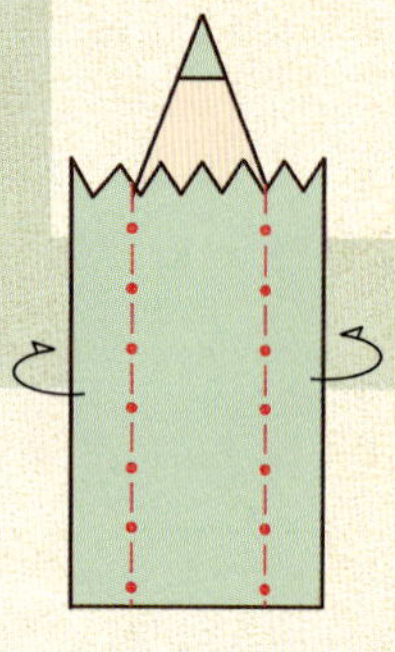
8. アをイの中に差し込みます。できたら、裏返します。 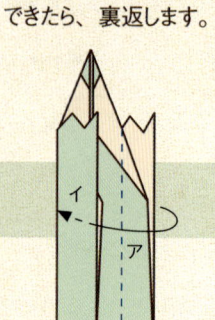
9. できあがり

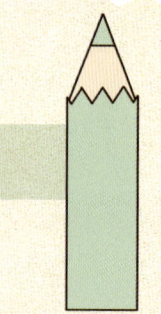

114 くんしょう

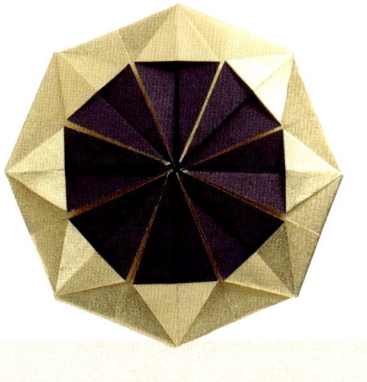

紙の形 / 正方形

ポイント / 運動会で頑張ったごほうびに、キラキラのくんしょうを作ってあげてください。

1. にそう舟（15p参照）の1〜5を折り、6の途中図の段階になっています。ここで、4つ角を四角くなるようにたたみます。

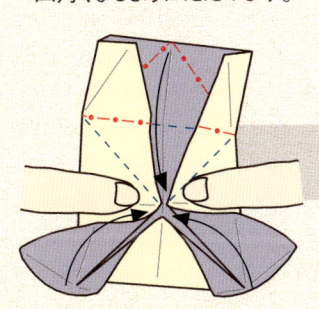

2. 1を折りました。1でたたんだ4つの四角形の上の1組だけに、それぞれの面で角を折ります。

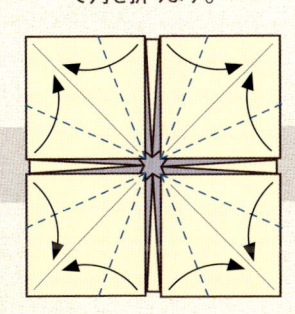

3. ⇨のところでひらいて、それぞれをたたみます。

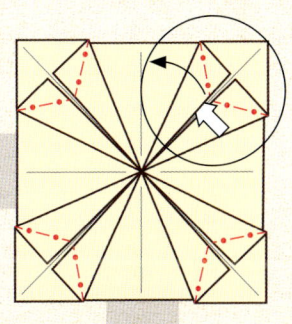

3を折りました。

3の部分拡大図です。

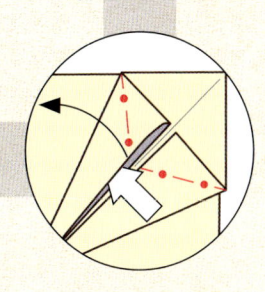

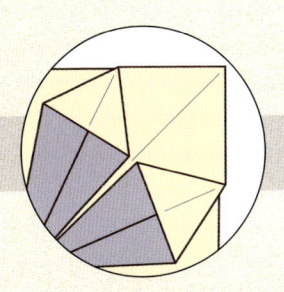

4. 4つの角を、それぞれ山折りします。

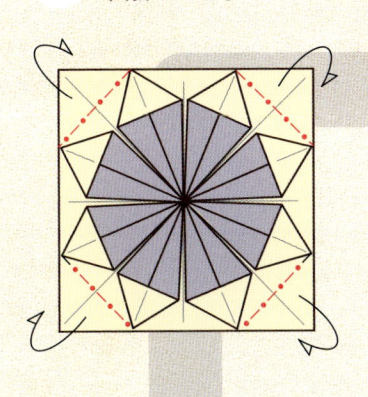

5. できあがり

8 行事を彩る折り紙／えんぴつ・くんしょう

115 キャンドル

■ 紙の形 ／ 長方形（15×15cmの正方形を半分にしたもの）
■ ポイント ／ クリスマスツリーに飾ったり、カードやギフトボックスのアクセントとして貼って使ってください。

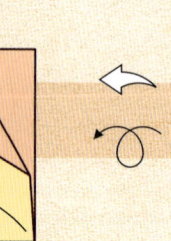

1. 正方形の紙を半分に切り分けます。 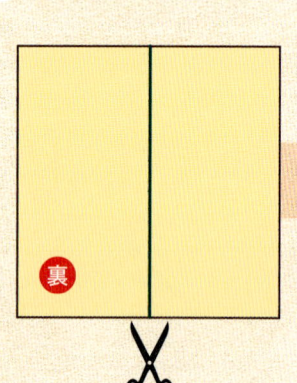
2. 上の辺のまん中あたりで、角度を3等分して折ります。 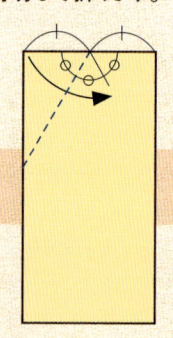
3. 反対の角も、2と同じように折ります。 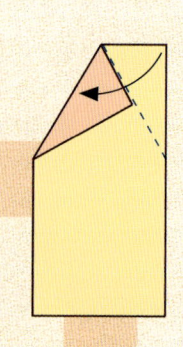
4. 3を折りました。裏返します。 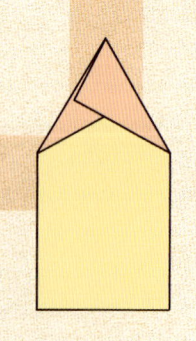
5. 上の角が下に飛び出すように折ります。できたら、上下を入れかえて、向きを変えます。

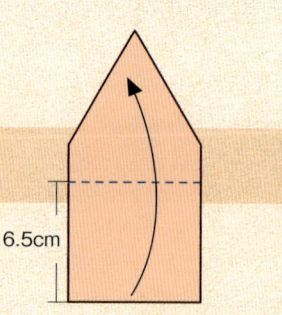

6.5cm

6. 同じバランスでななめに、左右を折ります。 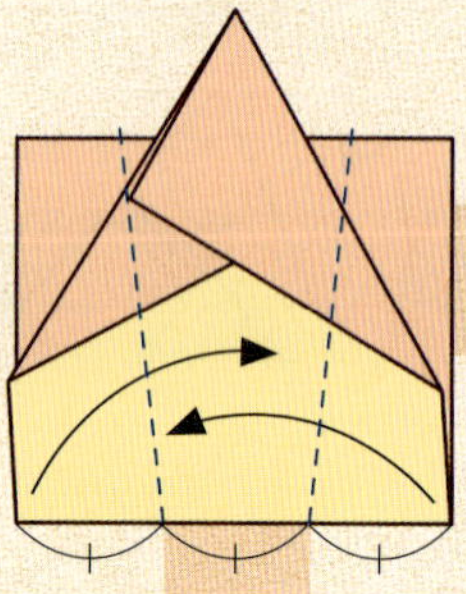
7. 6を折りました。裏返します。 
8. できあがり

8 行事を彩る折り紙／キャンドル

116 クリスマスツリー

■ 紙の形／ツリー：正方形（18×18cm）
　　　　　鉢：正方形（9×9cm）

■ ポイント／きれいな星に仕上げるには、切り込みの位置が大切です。図をよく見て、確認しましょう。

1 ツリーを作ります。タテ、ヨコを半分に折って、折りすじをつけます。裏返します。

2 それぞれの対角線で、全体を半分に折り、折りすじをつけます。裏返します。

3 ☆を★に合わせて折り、紙をたたみます。

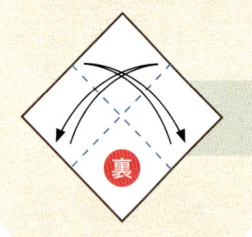

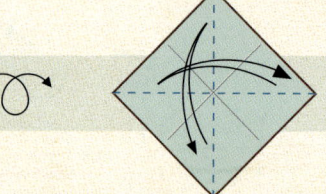

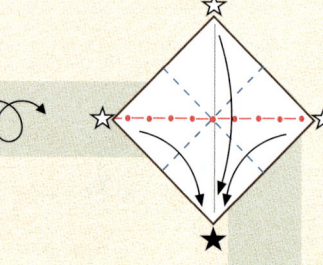

4 先に折りすじをつけてから、⇨のところでひらいて、たたみます。

5 4を折りました。4と同じような面が、残り3つあります。それぞれをひらいて、4と同じように折ります。

6 葉の部分には切り込みを入れます。下の部分は、位置を確認して、切り取ります。

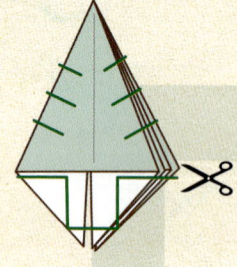

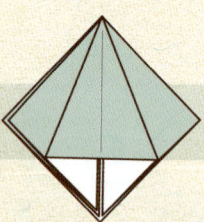

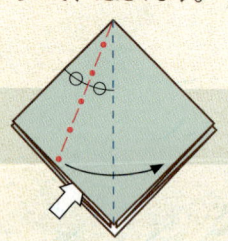

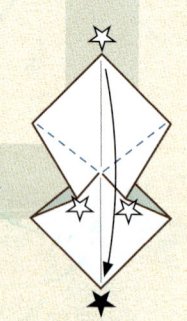

7 6で入れたすべての切り込みを折ります。

8 ○で囲んだ部分で、左側が3枚に、右側が5枚になるように、紙をそろえます。

9 8の要領で、紙を振り分けました。位置を確認して、切り込みを入れます。まん中の線より、少しはみ出して切るのがポイントです。

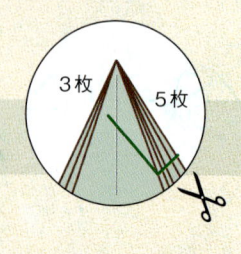

3枚　5枚

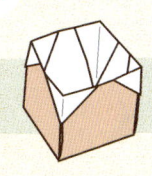

21 ツリーを鉢に入れます。

できあがり

20 鉢のできあがり。

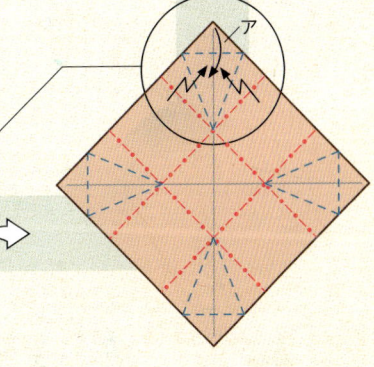

19 のアを折っている途中のようすです。

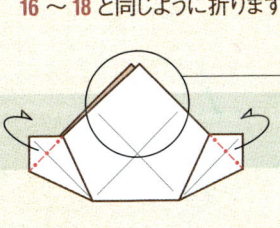

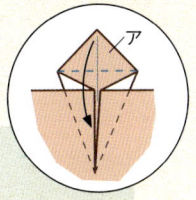

19 すべてをひらきました。折りすじの指示をよく見て、紙をたたみます。段折りしてからアを折りましょう。

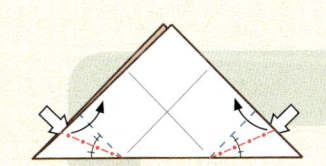

18 左右の角を山折りしたあと、すべてをひらきます。そのあと、15 にもどり、15 とは逆の対角線を折って、残りの2つの角も 16 ～ 18 と同じように折ります。

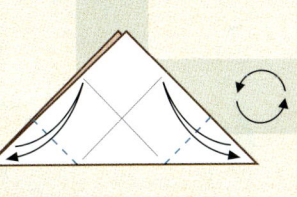

17 ➡のところでひらいて、つぶします。

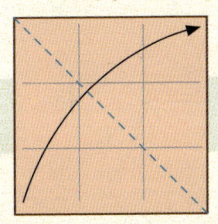

16 左右の角を折り上げて、折りすじをつけます。

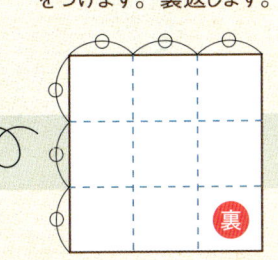

15 対角線で、全体を半分に折ります。

14 鉢を作ります。タテ、ヨコを3等分にして折り、折りすじをつけます。裏返します。

13 ツリーの**できあがり。**

10 切り込みを使って、上の角を倒します。

11 星をつまんで、上下に広げて、形をととのえます。

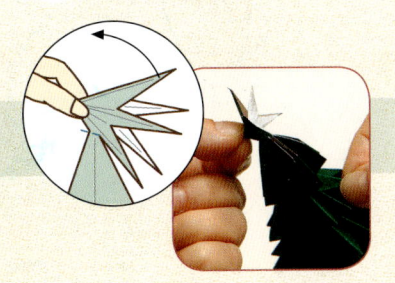

12 星がきれいにひらきました。

8 行事を彩る折り紙／クリスマスツリー

175

117 サンタクロース

紙の形／ 正方形

ポイント／ できあがりに糸をつけて、つり下げて飾ってもいいでしょう。

1 対角線で、全体を半分に折り、折りすじをつけます。裏返します。

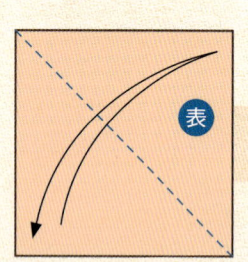

2 タテ、ヨコを半分に折って、折りすじをつけます。

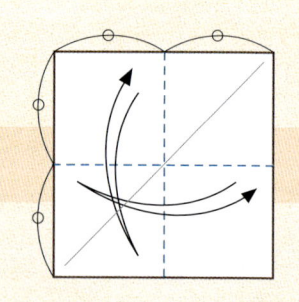

3 右上の角を山折りして、折りすじをつけます。

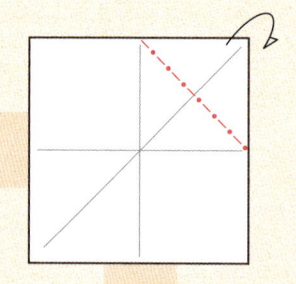

6 3〜5でつけた折りすじを使って、紙をたたみます。7の図の形をよく見てください。

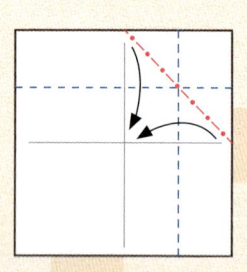

5 まん中の折りすじに合わせて、上の辺を折ります。できたら、すべてをひらきます。

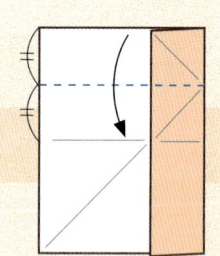

4 まん中の折りすじに合わせて、右の辺を折ります。

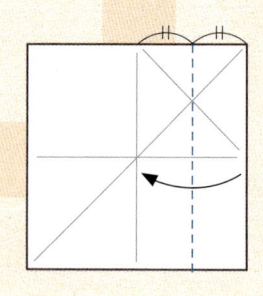

7 6を折って、向きを変えました。裏返します。

8 上の1枚だけを折り上げます。

9 上の1組だけに、折りすじをつけます。

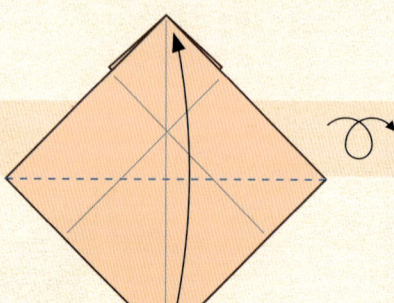

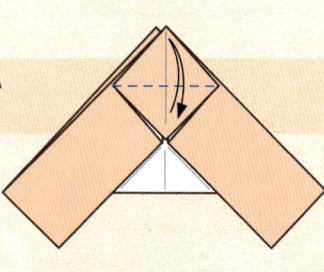

| 21 ★できあがり | 目、鼻、口を描いてみましょう。 | 20 | 18、19でつけた折りすじを使って、赤く示した三角形の部分を押し込みます。 | 19 | ⇨のところでひらいて、部分的に山折りで折りすじをつけます。18の図の形にひらきます。 |

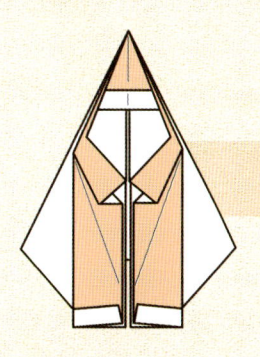

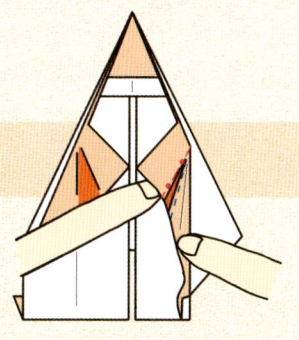

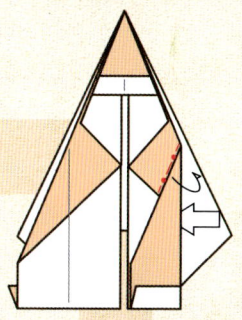

8 行事を彩る折り紙／サンタクロース

| 16 | 上の1組だけを折り上げます。裏も同じように折ります。 | 17 | ⇨のところでひらいて、18の図の形にします。 | 18 | 左右で、⇨のところでひらいて、上の1組だけを半分に折ります。 |

| 15 | ⇨のところでひらいて、右側を左へ送ります。 | 14 | ⇨のところでひらいて、中わり折りをします。 | 13 | 裏の紙もいっしょに折って、折りすじをつけます。 |

| 10 | ⇨のところでひらいて、折りすじを3本つけます。 | 11 | 10の折りすじを使って、谷折りを3回して、紙を巻くように折ります。 | 12 | ⇨のところでひらいて、左右の角を、それぞれ山折りで内側に折り込みます。 |

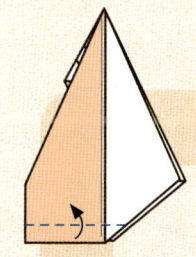

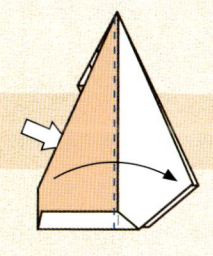

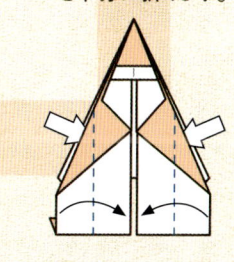

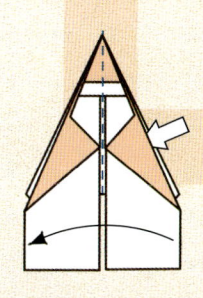

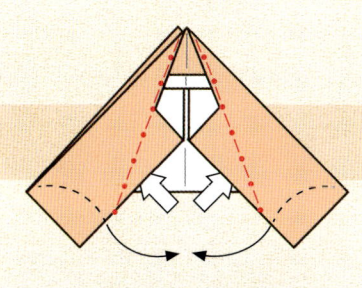

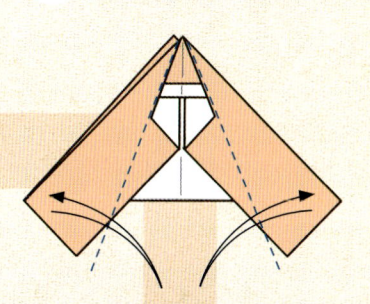

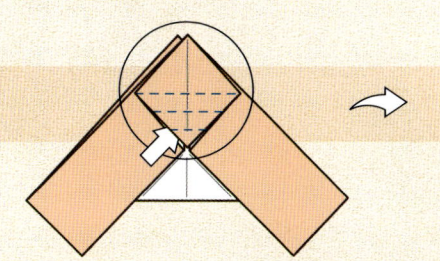

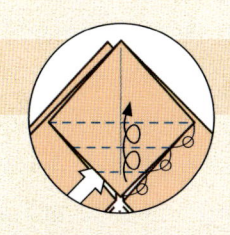

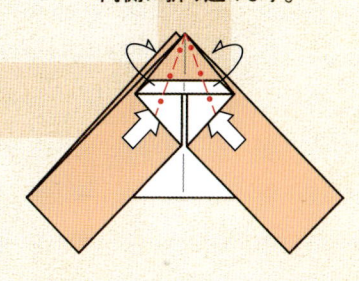

第9章 使える折り紙

118 ポケットティッシュ・ケース

- 紙の形 / 正方形（23×23cm）
- ポイント / ポケットティッシュも用意して、作ってみましょう。

9 使える折り紙／ポケットティッシュ・ケース

1 対角線で、全体を半分に折り、折りすじをつけます。

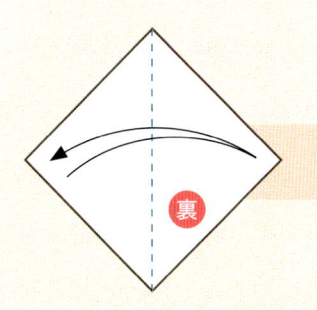

2 1でつけた折りすじより、少し左側にひかえて折ります。 4cm

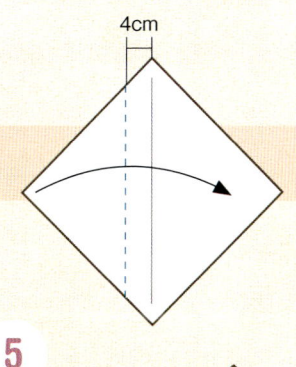

3 1でつけた折りすじの位置で、上の1枚だけを折り返します。

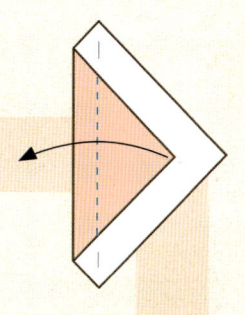

4 ☆を★に合わせて折ります。

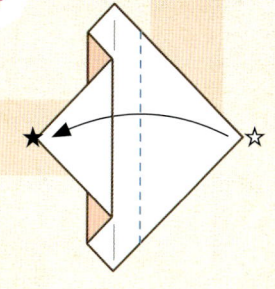

5 4で折った1枚だけを、1でつけた折りすじの位置で折ります。

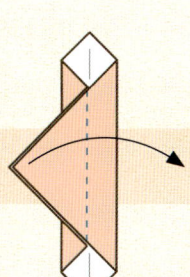

6 上の1枚だけを、位置を確認して角を切り落とします。

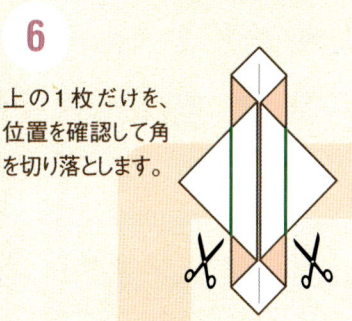

7 アを左側に折ります。

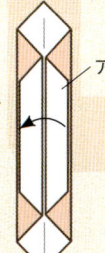

8 谷折りを2回繰り返して、巻くように折ります。

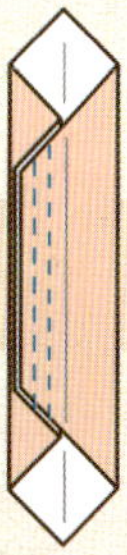

9 8を折りました。イの部分も、7、8と同じように折ります。

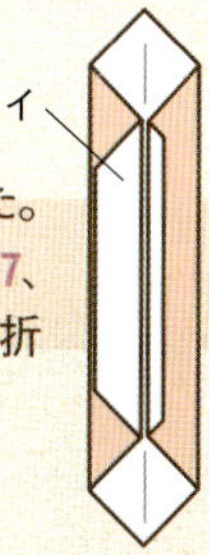

10 ポケットティッシュの大きさに合わせて、上下を山折りで裏に折り、裏で先を差し込んでつなぎます。

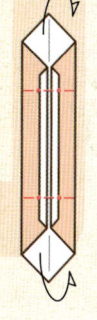

11 できあがり

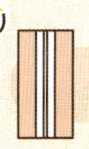

裏側です。

ポケットティッシュ

179

119 カード入れ

原案・藤田文章　アレンジ・中島進

紙の形 ／ 長方形（22×26cm）

ポイント ／ 折れば折るほど、紙の厚みが増します。その厚みを考えて、折る位置を調整して作ります。一度作ればコツがわかります。あらかじめ、チラシなどで練習してみましょう。

1 位置を確認して、上下の辺を折ります。

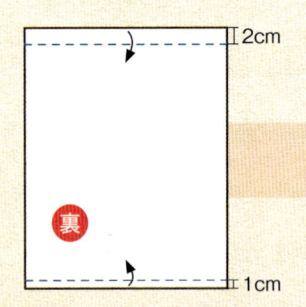

2 全体を半分に折って、折りすじをつけてひらきます。

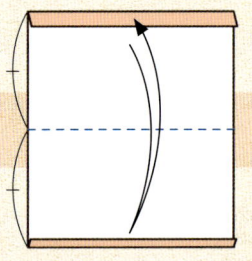

3 2でつけた折りすじを目安にして、上では、折りすじから1cm、下では折りすじから0.5cm、あいだをあけて折ります。

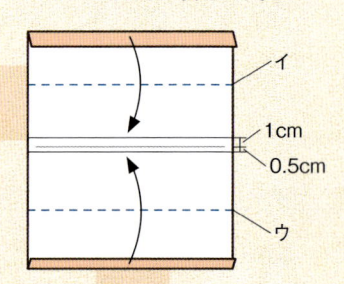

4 3を折りました。3の形にもどします。

5 アを⇨のところでひらきます。イの位置は、つぎの手順で使います。下の左右の角は、ウの折りすじがわずかに見えるように、少し下にひかえて折ります。

6 右上の角は、イの折りすじがわずかに見えるように、少し上にひかえて折り、折りすじをつけます。できたら、裏返します。

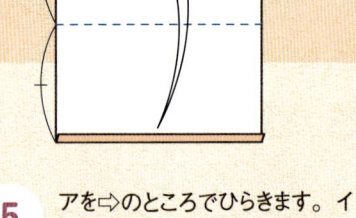

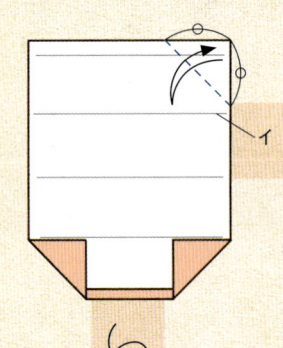

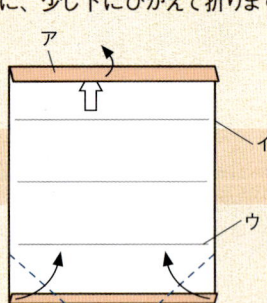

7 6でつけた折りすじに、角を合わせて折ります。

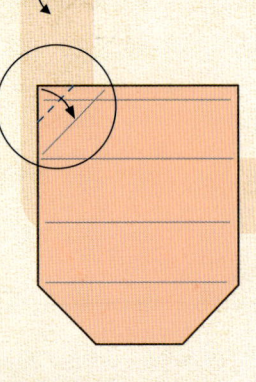

8 さらに、半分に折ります。

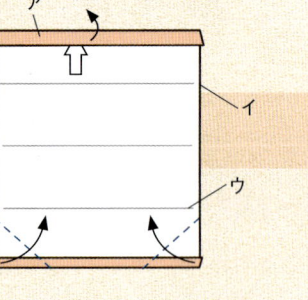

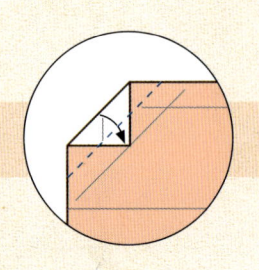

9 6でつけた折りすじを使って折ります。

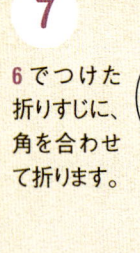

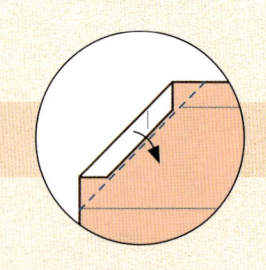

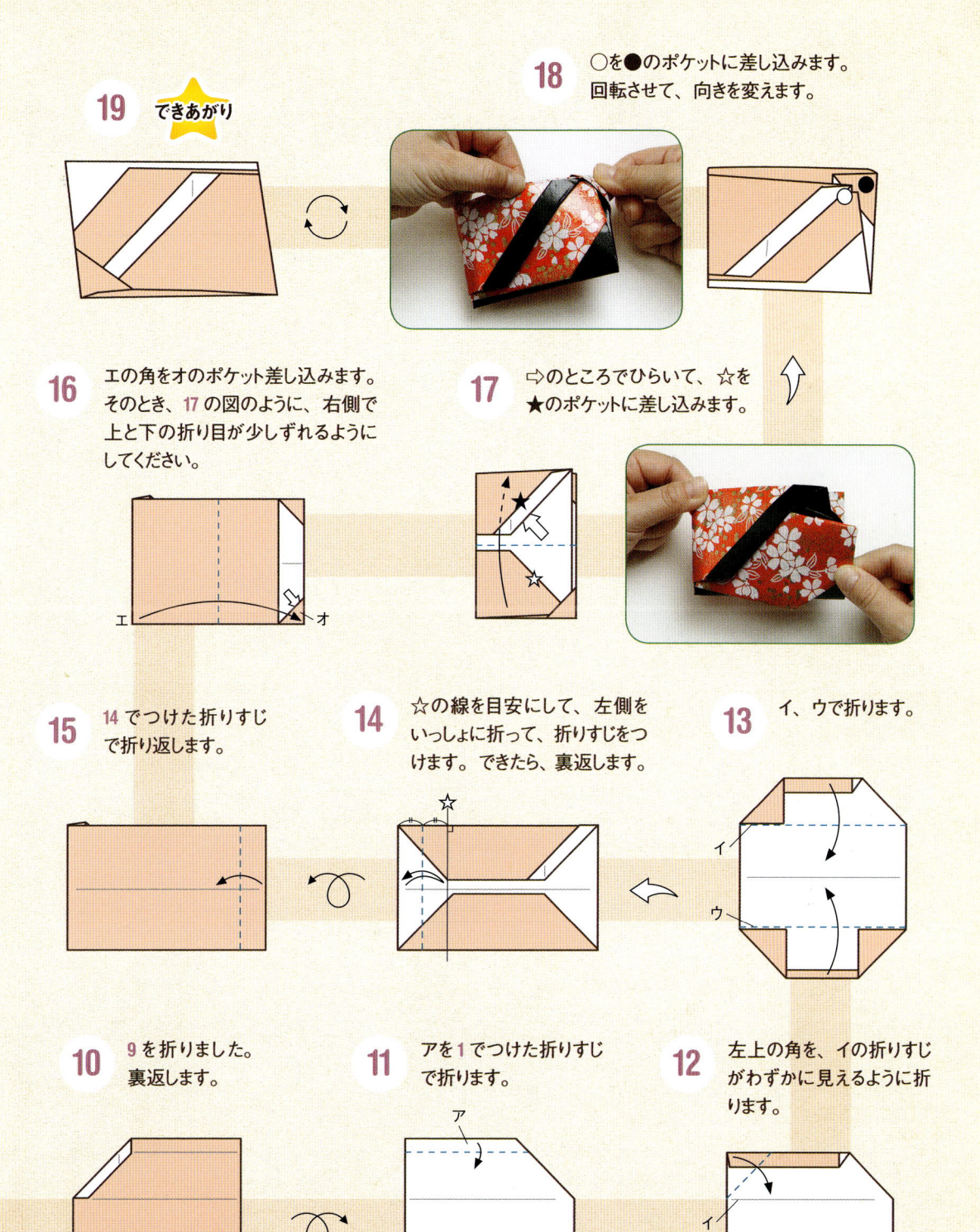

18 ○を●のポケットに差し込みます。回転させて、向きを変えます。

19 できあがり

16 エの角をオのポケット差し込みます。そのとき、17の図のように、右側で上と下の折り目が少しずれるようにしてください。

17 ⇨のところでひらいて、☆を★のポケットに差し込みます。

15 14でつけた折りすじで折り返します。

14 ☆の線を目安にして、左側をいっしょに折って、折りすじをつけます。できたら、裏返します。

13 イ、ウで折ります。

10 9を折りました。裏返します。

11 アを1でつけた折りすじで折ります。

12 左上の角を、イの折りすじがわずかに見えるように折ります。

9 使える折り紙／カード入れ

120 端午の封筒

アレンジ・冨田登志江

■紙の形／長方形（A4サイズ・21×29.7cm）

■ポイント／かぶと、こい、2つの細かな飾りを、部分的に作り上げます。折りすじが多く、複雑に見えますが、折りすじの指示をよく見て進めれば、自然と形ができあがってきます。

1 右はしを少し山折りしたあと、全体を半分に折って、折りすじをつけます。

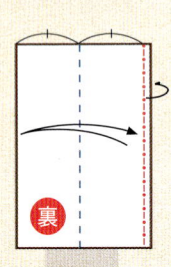

2 右はしは折ったままです。1でつけた折りすじに合わせて、左右の辺を折って、折りすじをつけます。できたら、右はしを1の形にもどします。

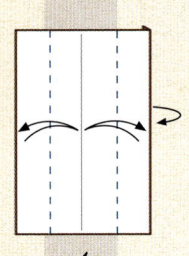

3 ア、イの角を三角形に折って、折りすじをつけてから、それぞれの角で切り込みを入れます。

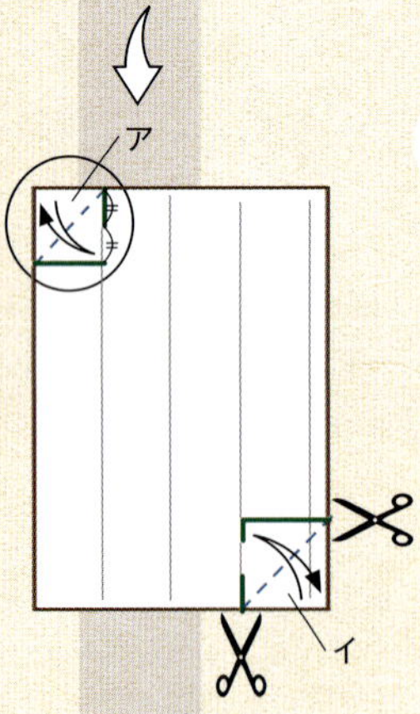

4 ア、イの角を使って、それぞれかぶととこいを作ります。右はしをふたたび、少し山折りしたあと、上下で角を折ります。できたら、裏返します。

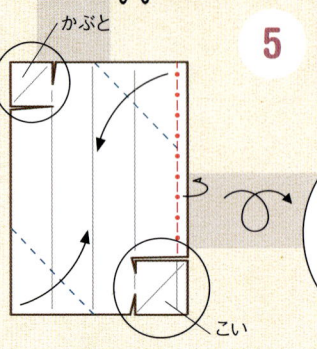

5 イを使ってこいを折ります。図をよく見て、折りすじをつけて、紙をたたみます。

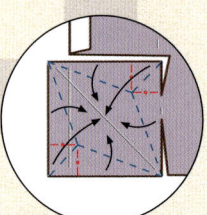

6 5を折りました。点線はかくれている部分です。裏返します。

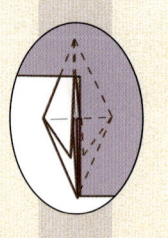

7 先を谷折りで、折り上げます。

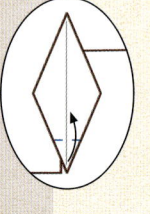

8 のりをつけて、半分に折ります。

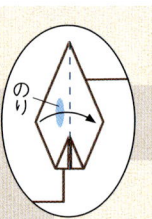

9 ウで中わり折りをします。裏返します。

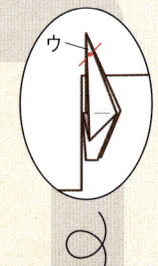

10 ひれを谷折りします。できたら、紙の下にある、こいの尾を引き出します。

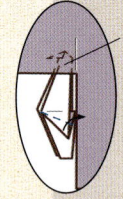

11 こいができあがりました。

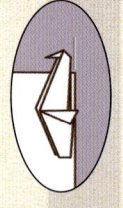

12 アを使ってかぶとを折ります。半分に折ります。

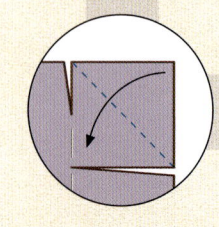

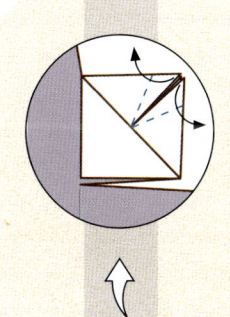

16 角を折り上げて、三角形を前にします。

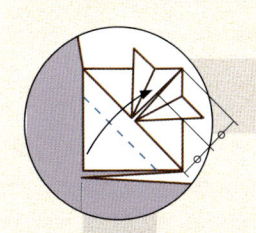

17 三角形の底辺を折り上げます。できたら、裏返します。

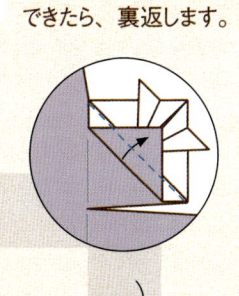

24 できあがり

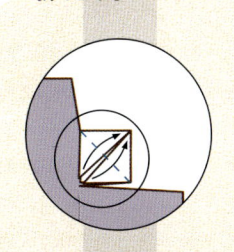

15 左右に折り広げます。

18 まとめて三角形に折ります。ふたたび、裏返します。

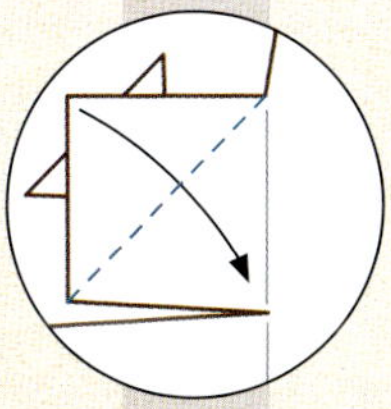

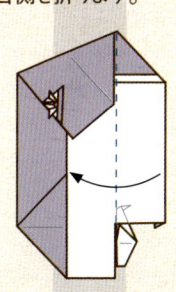

23 ★を☆に合わせて折り、⇨のところでひらいて、中に差し込みます。

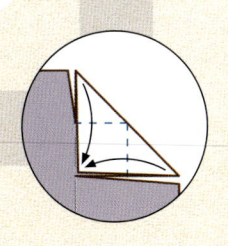

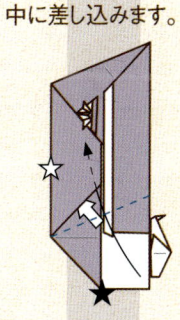

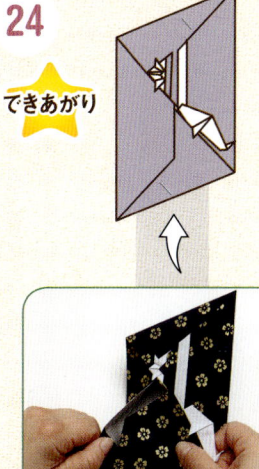

14 2つの角を、それぞれ折ります。

19 のりをつけて、折り倒して接着します。

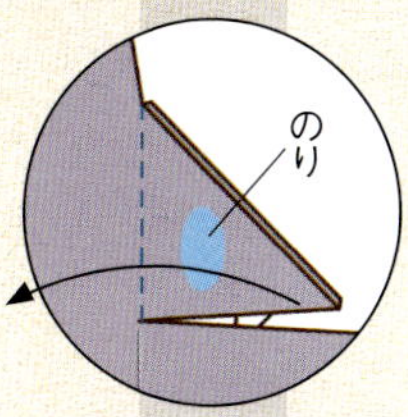

のり

22 右側を折ります。

13 2つの角を集めて折ります。

20 かぶととこいの位置を確認して、左側を折ります。

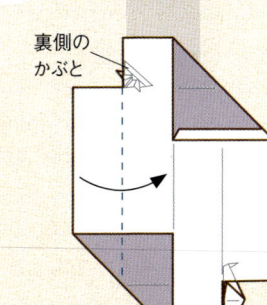

裏側のかぶと

こい

21 ★を☆に合わせて折ります。

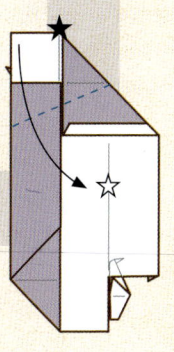

9 使える折り紙／端午の封筒

183

121 鶴のポチ袋

**紙の形 / ** 長方形（14×30cm）

**ポイント / ** 途中、鶴の部分を拡大して解説します。紙の裏ができあがりで色のアクセントになります。紅白で仕上げると、めでたい感じになるでしょう。

1 下の部分を使って、三角折りをします。

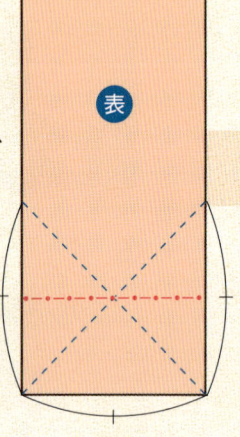

1を折っている途中のようすです。

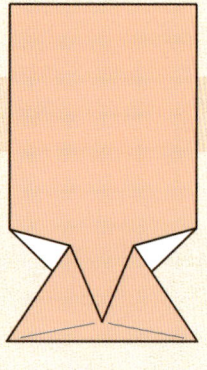

2 ⇨のところでひらいて、3の図の形にたたみます。

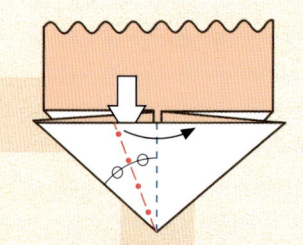

3 まん中の折りすじに合わせて、左右の角を折って、折りすじをつけます。

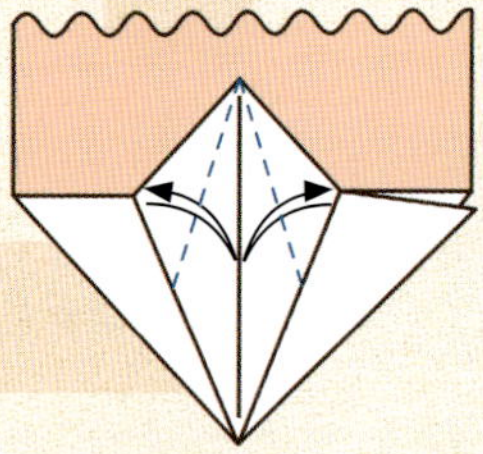

4 ⇨のところでひらいて、手前に引き出すように起こして、たたみます。

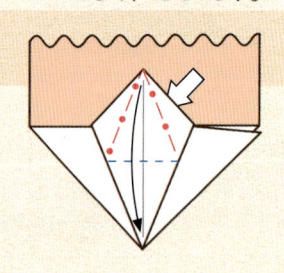

5 4でたたんだ部分を折り上げます。

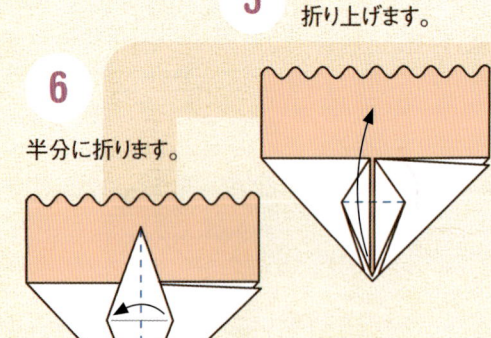

6 半分に折ります。

7 ☆の部分も、2〜5までと同じように折り、できたら、その部分を右に折ります。

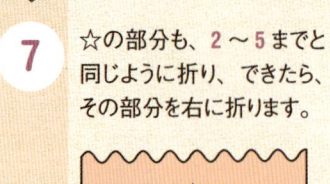

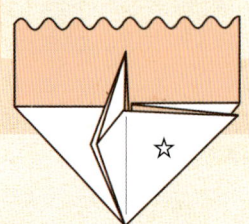

8 中わり折りをして、頭を作ります。

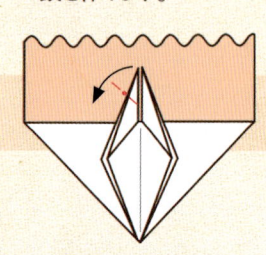

9 上の辺を1cmくらい山折りします。できたら、位置を確認して上の部分を折り下げ、鶴のうしろに紙を差し込みます。

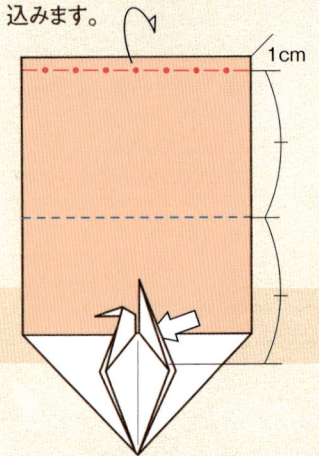

9 使える折り紙／鶴のポチ袋

10 鶴の幅より外側で、左右を山折りします。できたら、裏返します。

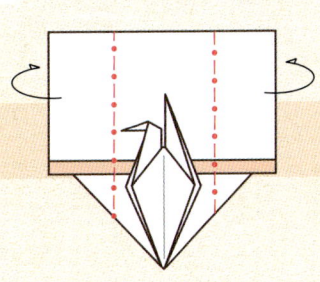

11 アをイの中に差し込みます。できたら、裏返します。

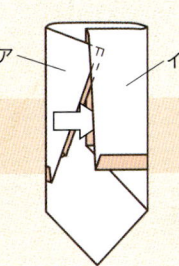

12 できあがり

185

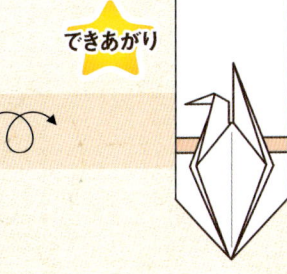

122 ウサギのポチ袋

紙の形／正方形（20×20cm）

ポイント／かわいいかおを描いて、仕上げてください。お金やメッセージカードを入れる場合は、できあがりまで折ってから、ひらいて折りなおしましょう。

1 対角線で、全体を半分に折り、折りすじをつけます。裏返します。

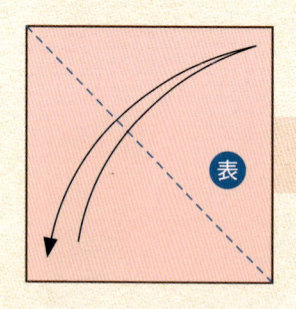

2 タテ、ヨコの辺を半分に折って、折りすじをつけます。

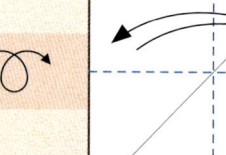

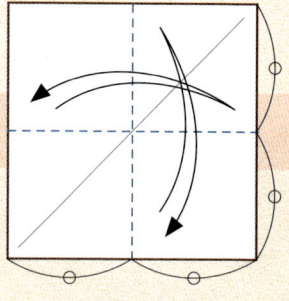

3 右上の角を山折りして、折りすじをつけてもどします。

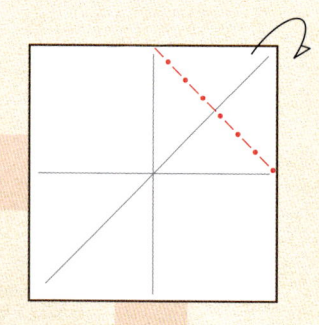

4 位置に注意して折ります。

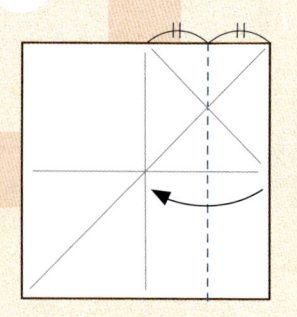

5 上から1/4の部分を折り下げます。できたら、すべてをひらきます。

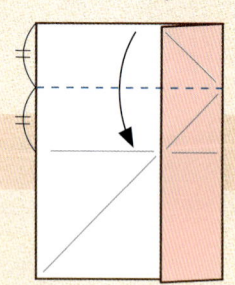

6 おこづかいを入れる場所を確認してください。左下の角を折ります。

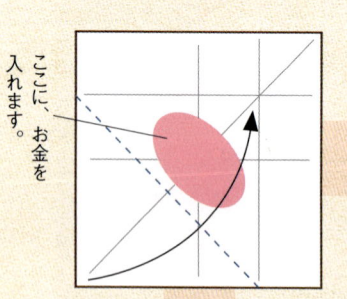

ここに、お金を入れます。

7 3～5でつけた折りすじを使って、両側からよせるように折り、たたみます。

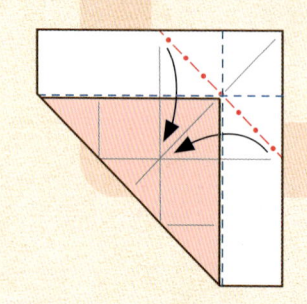

8 ⇨のところでひらいて、上の1枚だけを折ります。

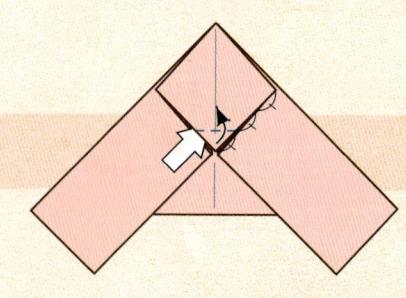

18 できあがり 目や鼻を描き込んでみましょう。

17 あいだをひらいて、左右に折り広げます。

16 15を折りました。裏返します。

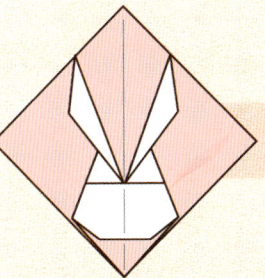

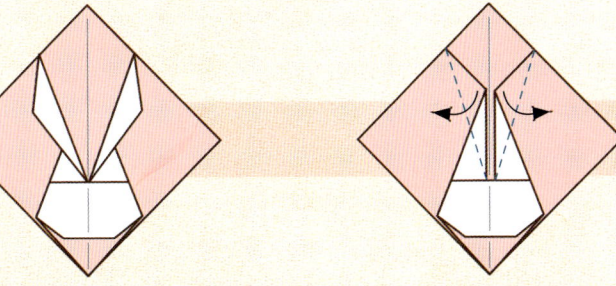

13 左側を折り下げて、12で折り下げた部分に差し込みます。

14 ⇨のところでひらいて、上の1組だけに谷折りで折りすじをつけます。

15 14でつけた折りすじを山折りになおして、内側に入れ込みます。

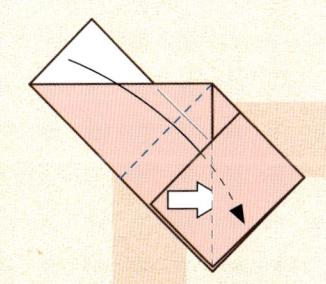

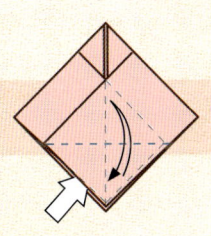

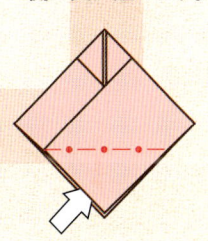

12 13の図の形をよく見て、右側を折り下げます。

11 10を折りました。できたら、裏返したあと、向きを変えます。

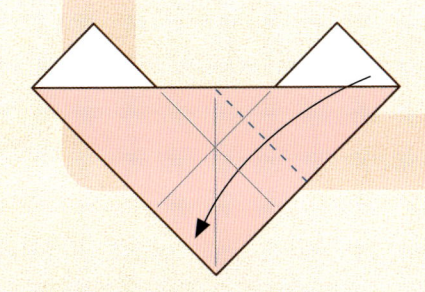

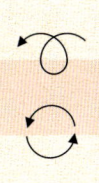

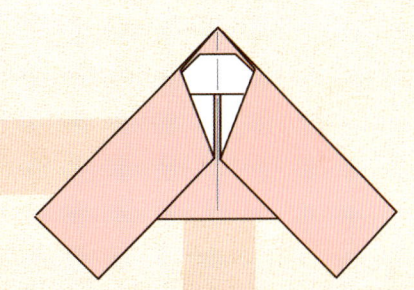

9 8で折った1枚を、さらに折り上げます。

10 ⇨のところでひらいて、左右の角を、山折りで内側に折ります。

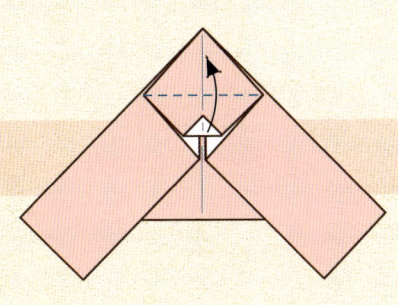

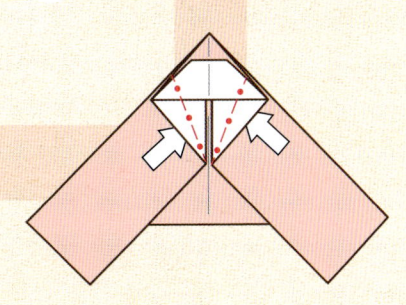

9 使える折り紙／ウサギのポチ袋

187

123 ぼうし型のはし置き

■紙の形／正方形（8×8cm）

■ポイント／小さな紙で作れる、立体的なはし置きです。6の図の形で、たくさん作り置きしておくと、便利に使えます。

1 全体を半分に折ります。

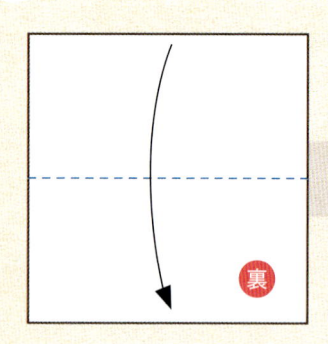

2 さらに半分に折って、折りすじをつけます。

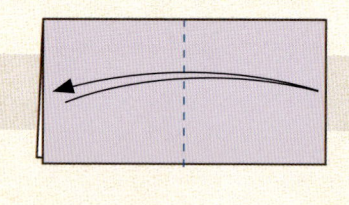

3 2の折りすじに、左右の辺が合うように折って、折りすじをつけます。その折りすじを使って、上の左右の角を折って折りすじをつけたあと、左右それぞれ、⇨でひらいて、4の図の形にたたみます。

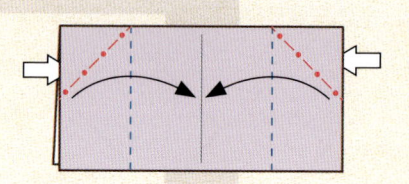

4 左右を山折りします。

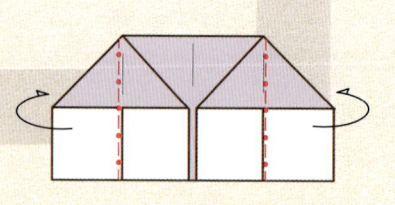

5 ⇨のところでひらいて、谷折りを2回します。裏も同じように折ります。

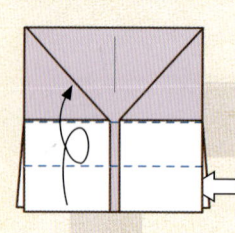

6 ⇨のところでひらいて、上を指で押してつぶします。

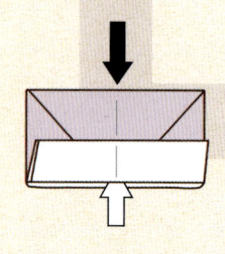

7 できあがり

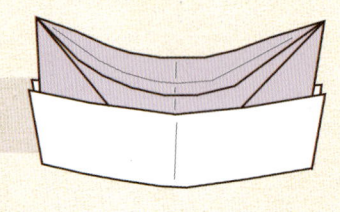

124 フォトスタンド

紙の形／長方形（15×32cm）

ポイント／L判の写真がぴったり入るように、紙のサイズを調整しています。

9 使える折り紙／ぼうし型のはし置き・フォトスタンド

1 位置を確認して、折りすじをつけます。

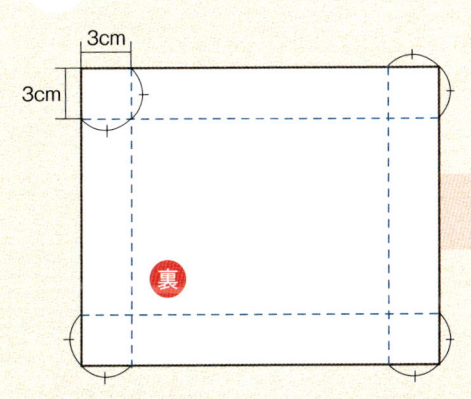

3cm
3cm
(裏)

2 角を折ります。

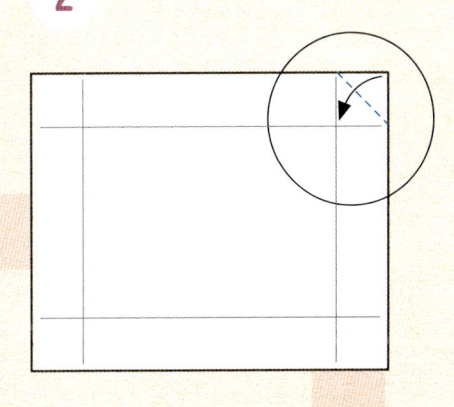

3 2の部分拡大図です。折りすじをつけてひらきます。

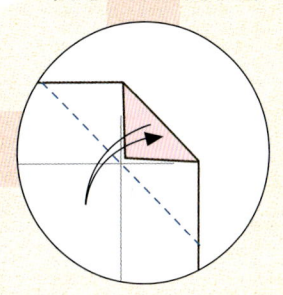

4 3の折りすじを、山折りして、紙をたたみます。

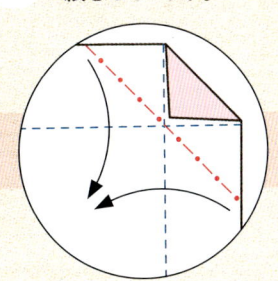

5 4を折りました。残りの3つの角も、2～4までと同じように折ります。

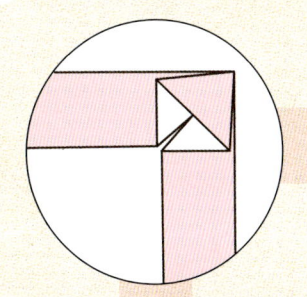

6 全体を半分に折り、さらに1/4のところで山折りします。

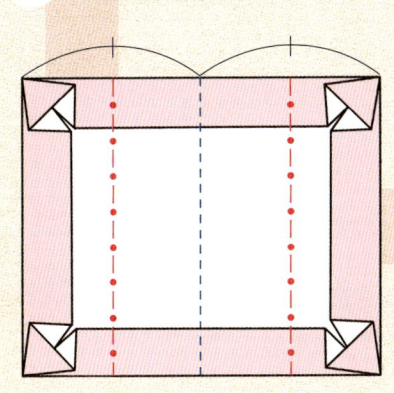

7 できあがり　写真を差し込んで、みましょう。タテ・ヨコ、どちらでも使えます。

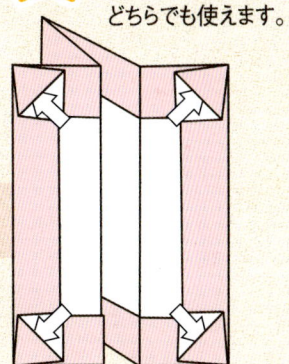

189

125 鶴のカードスタンド

紙の形／ 正方形（30×30cm）

ポイント／ 羽を広げた鶴のカード・スタンドです。カードを差し込んで、立てる位置を完成写真で確認してください。

1 四角折りをします（14p参照）。3つの☆を★に集めるように折ります。

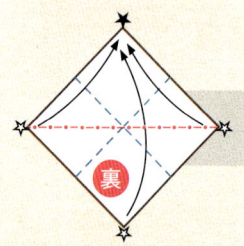

2 元の紙の1/4の大きさにたたまれました。左右の角をまん中で合わせて折ってから、下の角を折り上げます。

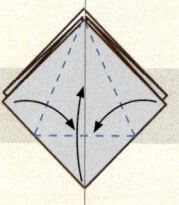

3 しっかり折りすじをつけて、2の形にひらきます。

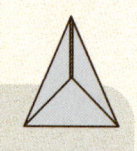

4 ⇨のところでひらいて、上の1枚を折り下げます。

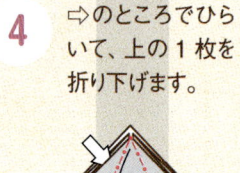

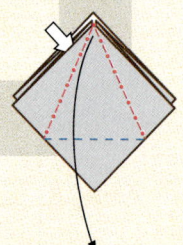

5 4を折ったようすです。裏も同じように折りましょう。

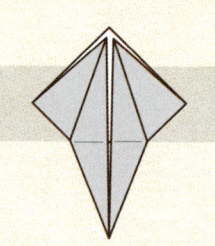

6 右の上の1枚を左へ折ります。裏も同じように折ります。

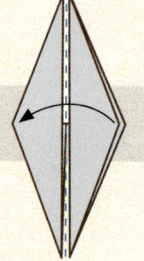

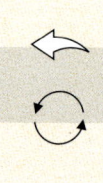

7 上の1組だけを、半分に折ります。裏も同じように折ります。

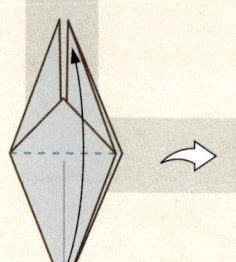

8 上の1組だけを、ななめに折ります。裏も同じように折ります。

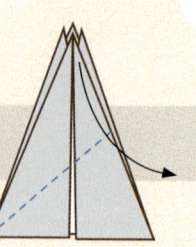

9 ☆を中わり折りをして、頭を作ります。左右の羽になる部分は、前方に谷折りして、広げます。

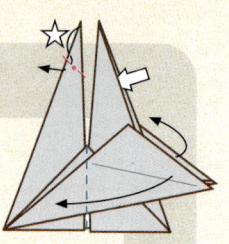

10 うしろから見ています。下の左右の角は、少し折り返します。三角形のまん中は、かるく谷折りをして、11の図の形にします。

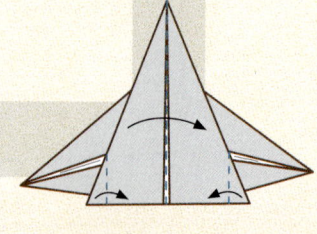

11 できあがり 完成写真を見て、カードを立てる位置を確認しましょう。

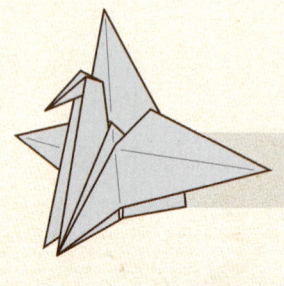

9 使える折り紙／鶴のカードスタンド

191

126 桜の器

原案・中野光枝　アレンジ・冨田登志江

紙の形 / 正方形・5枚

ポイント / キリギリス（72p参照）と同じような作り方です。同じものを5つ作って貼り合わせて、大きな作品に仕上げます。

1 対角線で半分に折ります。

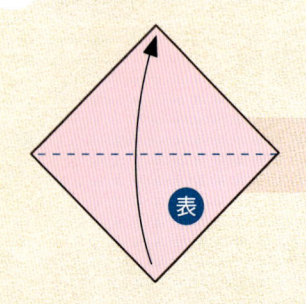

2 位置を確認して、谷折りで折り下げます。裏も同じように折ります。

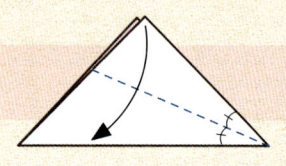

3 しっかり折りすじをつけて、裏を上にしてひらきます。

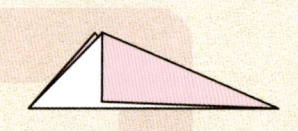

6 ☆を★に合わせて、ななめに折り下げます。裏も同じように折ります。

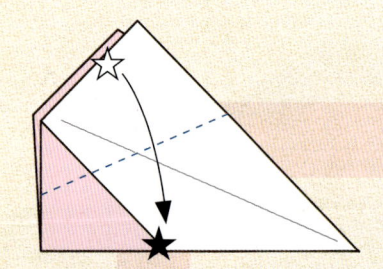

5 全体を半分に折ります。

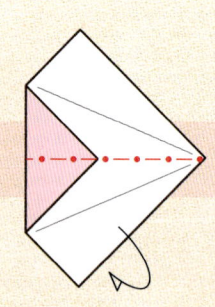

4 左側の角を折ります。

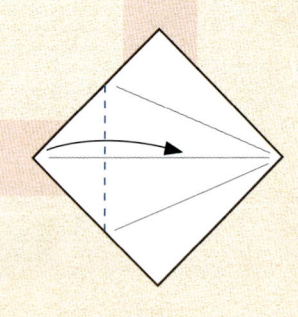

7 折りすじを2か所でつけてから、アをひらきます。

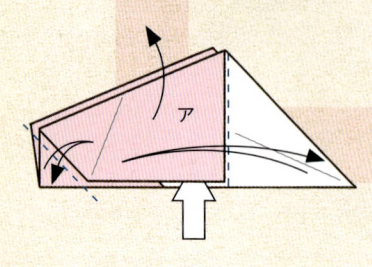

8 右の角があるイを、ウに差し込んだあと、アをもどします。

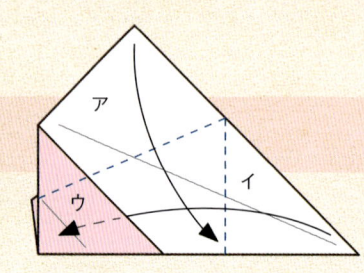

9 右上の角を折り返して、折りすじをつけます。左下の角の☆は、中に折り入れます。

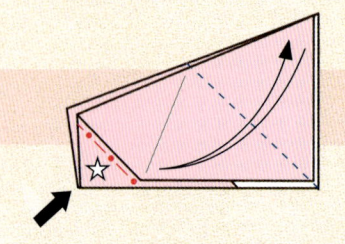

9 使える折り紙／桜の器

14 同じものを5つそろえて、図で示した「のり」の部分を合わせて接着します。

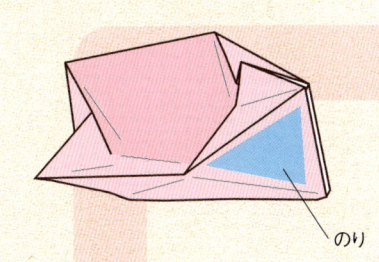

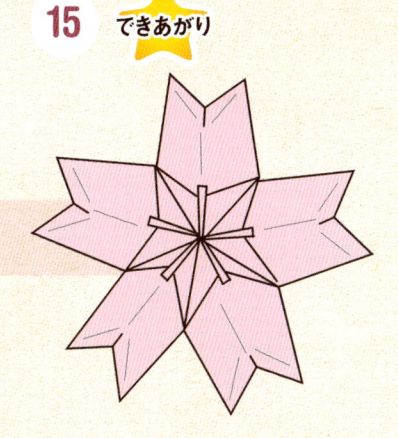

のり

15 できあがり

13 を折っている途中のようすです。つまんで持ち、折ります。

13 上から見ています。10、11でつけた折りすじを折りなおして、段折りをします。

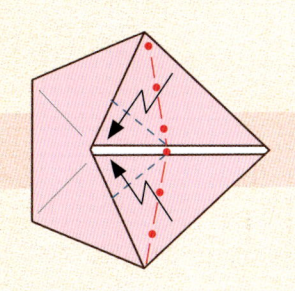

12 ⇨でひらいて、➡で押して、9でつけた折りすじを山折りして13の図の形にします。

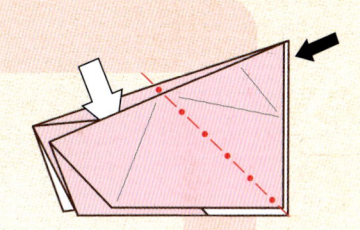

10 角を全部いっしょに谷折りします。

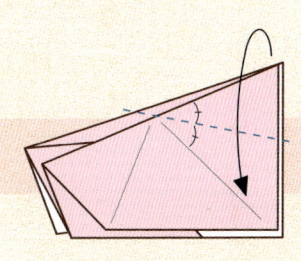

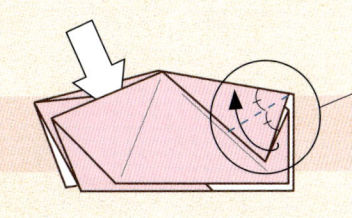

11 10で折った部分を半分に折ります。12の図を見てください。できたら、⇨のところでひらきます。

11の部分拡大図です。

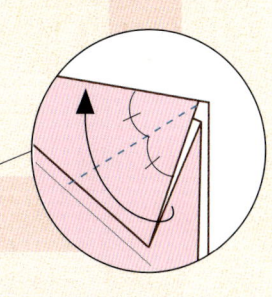

193

127 脚つきクッキーボックス

■紙の形／正方形（18×18cm）
■ポイント／スナックやクッキーを入れる脚つきの箱です。たくさんのお菓子を入れるときは、大きな紙で作りましょう。

1 対角線、タテ、ヨコで折って、折りすじをつけてひらきます。

2 4つの角を中心に合わせて折ります。

3 2を折りました。裏返します。

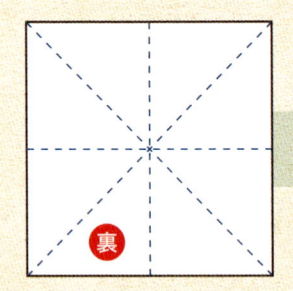

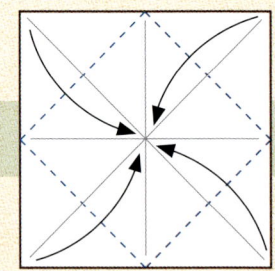

4 折りすじを使って、3つの★を上の☆に合わせて、紙をたたみます。

4を折っている途中のようすです。

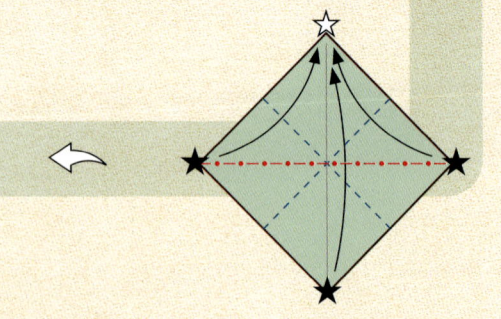

5 ⇨のところをひらいて、折りすじをつけます。

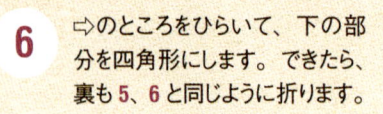

6 ⇨のところをひらいて、下の部分を四角形にします。できたら、裏も5、6と同じように折ります。

7 まとめて折りすじをつけます。

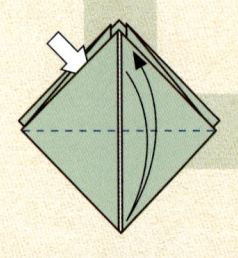

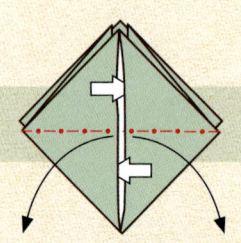

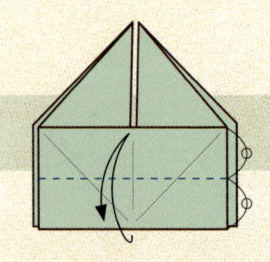

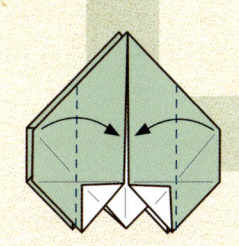

14 ⇨のところをひらいて、折り下げます。裏も同じように折ります。

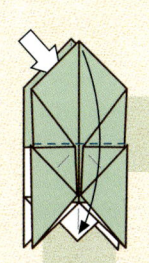

15 中を広げて、底を平らにして、形をととのえます。

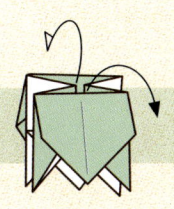

16 できあがり

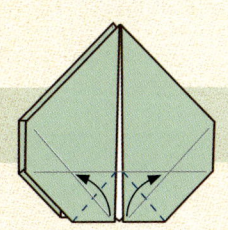

13 まん中に合わせて、左右を折ります。裏も同じように折ります。

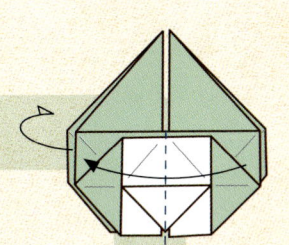

12 上の1組だけを、角を左右に折り上げます。裏も同じように折ります。

11 右半分を、左側に送ります。裏も同じように折ります。

8 左右の角を折って、折りすじをつけます。裏も同じように折ります。

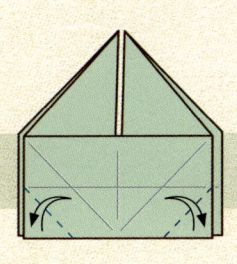

9 ⇨のところをひらいて、左右の角をつぶすようにして、紙をたたみます。

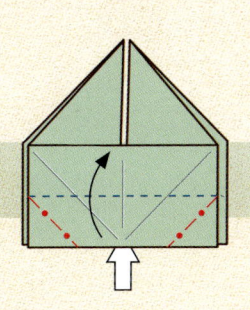

10 9を折りました。裏も同じように折ります。

9 使える折り紙／脚つきクッキーボックス

原案・中島進

128 花の小箱

紙の形／ ふた：正方形（30×30cm）、箱：正方形（29×29cm）、
花：正方形（15×15cm）

ポイント／ ふたと箱は同じ折り方で作りますが、紙の大きさで一辺の長さが1cm
だけちがいます。色合わせを考えて、美しい箱に仕上げましょう。

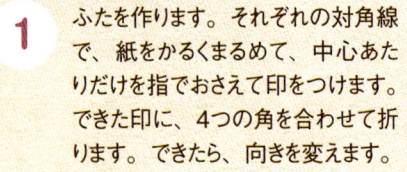

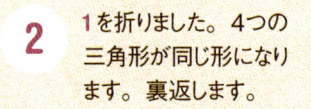

1 ふたを作ります。それぞれの対角線で、紙をかるくまるめて、中心あたりだけを指でおさえて印をつけます。できた印に、4つの角を合わせて折ります。できたら、向きを変えます。

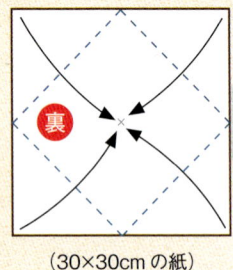

（30×30cmの紙）

2 1を折りました。4つの三角形が同じ形になります。裏返します。

3 中心の印に合うように4つの辺を折って、折りすじをつけます。できたら、裏返します。

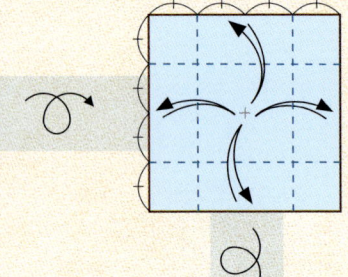

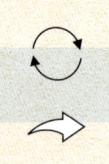

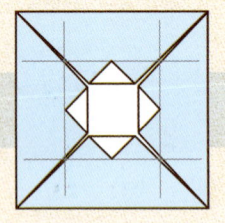

6 中心の印に合うように上下の辺を折ります。

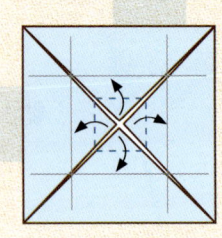

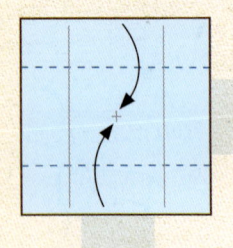

5 4を折りました。裏返します。

4 中心で、4つの角を折ります。

7 裏にある部分も含めて、ア（上の1枚）を折り上げます。

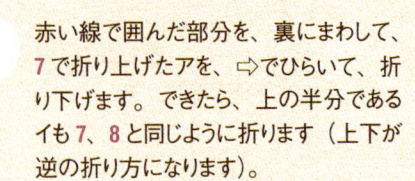

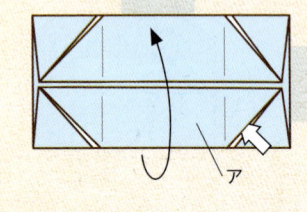

8 下の左右の角を折ります。

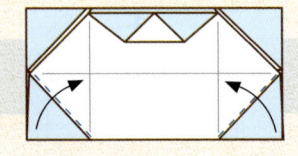

9 赤い線で囲んだ部分を、裏にまわして、7で折り上げたアを、⇨でひらいて、折り下げます。できたら、上の半分であるイも7、8と同じように折ります（上下が逆の折り方になります）。

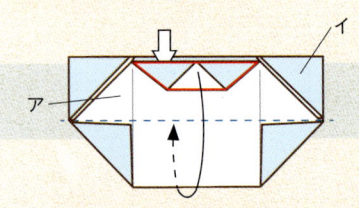

19 できあがり

18 ふたで三角形に折り返している4つの部分を、花びらと下の紙のあいだに差し込んで、ふたに花の部品を取りつけます。

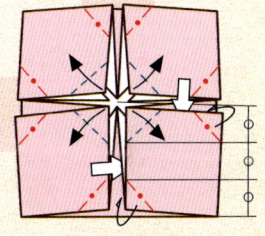

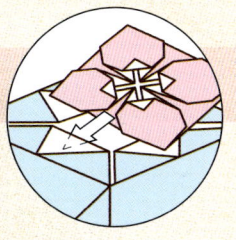

17 花の部品の**できあがり**。

9 使える折り紙／花の小箱

15を折っている途中のようすです。

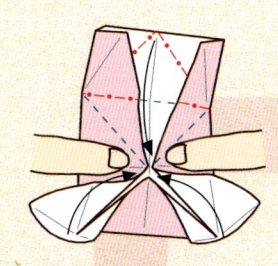

15を折っている途中のようすです。形がととのってきました。

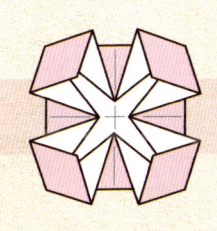

16 位置を確認して、それぞれの角を折ります。

15 ☆を★に合わせて、折り線の指示をよく確認して、紙をたたみます。

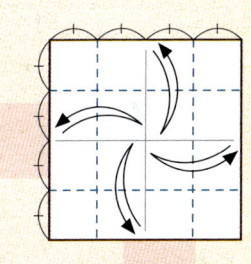

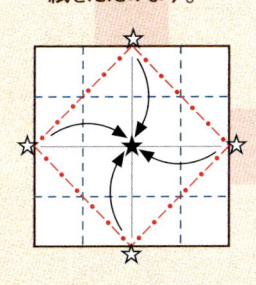

14 4つの角を折って、折りすじをつけます。できたら、裏返します。

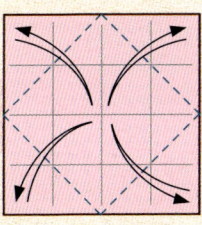

13 さらに、折りすじをつけます。できたら、裏返します。

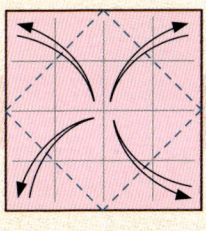

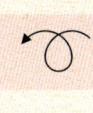

10 9を折りました。⇨のところをひらいて、形をととのえます。

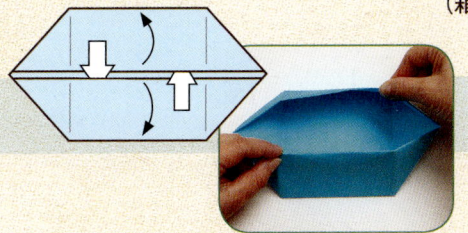

11 ふたの**できあがり**。

箱も同じ作り方ですが、紙の大きさがちがいます。裏返すと箱になります。（箱は29×29cmの紙）

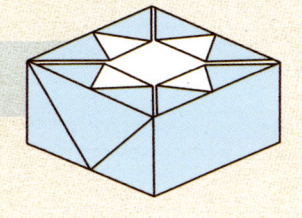

12 ふたに取りつける花の部品を作ります。折りすじをつけます。

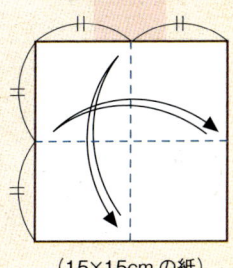

（15×15cmの紙）

197

第10章 伝承の折り紙

129 やっこさん

■ 紙の形 / 正方形
■ ポイント / できあがりにかおや着物のもようを描いてみましょう。

1. それぞれの対角線で、全体を半分に折り、折りすじをつけます。

2. 4つ角を中心に合わせて折ります。

3. さらに、4つ角を中心に合わせて折ります。

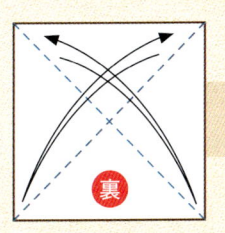

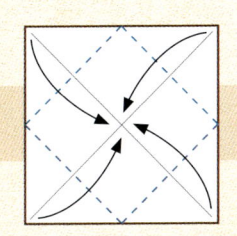

4. 3を折りました。裏返します。

5. 4つ角を中心に合わせて折ります。

6. 5を折りました。裏返します。

7. ⇨のところでひらいて、下に引き出すようにして、紙をたたみます。

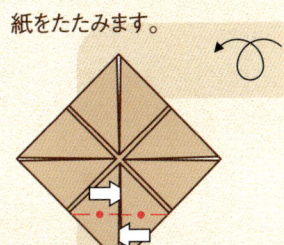

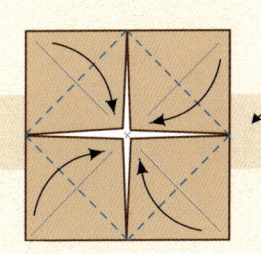

7を折っている途中のようすです。

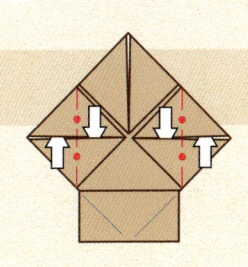

8. 左右の角も、7と同じように折ります。

9. できあがり

130 風船

紙の形 / 正方形

ポイント / 表と裏で同じ折り方を繰り返すので、手順はおぼえやすいでしょう。図を見ないで折れるように練習してみましょう。

1 表を上にして折り始めます。三角折り（14p参照）で紙をたたんだあと、まん中の折りすじに合わせて、左右の角を折り上げます。

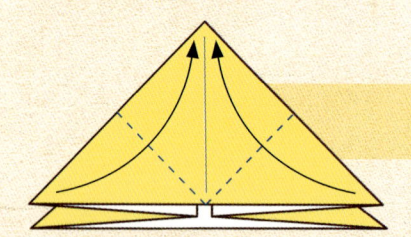

2 1で折った部分の左右の角を、まん中に合わせて折ります。

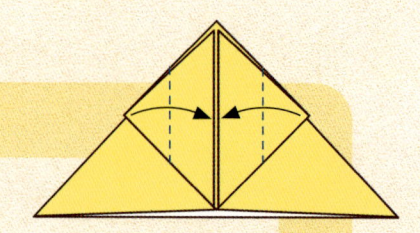

3 上の三角形ア、イを半分に折ります。

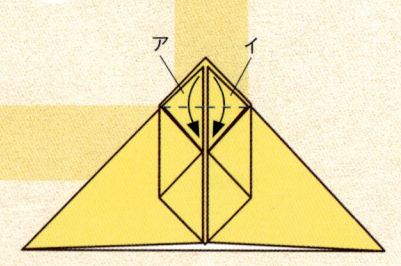

4 矢印のところでひらいて、ア、イをポケットの中に差し込みます。

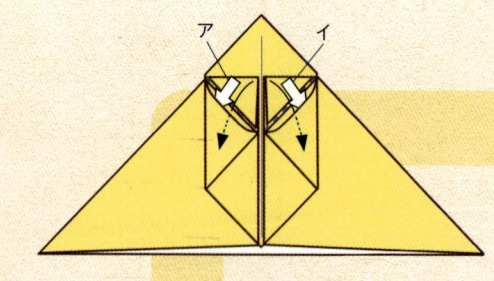

5 4を折りました。裏も、1～4と同じように折ります。できたら、向きを変えます。

6 上の穴から空気を吹き入れましょう。

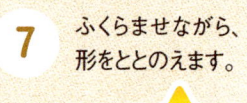

7 ふくらませながら、形をととのえます。

できあがり

131 風船うさぎ

- 紙の形 / 正方形
- ポイント / 風船をアレンジして作る作品です。耳の中にかわいい色が入るように、紙の表裏の色を考えてみましょう。

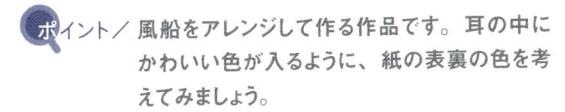

1 裏を上にして折り始めます。三角折り（14p参照）で紙をたたんだあと、まん中の折りすじに合わせて、左右の角を折り上げます。

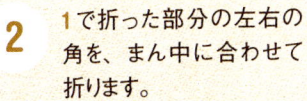

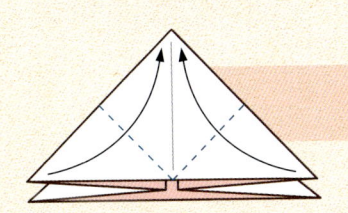

2 1で折った部分の左右の角を、まん中に合わせて折ります。

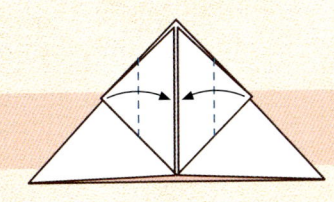

3 上の三角形ア、イを半分に折ります。

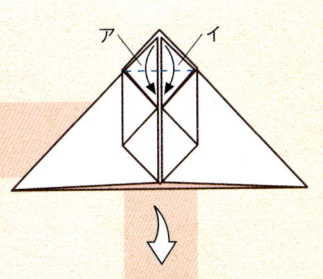

4 ⇨のところでひらいて、ア、イをポケットの中に差し込みます。

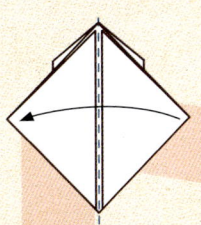

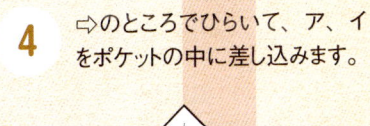

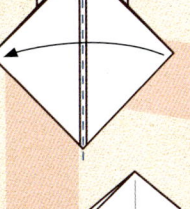

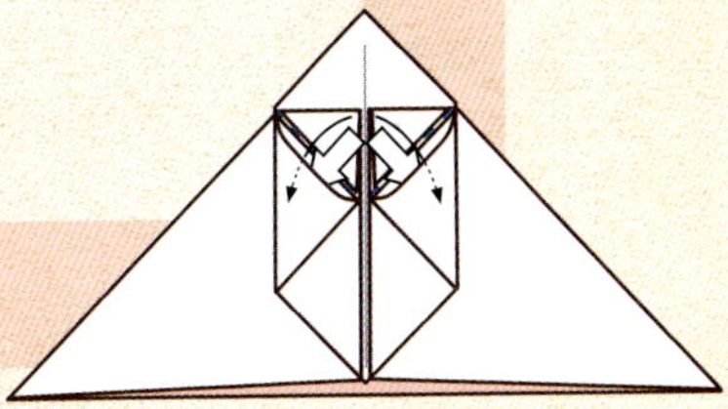

5 4を折りました。裏は、1と同じように折ります。できたら、裏返します。

6 上の1組だけを、左側に折ります。

7 上の1組だけを、角を折ります。

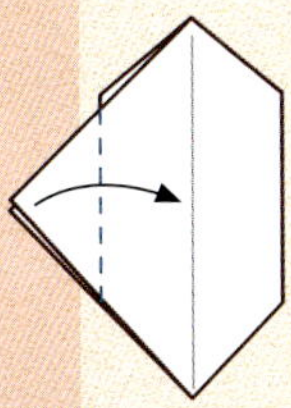

8 6、7で折った部分を、右側に折ります。ウも6～8と同じように折ります。

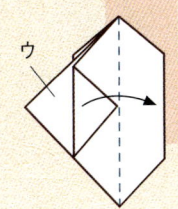

9 ☆の線を目安にして、位置を確認して、左右の耳を折り広げます。

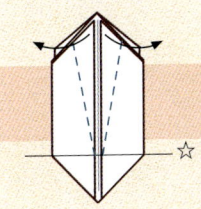

10 ⇨のところでひらいて、左右の耳を作ります。

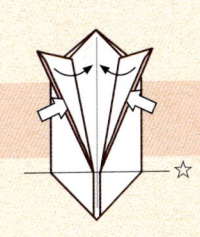

11 下の穴から空気を吹き入れましょう。ふくらませながら、形をととのえます。

できあがり

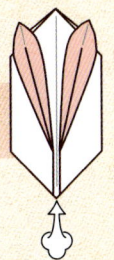

10 伝承の折り紙／風船・風船うさぎ

201

132 ぱくぱくカッパ

紙の形 / 長方形（正方形の一辺を2/3にしたもの。例えば、15×15cmの折り紙なら、10×15cmの長方形に、18×18cmの折り紙なら、12×18cmの長方形に切って折り始めます。）

ポイント / 楽しい表情になるように、目や鼻を描き込んでみましょう。

1. 全体を半分に折り、折りすじをつけます。

2. 4つの角を、1でつけた折りすじに合わせて折ります。

3. 全体を半分に折ります。

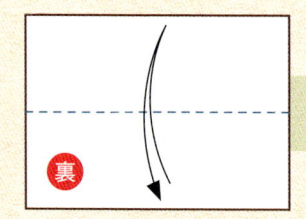

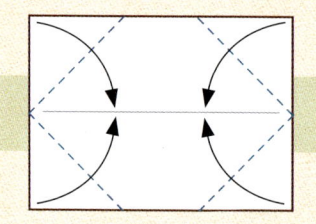

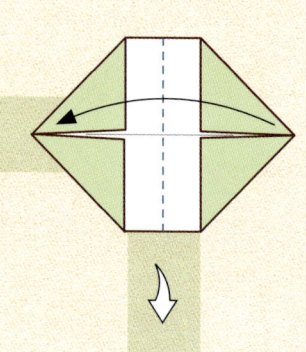

4. 2つの角を、まん中の折りすじに合わせて折ります。

5. ☆と★がポケットになっていることをおぼえておいてください。裏返します。

6. 上の1組だけを、左側に折ります。

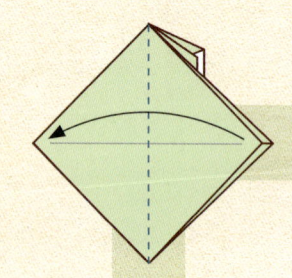

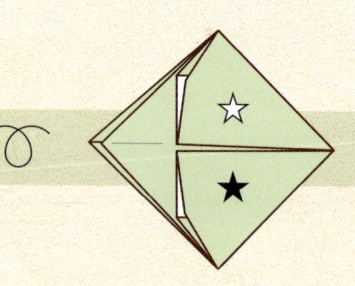

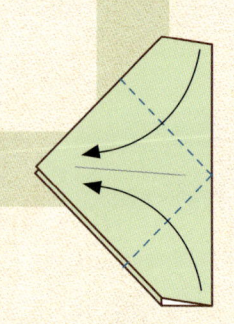

7. できあがり
目や鼻を描きましょう。裏にある☆と★のポケットに指をいれて、口をぱくぱくさせて遊びます。

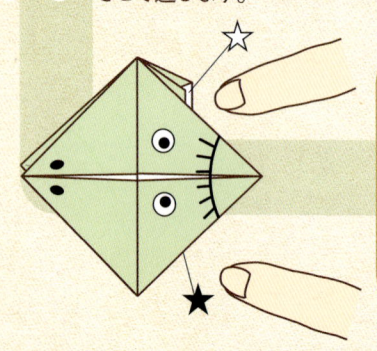

133 しゅりけん

■ 紙の形 ／ 正方形

● ポイント ／ 正方形の紙を半分に切って、片方を裏返して、色ちがいの2つの部品を作ります。表と裏に色がついている両面折り紙を使ってみましょう。

1 タテ、ヨコに半分に折って折りすじをつけます。

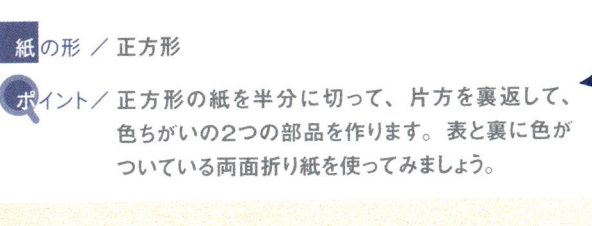

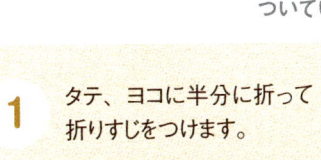

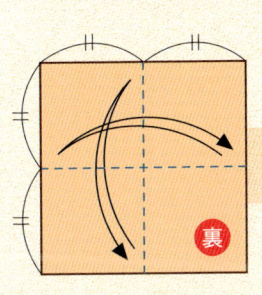

2 ア、イ、2つの長方形に切り分けます。

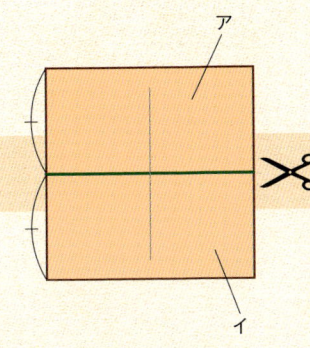

3 アを裏返しました。イはそのままです。それぞれを、谷折りで半分に折ります。

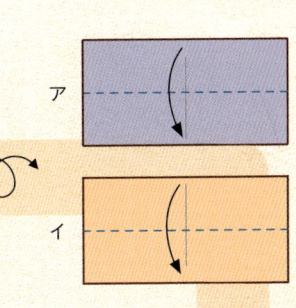

4 アの紙から使います。角を折ります。

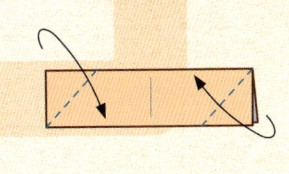

5 位置を確認して折ります。

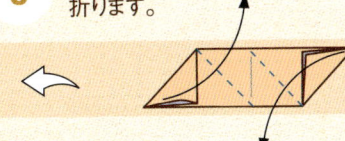

6 5を折りました。向きを変えます。

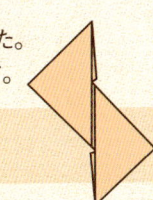

7 イの紙を使います。左右の角を折ります。

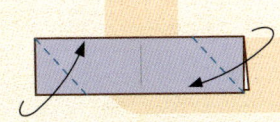

8 位置を確認して折ります。裏返します。

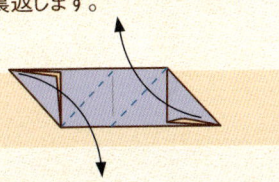

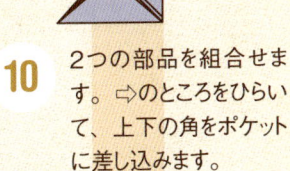

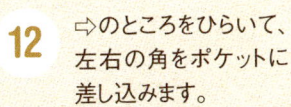

9 8を折りました。

10 2つの部品を組合せます。⇨のところをひらいて、上下の角をポケットに差し込みます。

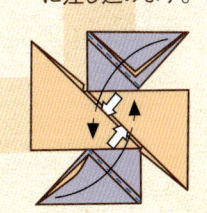

11 10を折りました。裏返します。

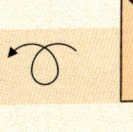

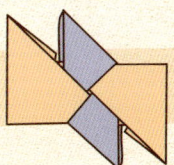

12 ⇨のところをひらいて、左右の角をポケットに差し込みます。

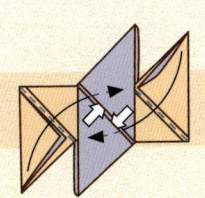

13 できあがり

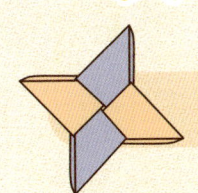

134 紙コップ

■紙の形／正方形

■ポイント／紙コップという名前で知られている作品ですが、スナックを入れる袋として便利に使えます。

1. 対角線で、全体を半分に折ります。

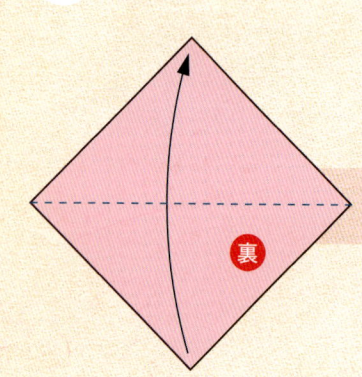

2. 上の1枚だけを折り、折りすじをつけます。

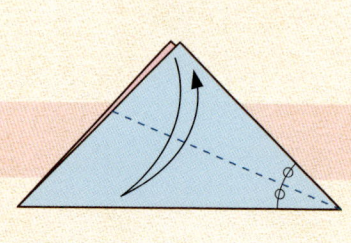

3. 2でつけた折りすじの★に☆を合わせて右の角を折ります。

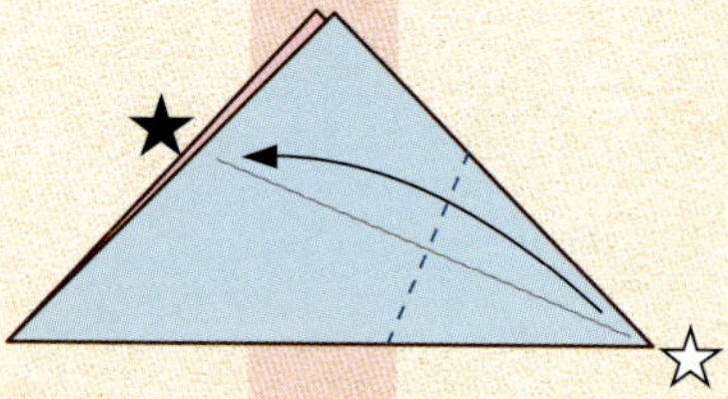

4. ●に○を合わせて左の角を折ります。

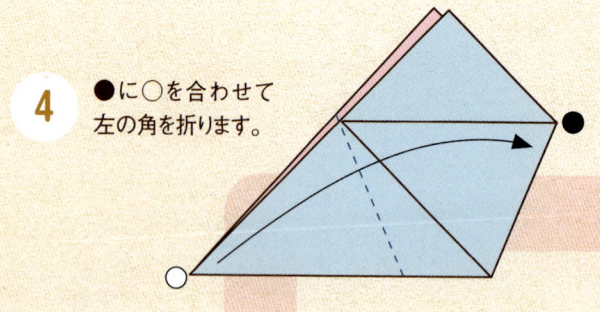

5. 上の1枚だけを折り下げます。裏も同じように折ります。

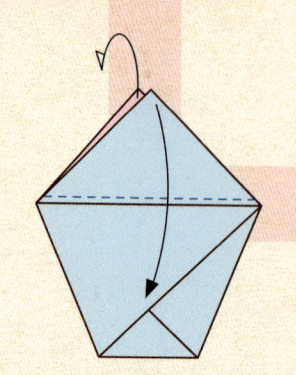

6. できあがり

10 伝承の折り紙／紙コップ

205

135 たとう

紙の形／正方形

ポイント／中に手紙やおこづかいを入れて贈れるアイテムです。折りすじをきっちりつけながら、折り進みましょう。

1. それぞれの対角線で、全体を半分に折り、折りすじをつけます。

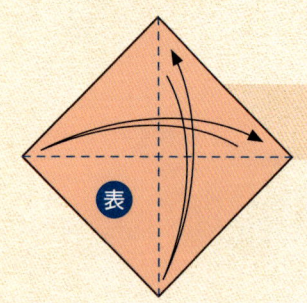

2. 4つの角を中心に合わせて折ります。

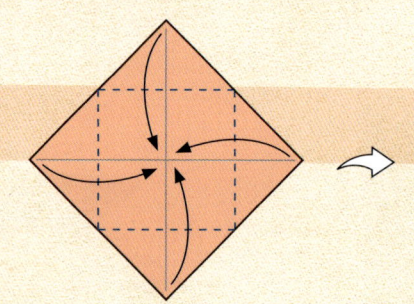

3. 2で折った4つの角を、縁に合わせて折ります。

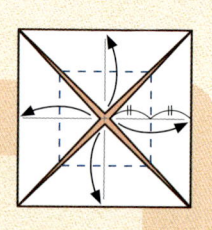

4. ⇨のところでひらきます。

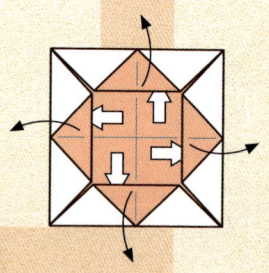

5. ☆に★を合わせて折り上げます。

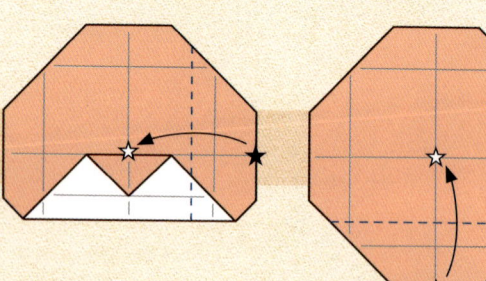

6. ☆に★を合わせて折ります。

7. ☆に★を合わせて折ります。

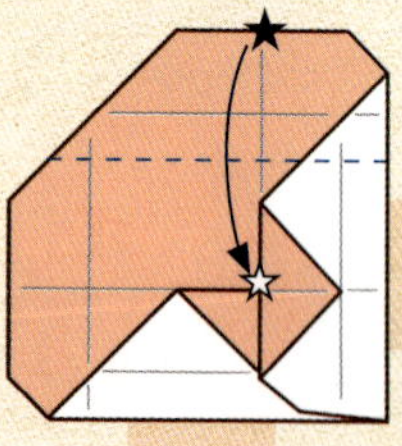

8. ☆に★を合わせて折り、折りすじをつけてひらきます。

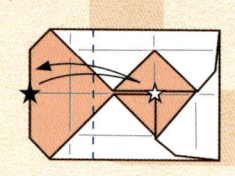

9. ⇨のところでひらいて、●を○の三角形の内側に折り込みます。

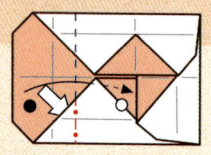

10. できあがり

136 バラ

紙の形 / 正方形

ポイント / ひまわり（98p参照）とよく似た折り方で作ります。色ちがいをたくさん作ってみましょう。

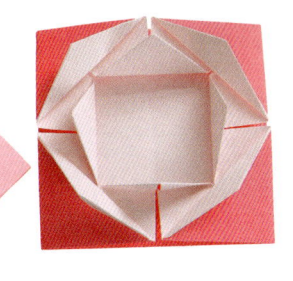

1 タテ、ヨコに半分に折って折りすじをつけます。

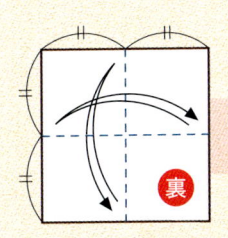

2 さらに、折りすじをつけます。できたら、裏返します。

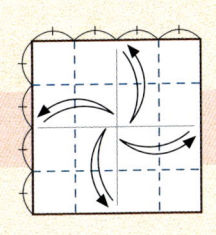

3 4つの角を中心に合わせて折り、折りすじをつけます。できたら、裏返します。

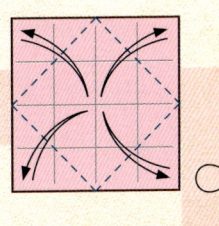

5 4つの角を四角くなるようにたたみます。

4 4を折っている途中のようすです。

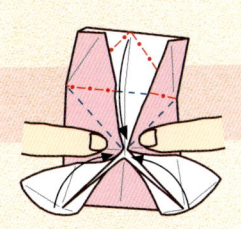

4 ☆が中心の★に合うように、紙をたたみます。

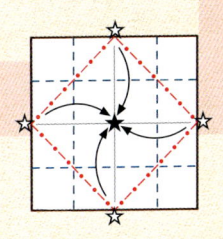

6 4つの正方形を、それぞれ半分に折って、折りすじをつけます。

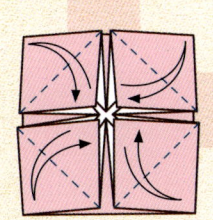

7 6の折りすじに合わせて、4つの角を折ります。

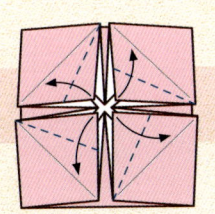

8 さらに、4つの角を折ります。

11 できあがり

10 中心に集まっている4つの角を起こして、折ります。

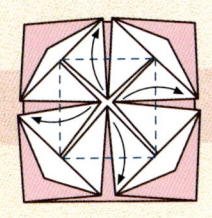

9 6でつけた折りすじを使って、4つの角を折ります。

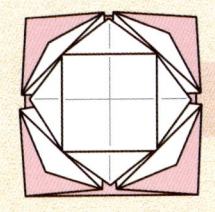

10 伝承の折り紙／たとう・バラ

207

著者
小林一夫 kobayashi kazuo

1941年東京都生まれ。内閣府認証NPO法人・国際おりがみ協会理事長。おりがみ会館館長。折り紙など和紙に関する伝統技術・文化の普及に尽力。現在、世界各地で折り紙の展示・講演活動などを行っている。著書として『親子で楽しむ おりがみずかん』『はってペッタン おりがみブック』（ともに学習研究社）。おりがみ会館ホームページ　→　http://www.origamikaikan.co.jp/index.html

企画・編集／オオハラ ヒデキ

折り図・見本作品制作／湯浅 信江

撮影／白石 圭司

装丁・本文デザイン／茨木 純人

編集協力／大原 まゆみ

撮影協力／山口 美紀子

親子で遊んで楽しい！ おりがみ大図鑑136

著　者　小林一夫（こばやしかずお）
発行者　風早健史
発行所　成美堂出版
　　　　〒162-8445　東京都新宿区新小川町1-7
　　　　電話(03)5206-8151　FAX(03)5206-8159
印　刷　共同印刷株式会社

©Kobayashi Kazuo 2011　PRINTED IN JAPAN
ISBN978-4-415-31046-6
落丁・乱丁などの不良本はお取り替えします
定価はカバーに表示してあります

・本書および本書の付属物を無断で複写、複製（コピー）、引用することは著作権法上での例外を除き禁じられています。また代行業者等の第三者に依頼してスキャンやデジタル化することは、たとえ個人や家庭内の利用であっても一切認められておりません。

Fujino